기독(목회)상담 연구방법론

| 한국기독교상담심리학회 편 |

학지사

발간사

학회 창립 20주년을 앞두고 '한국기독교상담심리학회'는 지난 2년 동안 여섯 권의 총서 출판을 위해 힘써 달려왔습니다. 지난 2016년 6월에 대표집필진이 구성되어 총서 출판에 대한 대략적인 논의가 진행되면서 총서 출판을 위한 긴 여정이 시작되었습니다. 총서의 각 권의 짜임새와 목차가 몇 차례의 회의 과정을 통해 정해졌고, 이에 따라 각 영역들의 전문가로 구성된 집필진들이 선정되었습니다. 더불어 원고 작성을 위한 원칙도 세워졌습니다. 이후 1년 동안 총서 출판을 위한 특별강좌가 매주 토요일 진행되었습니다. 집필진들은 총서에서 자신의 영역에 해당되는 주제의 원고를 작성하여 강의를 진행했으며, 학회원들이 강좌에 참석하여 다양한 질문을 던지며 심도 있는 논의가 진행되었습니다. 집필진들은 이 강좌에서 나온 질문과 의견을 수렴하여 총서의 원고를 보완하며 발전시킬 수 있었습니다. 특별강좌가 끝나고 학술위원회에서는 각 원고들의 편집을 시작하였고, 이를 통해 총서의 구성이 통일성을 유지할 수 있도록 노력을 기울였습니다.

기독(목회)상담의 총서를 출판하려고 각고의 노력을 기울인 데에는 몇 가지 분명한 목적과 의도가 있었습니다.

먼저, 기독(목회)상담의 학문적 영역과 성격을 명료하게 규정하고, 그 경계를 짓기 위함입니다. 1999년 3월에 설립된 한국기독교상담심리학회(설립 당시 명칭은 '한국기독교상담 · 심리치료학회')는 설립 준비기간을 포함하면 어느 덧 20년의 세월이 흘렀습니다. 기독(목회)상담을 공부하는 학생은 매년 증가하고 있지만, 그동안 이 분야의 학문적 성격을 명확하게 규정하기 위한 노력이 소홀했던 것이 사실입니다. 일반상담 분야에서는 다양한 상담 이론과 주제들을 다룬 교과서가 출판되어 왔지만, 기독(목회)상담 분야는 그동안 발전되어 왔던 다양한 학문적 성과와 논의에 비해 그 학문적 영역과 경계를 확립하려는 노력이 부족했습니다. 그렇기에 기독(목회)상담이 무엇인지에 대해 질문이 제기되면, 이를 공부한 사람들의 숫자만큼이나 다양한 답변이 존재할 수밖에 없었고, 이를 체계적으로 담을 수 있는 원리와 원칙을 제공하지 못했습니다. 이는 기독(목회)상담에 대한 오해와 잘못된 이해를 가져올 수밖에 없었으며, 기독(목회)상담에 대한 의심의 눈초리를 키우게 되었습니다. 그렇기에 본 총서의 출판은 기독(목회)상담이 무엇이고, 그 가치와 특별함이 어디에 있는지를 보다 명확하게 제시함으로써, 그런 외부의 잘못된 이해를 교정할 수 있게 되는 계기가 될 것입니다. 뿐만 아니라 기독(목회)상담의 학문적 영역과 성격 그리고 그 경계를 명확하게 규정할 수 있도록 도움을 주게 될 것입니다.

두 번째, 기독(목회)상담에 처음 입문하려는 학생에게 바른 지침과 안내를 제공하기 위함입니다. 매년 본 학회에서 기독(목회)상담 분야의 전문상담사가 되기 위해 훈련받는 학생들이 증가하고 있지만, 그들은 기독(목회)상담을 명확히 이해하고 이를 실제 상담현장에 적용하는 데 어려움을 겪어 온 것이 사실입니다. 저 자신 역시 실제 사례지도에서 학생들이 자신의 임상적 경험 안에 내포된 기독(목회)상담의 함축과 의의를 신학적으로 고찰하고 분석하는 데 어려움을 겪고 있다는 것을 발견할 수 있었습니다. 그렇기에 본 총서의 출판은 기독(목회)상담이 일반상담과 어떻게 다르고, 기독(목회)상담의 특별한 상담적 개입은 어떤 것인지를 제시하고 알려주는 역할을 하게 될 것입니다. 또한 기독(목회)상담 분야에서 공부하는 학생들과 임상 현장에서 활동하는 기독(목회)상담사들이 기독교의 근본정신, 즉 목양적인 관점(Christian or shepherding perspective)으로 사례를 개념화하고 구조화하도록 실제적인 도움을 주게 될 것입니다. 결국, 기독(목회)상담에 입문하는 학생들과 일선 상담사들 모두 자신을 기독(목회)상담사로 부르신 이의 특별한 뜻을 발견하고, 우리의 상담 사역을 자랑스러워하는 계기가 되었으면 하는 바람 간절합니다.

세 번째, 영성과 초월성의 인식과 도입이 요청되고 기대되는 오늘날의 상담현장에 기독(목회)상담이 의미 있는 기여를 제공할 수 있기 위함입니다. 심리상담적 접근이 한계에 직면하게 되면서 오늘날 상담현장은 점차로 영성과 초월성의 주제에 깊은 관심을 갖기 시작했습니다. 곧 상담에서 영성과 종교성을 인식하고 이를 상담적 개입으로 발전시키는 것이 가져오는 치료적 효과에 대해서도 주목하기 시작했습니다. 기독(목회)상담은 2,000년의 긴 역사를 갖고 있으며, 초대교회로부터 발전되어 온 축적된 인간 돌봄과 이해의 이론과 기술을 축적시켜 왔습니다. 그렇기에 기독(목회)상담은 짧은 역사를 갖고 있는 일반상담 이론에 비해 종교적 전통의 상담적인 치유효과에 대한 다양한 논의를 전개할 수 있을 뿐 아니라, 인간 돌봄에서 종교성과 영성이 갖고 있는 의의와 역할에 대해 그 어떤 상담이론보다 구체적으로 설명하고 묘사할 수 있습니다. 곧 기독(목회)상담은 인간의 영혼에 대한 관심이 부각되는 오늘의 상담현장에 기여할 수 있는 개념과 튼실한 이론적 토대를 제공할 수 있습니다. 본 총서는 이런 종교성과 영성의 측면을 강조하여 기독(목회)상담의 독특성과 가치를 보여 주고 있습니다.

이런 목표와 의도를 갖고 기획된 여섯 권의 총서는 『기독(목회)상담의 이해』, 『기독(목회)상담과 영성』, 『종교적 경험과 심리』, 『중독과 영성』, 『기독(목회)상담 연구방법론』, 그리고 『분석심리학과 표현예술치료』로 구성되어 있습니다. 총서 출판의 목표와 의도를 만족시키면서, 기독(목회)상담 영역에서 자주 언급되는 핵심적인 주제와 논의를 담기 위해 총서의 제목들이 결정되었습니다. 각 총서의 대표집필진은, 『기독(목회)상담의 이해』에 연세대학교 교수이자 제9대 학회장인 권수영 교수, 『기독(목회)상담과 영성』에 성공회대학교 은퇴교수이자 제2대 학회장인 윤종모 주교, 『종교적 경험과 심리』에 서울신학대학교 은퇴교수이자 제6대 학회장인 최재락 교수, 『중독과 영성』에 고병인가족상담연구소 소장이자 제4대 학회장인 고병인 교수, 『분석심리학과 표현예술치료』에 연세대학교 교수이자 제5대 학회장인 정석환 교수, 『기독(목회)상담 연구방법론』에 임경수 계명대학교 교수가 각각 맡았습니다. 각 총서의 대표집필진은 총서의 짜임새와 목차를 구성하고 집필진을 선정했을 뿐만 아니라, 각 총서들의 부분부분이 전체적으로 일관성 있는 내용을 담아내도록 노력을 기울였습니다.

본 총서의 출판을 위해 수고하신 많은 분들께 감사의 말씀을 전합니다. 총서 출판 논의의 시작부터 함께 이 작업에 참여한 사무총장 오화철 교수, 학술위원장 장정은 교수, 그리고 손재구 사무국장에게 특별히 깊은 감사를 드립니다. 이들은 지난 2년 동안 매주 토요일에 있었던 총서 출판을 위한 특별강좌와 편집회의를 주관하며 총서 출판을 위해 헌신했습니다. 이분들의 남다른 노력이 없었다면 총서는 결코 출판될 수 없었으리라 생각합니다. 그 외에도 총서 출판을 위한 특별강좌와 원고편집 과정에 수고하고 헌신한 연세대학교와 이화여자대학교의 조교 및 학생들에게도 깊은 감사를 전합니다.

본 총서의 출판을 통해 기독(목회)상담이 자신의 학문적 영역을 분명하게 규정하고 확립하여 한 단계 발전할 수 있는 계기를 마련하게 되리라 확신합니다. 나아가 이번 총서 출판을 통해 우리 사회의 성숙과 발전에 기여할 수 있는 정신적 자양분을 제공하게 될 것이라 기대해 봅니다.

2018년 5월

한국기독교상담심리학회장

권수영

머리말

종교사회심리학자 Peter Berger는 인간의식의 흐름을 '혼돈(chaos)-규범(norms)-조화 · 생명(cosmos)'의 과정으로 구분한다. 이러한 관점에서 보면 인류는 지난 2,000년 동안 누가 뭐라 해도 남성 중심적이고 권위적인 사회에서 살아왔다고 볼 수 있다. 그래서 대부분의 신학과 신앙이 남성 중심적인 사회 속에서 형성되었고, 이 형성된 규범은 남성 중심적 인간세계를 형성할 수 있는 구조를 제공하였다. 그 결과 우리는 힘과 성과 위주의 구조에 익숙하게 되었고, 기독교 신앙도 이 구조에 가깝게 형성되어 왔다.

태어난 아이는 자신의 부모를 통해서 가치관과 행동의 규범을 형성해 나가는데, 개인이나 집단이 규범을 익히고 체득화한다는 것은 혼돈이라는 내가 없는 상태보다 생존에 유리하다. 그러나 우리를 생존케 한 규범이 절대적이라는 생각을 가지게 되면 그 규범은 더 이상의 역할을 하지 못한다. 개인이나 민족은 개인의 가정과 나라의 문화 속에서 자신들의 고유한 정신적 영역을 포함한 문화적인 가치를 습득한다. 그렇다고 배운 모든 것을 절대적 규범으로 생각한다면 그 규범들은 과정이 아니라 목적이 되기도 하고, 이것이 최종적 목적이 되면 마성을 가진 폭력적인 것이 되기도 한다. 왜냐하면 이 최종적 목적을 벗어나면 진리가 아니라는 생각을 쉽게 할 수 있기 때문이다. 내가 규범을 배운 내 가정의 것만이 옳다고 절대화할 수도 없고, 그렇게 살아갈 수도 없다. 만약 그렇게 살아간다면 삶은 전쟁이 될 것이다. 그래서 우리가 가진 모든 규범들은 절대적인 것이 아니며, 이 규범들은 조화와 생명을 볼 수 있는 영역으로 향하게 될 때 자신들이 가진 규범의 의의를 가질 수 있게 된다. 즉, 우리가 배우고 익힌 모든 지식과 규범은 외부와의 만남을 통해 진리에 가깝게 접근할 수 있게 변형이 될 필요가 있다.

한국사회는 지난 수십 년간 권위주의 사회에서 개인이 중요한 사회로 급속한 변화를 맞이하고 있다. 특별히 2016년 말에 시작되어 새로운 정부가 들어서는 과정에서, 과거에는 엄두도 낼 수 없는 정치집단의 부조리에 대한 불만을 본격적으로 드러내는 대중의 움직임이 있었다. 이 사건은 이제는 더 이상 합리적 이유가 없는 권위주의에 대하여 질문을 던지고 저항을 하는 시기에 놓여 있음을 나타낸다. 과연 이러한 사고와 문화의 중심에 서 있는 국민들의 눈에 기독교는 어떻게 여겨질까라는 중요한 자문을 해 보아야 한다.

남성 중심적 사고와 그 안에서 형성된 신앙의 구조는 외부환경과 문화의 코드에 쉽게 적응하지 못하고, 더구나 자신들이 가진 규범을 반추해 볼 수 있는 기회가 비교적 적을 수밖에 없다. 인류의 역사는 위기마다 인간이 가진 그 시대의 규범과 가치가 절대적이었는가라는 질문과 저항에 부딪혔고, 때로는 이 저항을 수용하기도 하고, 이 저항을 통해 또 다른 규범과 가치를 만들면서 진행되고 있다. 이 과정에서 교회는 인간이 가진 규범에 대하여 질문을 던지고, 이 질문에 대한 답을 조금씩 찾기 시작했다. 그리고 집단주의에서 중요한 역할을 한 신학은 그 방법론에 있어서 더 이상 현대인의 개인적인 질문에 답을 주기에는 부족한 점들이 노출되었다. 그래서 이 질문에 대한 답을 찾는 과정에서 나타난 것이 심리학이고, 심리학은 권위적인 사회에서 개인에 대한 중요성이 부각되는 시기에 태동된 학문이라고 생각된다.

거리에 수없이 늘어나는 커피숍은 주식인 밥보다 부수적인 것에 관심이 더 많은 시대가 되었다는 것과, 수직적 관계보다는 수평적 대화를 중요시하는 수평성과 편의성에 더 끌리고, 삶의 심각성보다는 조그마한 행복이 중심으로 되어가는 시기에 있음을 말해 주고 있고, 이러한 경향들은 기존 수직적 관계에 익숙한 교회와 신학에 도전장을 내밀고 있다. 그러나 누구나 자신의 성장 과정에서 익힌 규범을 변형시키기는 쉽지 않다. 또한 수직적 구조의 신학도 이 수평적 요구에 쉽게 자리를 내어 주지 않는다. 이것은 이 수직적 구조의 신학이 진리이기 때문이 아니라, 우리가 익숙한 것으로부터 쉽게 떠날 수 없기 때문이다. 그러나 개인도 기독교도 자신이 가진 규범이 생명과 질서의 코스모스로 향하지 않으면 자멸한다. 아무리 중요한 진리라 하더라도 대중과 호흡하지 못하고, 부모가 자녀들과 공감할 수 없다면 진리 자체는 외면 받을 수밖에 없다.

예수가 율법사들과 논쟁한 대부분의 내용은 '안식일에 율법에 따라 행동을 하는가, 아니면 율법을 어기는 것인가'에 대한 문제이다. 예수의 핵심은 안식일이라 할지라도 생명과 선을 행하는 것이 옳다고 생각하는 반면, 율법사들은 안식일에는 생명과 선을 행할 수 없다는 입장이었다. 율법사들의 신앙은 매우 종교적인 것 같지만 그 안에는 종교성이 없는 껍데기라는 종교형식만을 가지고 있었을 뿐이다. 예수는 종교의 형식은 버렸지만 종교성을 가지고 있었고, 이것이 바로 생명과 선을 추구하는 예수였다. 예수 자신이 율법을 완성하러 온 것이며, 율법을 파괴하기 위해서 온 것이 아니라는 입장을 천명했다. 즉, 율법의 완성이란 규범을 지키되 규범에 얽매이지 않고, 율법은 생명과 선을 바라보는 것이다. 이것이 오늘날 한국교회와 기독교가 세상 속에서 해야 할 일이다.

하나님은 믿는 자의 하나님이시기도 하지만, 동시에 믿지 않는 자와 타 종교를 가지고 있는 자들의 하나님이시기도 하다. 왜냐하면 그는 모든 것의 뿌리이고, 근원이기 때문이다. 그렇기에 종교를 포함해서 우리가 가지고 있는 모든 것은 그 이후에 파생된 것이므로 그는 존재도 아니고 비존재도 아닌 그것들을 넘어 있는 분이시다. 이러한 관점을 가지게 되면 권위주의 시대를 넘어서 개인이 중요해지고 자기헌신보다는 자기실현이 중요한 시대에 기독교는 어떤 방법론으로 대중과 함께할 것인가라는 중요한 과제를 생각할 수 있다.

신학자 틸리히(Paul Tillich)는 20세기 초부터 자신의 신학방법론을 상관관계방법론(correlational methodology)이란 용어를 사용하면서 심리학과 신학의 관계성을 통한 기독교신앙의 보편화에 관심을 가졌다. 그의 신학의 주제는 기독교의 내용을 대중들과 함께 호흡하기 위하여 살아 있는 모든 것이었다. 인간과 사회는 인간의 모호성, 문제 그리고 사회의 구조적 문제와 신적 실체에 대해 신학과 교회에 질문을 던지고 있으며, 교회와 신학은 여기에 답을 해 주는 방식이 그의 신학방법론이다. 그가 이렇게 난해한 문제, 특별히 인간이 가진 모호성의 문제를 풀기 위해 관심을 가진 영역이 정신분석학이다. 그는 정신분석학이 20세기 동안 신학에서 언급된 신학적 과제를 풀어 내고 끄집어 내는 데 중요한 역할을 한다고 확신했다. 이미 한 세기 전에 시도한 그의 방법론은 당시에는 환영을 받지 못했고 낯선 영역이었지만, 오늘날 그가 택한 신학과 심리학의 상관관계를 통한 그의 학문적 방법론은 매우 의미가 깊은 것으로 평가받고 있다.

융(Carl Jung)이 생존 시에 접한 기독교와 개인들의 문제에 대한 관점은 사뭇 우리에게 종교적 시사점을 준다. 융은 당시 유럽인들이 정신적 문제가 있을 때 성직자를 방문할 것인지 혹은 정신의학자를 방문할 것인지에 대한 질문에 과반수는 의사를 방문할 것이고, 20% 정도는 가톨릭 신부를, 10% 정도는 개신교 목회자를 방문할 것이라고 했다. 성직자들에게 대한 낮은 비율의 이유는 성직자들이 자신의 인생 문제에 대해 깊게 고민하지 못하고, 도그마에 싸인 전형적인 익숙한 답만 줄 뿐이라는 불만의 표시였다. 익숙하고 편한 것이 진리는 아니다. 이것은 다만 익숙할 뿐이다. 이 사실을 기초로 우리 시대에 조심할 것은, 기독교상담자들이 인간에 대한 깊은 고민 없이 답변해 주는 것은 심리학의 관점이든 전통적인 기독교의 답변이든 바른 답일 수 없다는 것이다. 인간에 대한 고민과 번민 없이 말하는 답들은 그 안에 종교라는 틀과 심리학이라는 구조는 있을 수 있지만, 종교성 없는 종교이자 공감이 없는 심리학일 뿐이다.

기독교상담학은 교회의 권위주의와 신앙의 낯설음에 봉착한 시대에 다리를 놓아줄 수 있는 학문이다. 그러나 아직도 기독교인과 교회에서 기독교상담학의 인지도가 낮은 것은 기독교적 신학에 대한 재해석 없이 막연한 일반적 심리학에 대한 소개로 그쳤기 때문이다. 다른 한편에서는 이러한 심리학의 절제됨이 없는 침입과 재해석에 서투른 사람들로 인해 기독교로 하여금 심리학에 대한 반기를 들게 하여 교회와 교인들에게 더욱 깊은 차이를 만들었다고도 생각한다.

2,000년간의 신학은 하나님과 인간에 대한 고민이다. 그 내용들이 권위주의적 문화환경에서 작성되었지만, 우리는 오늘날의 심리학적 도구를 통해 충분히 재해석할 수 있고, 이러한 점에서 기독교신학은 가장 깊으면서도 많은 수천 년 동안의 지식보고를 가지고 있다고 할 수 있다. 심리학과 신학을 통한 방법론에 관한 총서가 정확한 답이 될 수는 없겠으나, 이 책은 각 분야에 있는 기독교상담학자들이 신학을 기반으로 한 인간과 하나님에 대한 고민들이 어떻게 심리학에서 다루는 문제들과 상호보완적으로 학문하여 나타날 수 있는가를 제안한 것이다.

음식의 맛은 재료를 통한 요리의 방법론이다. 기독교는 2,000년 전과 똑같은 재료를 가지고 있다. 그러나 교회와 대중은 그때와는 다른 취향의 맛을 가지고 있다. 어쩌면 집단보다는 개인의 가치가 중요하고, 집단체제에서 중요시하던 가치들이 하나둘씩 허물어져 가며, 개인의 실현에 대한 가치가 부각되는 시대에 기독교는 전통신학에 대한 재해석이 반드시 있어야 한다. 그리고 이 재해석은 단순히 심리학의 방법론을 통해서만 되는 것이 아니다. 그것은 신학과 심리학을 통한 상관관계 방법론 안에서 자신의 도그마에 머물지 않으며, 생명과 선을 추구하는 사람들에 의해 이 세상에 나올 수 있다.

심리학과 신학을 통한 인간과 상담에 대한 고민은 앞으로 기독교상담학이 어떻게 교회에서 호흡하며, 길가에 버려진 종교가 아닌 길 위의 신학이자 종교로서 현대인의 생활 속에 기여할 수 있는지의 물음에 길라잡이 역할을 할 것이다. 따라서 여기에 수록된 글들은 이제 시작에 불과하지만 좀 더 넓은 지적 안목과 영적 관계성을 추구하는 계기가 되길 바란다.

집필자 대표

임경수

차례

제 1 장

목회상담에서 신학과 심리학의 관계: 돈 브라우닝

박노권
(목원대학교 신학대학 목회와 상담 교수)

목회상담이란 목회와 상담이라는 두 낱말의 합성어가 보여 주듯이 그 학문적인 배경으로서 신학과 심리학이라는 두 개의 학문 전통이 서로 만나 상호 긴장과 갈등, 그리고 보완 관계를 통해서 그 깊이와 폭을 넓혀 가고 있는 학문분야이다. 그동안 신학과 심리학의 관계에 대해서는 여러 학자들이 논의를 하였다. 이에 관한 여러 견해들을 종합해 보면 대립적, 종속적, 병행적, 통합적 입장이 있을 수 있는데, 브라우닝(Don Browning)의 경우는 통합의 입장이라고 말할 수 있을 것이다.

현대심리학은 기본적으로 과학적이며 따라서 삶의 의미에 대해서는 대답을 제공하지 않는다고 일반적으로 생각되어 왔다. 사실 현대심리학이 과학적 지식인 한에 있어서는, 그것이 논리적으로 신학의 주장들과 갈등을 가질 이유가 전혀 없다. 이반 바버(I. Barbour)는 이런 견해를 분명히 말한다.

> 이것은 과학과 종교의 문제에 대한 매력적인 해결책이다; 이 두 분야는 그들이 만일 전적으로 다른 기능을 한다면 갈등을 일으킬 가능성이 없다. 과학적 언어의 기능은 자연에 대한 예측이고 통제이다; 종교적 언어의 기능은 자기 위탁, 윤리적 헌신, 그리고 실존적 삶의 방향에 대한 표현이다(Barbour, 1974, p. 5).

그러나 브라우닝(1976)은 대부분의 뛰어난 심리학들은, 그들이 갖고 있는 기술적 가치가 무엇이든지 간에 그것에 덧붙여서, 긍정적인 문화 즉 현대인의 삶에 영향을 주는 형이상학적 상징체계와 윤리적인 차원을 갖고 있다고 주장한다. 즉, 그는 심리학을 과학적 또는 임상학적 관점으로 보기보다는 오히려 우리 사회의 성격과 우리가 사는 방법에 영향을 주는 '실천적 도덕 체계'로서 또한 보는 것이다. 따라서 비록 감추어져 있지만 치료의 과정에서 어쩔 수 없이 유사종교의 영역으로 빠져드는 심리학의 형이상학적, 윤리학적 차원은 인식되고 비판적 분석을 받아야만 한다고 주장한다.

이런 관점에서, 심리학과 신학은 별개의 것을 다루는 분야라기보다는, 세계관과 윤리관이라는 같은 주제에 대해 서로 다른 견해를 갖고 있기 때문에 이 둘은 서로 갈등할 수 있으며, 서로 상호 간의 비판적 대화가 필요하다는 것이다. 이때 대화의 기준은 믿음에 근거한 것이 아니라고 한다. 즉, 심리학이 비신앙적이고 무신론적이며 예수 그리스도에 대한 언급이 없다는 이유로 인해 비판받아야 하는 것이 아니라, 이성(단순한 기술적 경험적 이성이 아니라 보다 높은 차원의 이성)에 근거해서 각자 안에 있는 세계관과 윤리관을 비교함으로 어느 것이 더욱 바람직한 것인가를 판단해야 한다는 것이다.

1. 심리학과 신학 간의 대화의 필요성

왜 심리학에 있어서의 형이상학적, 윤리적 차원을 브라우닝은 밝히려 하는 것인가? 이렇게 해서 신학과 심리학의 대화를 하려는 그의 의도는 어디에 있는가? 무엇보다 브라우닝(1976)의 가장 큰 관심은 다원주의 상황하에서의 효과적인 목회적 돌봄과 상담인데, 현대 목회적 돌봄과 상담에 있어서 가장 심각한 문제는 도덕규범(윤리)의 결핍이라고 본다. 그에 따르면 상담에서 많이 강조되는 사랑, 수용, 용서 없이는 깨어진 관계가 회복될 수 없으나, 또 한편으로 무엇이 선이고 무엇이 악인지를 이야기하는 도덕규범이 없다면 사람은 더 깊은 정신적 혼란으로 인해 파멸할 수밖에 없다는 것이다. 오늘날 많은 사람들은 무엇이 옳고 최선인가를 알고 싶어 하나 오히려 도덕규범에 혼란을 갖게 되는데, 다원주의 사회 속에서 전통과 세속 가치의 경계선상에서 살고 있는 현대인에게 전통은 더 이상 이 문제에 대해 그들을 만족시키지 못한다는 것이다. 즉, 전통적인 규범이 자동적으로 오늘 상황에 그대로 적용될 수 없다는 것이다. 따라서 그는 전통(신학)과 세속 문화(특히 심리학)가 동등한 입장에서의 상호 비판적 대화를 통해 오늘 우리의 상황에 맞는 실천적인 도덕규범이 만들어져야 한다고 주장하는 것이다.

2. 대화의 방법

브라우닝(1983)은 심리학과 신학의 대화는 다음의 다섯 차원에서 이루어져야 한다고 본다.

① 은유적 차원(우리는 어떠한 세계에 살고 있는가? 무엇이 가장 궁극적인가?)

② 의무적 차원(우리는 무엇을 해야 하는가?)
③ 욕구-경향성 차원(인간의 기본적인 욕구와 추구하고자 하는 성향은 무엇인가?)
④ 상황 차원(우리를 둘러싸고 있는 상황은 무엇인가?)
⑤ 규칙-역할 차원(마지막으로, 우리의 삶의 규범은 무엇이 되어야 하는가?)

이러한 차원들의 대화를 통해, 권위주의에 빠지지 않고(권위를 갖고 강제로 강요할 때 오히려 신경증적 질병을 초래하게 되는 권위주의의 폐해는 오늘날 심리학의 도움으로 잘 알려졌으므로), 어떻게 오늘에 맞는 도덕규범을 세울 것인가를 그는 추구하고자 하는 것이다.

여기서 데이비드 트레이시를 따르면서, 브라우닝(1983)은 그의 방법을 "수정된 상호연결방법"이라고 부르는데, 그 이유는 이것이 틸리히의 상호연결방법—심리학 같은 세속 분야에서 제기되는 실존적 질문들에 답하기 위해 종교적 전통으로 연결시키는 방법—과 달리, '질문들'뿐만이 아니라 '답들'도 심리학에 의해 제시된다고 봄으로, 상호연결방법(실존은 질문하고 계시는 답을 한다는 일방적인 방법)을 뛰어넘기 때문이다. 브라우닝은 일반 세속 문화(사회학, 정치학, 경제학, 예술 등) 중에서도 특히 심리학에 큰 관심을 보이는데, 그 이유는 심리학이 현대 많은 사람들의 삶 속에서 중요한 위치를 차지하고 있는 것으로 믿기 때문이다. 그는 필립 리프(Philip Rieff, 1966)의 "정신요법 분야들이 현대 개인들의 자기 이해를 형성하는 가장 중요한 문화적 영향력"이라는 주장을 포용한다. 미국이라는 상황에서, 오늘날 삶의 복잡성, 종교적 언어의 상대적 약화, 우리 세계 안에 넘치는 의미성에 대한 요구 때문에 심리학이 점점 종교의 영역을 차지해 가고 있음을 그는 보고 있는 것이다. 따라서 이렇게 문화에 큰 영향을 미치는 심리학의 기술적 배후에 있는 철학들과 기독교 신앙과의 상호 비판적인 대화를 통해 현대를 살아가는 기독교인에게(더 나아가 비기독교인인 현대인에게도) 오늘에 맞는 도덕규범을 제시하고자 하는데, 구체적으로 이런 대화를 실현하기 위해 그는 심리학이 함축적으로 갖고 있는 은유와 윤리들을 분석하는 것이다.

3. 심리학 배후에 대한 분석

많은 현대 심리학 안에 감추어져 있는 은유와 윤리의 차원들을 밝혀내고, 이를 재해석된 신학적 명제들과 대비하는 작업을 브라우닝은 그의 책 『Religious Thought and the Modern Psychologies』(1987)에서 체계적으로 시도한다. 여기서는 범위를 한정해서 프로이트와 인본주의 심리학에 나타나는 은유와 윤리의 차원에 대해서만 언급하고자 한다.

1) 프로이트

프로이트의 심리학은 우선적으로 본능의 본질에 관한 이론 위에 세워졌다. 그의 본능 이론의 변화 과정은 전 생애를 걸쳐서 일어났는데, 처음 그의 임상작업에서 나오게 된 본능 이론은 자아 본능과 성적 본능의 대비였다. 그러다가 나르시시즘에 관한 연구를 한 다음에는, 자아 리비도와 대상 리비도 본능을 대비해서 말하다가, 최종적으로 『쾌락원리를 넘어서』에서, 본능 이론의 완성으로서 삶의 본능과 죽음의 본능의 두 부류로 나누었다(Freud, 1963).

프로이트의 삶과 죽음 본능 이론은 그의 임상이론에서 실제적인 문제들, 즉 반복 강박행위의 문제(왜 사람들은 강박적으로 파괴적인 증상들을 반복하는가), 퇴행의 문제 등을 설명하는 데 사용되었다. 또한 그는 죽음 본능의 지배하에 있는 모든 생명은 생명 없는 상태로 돌아가기를 갈망하고, 삶의 본능에 굴복하면 새 생명의 생산을 통하여 자신을 재생산하고 보존하려고 한다고 말한다. 이러한 그의 삶과 죽음의 본능 이론은 모든 생물학적 생명에 적용될 뿐만 아니라 또한 인간 행동에 영향을 주는 힘이 있으므로 궁극성의 은유의 힘을 가지고 있다고 할 수 있다. 이것은 그들이 형이상학, 또는 적어도 어떤 세계관을 구성한다는 것이다. 그러므로 이얼리(Lee Yearley, 1985)가 지적했듯이, 모든 신앙과 모든 종교적 우주론의 파괴자인 프로이트는 그의 정신분석을 지지할 새로운 것을 창조한 것이다. 즉, 유대교와 기독교가 오이디푸스 갈등과 그와 연관된 신경증적 억압의 토대 위에 세워졌다고 주장한 후에, 프로이트는 궁극적인 것에 대한 대안적인 그림을 발전시킨 것이다. 서구 종교적 전통의 하나님—유일신론, 윤리적 주장들, 구속적 행위들—은 단지 젊은 아들들이 최초의 아버지를 살해하고 난 다음 갖게 된 원시적인 두려움과 사랑의 투사에 불과하다고 주장한 후에, 그는 경험의 궁극적 맥락을 보여 줄 또 다른 은유의 체계—삶과 죽음의 본능 은유—를 발전시킨 것이다(Browning, 1987).

따라서 윤리 차원에 있어서 프로이트는 파괴적 본능을 가진 인간으로 이웃사랑은 불가능하다는 윤리적 이기주의의 태도를 취한다. 이 입장을 잘 설명하는 사람은 필립 리프이다. 프로이트의 윤리관에 대해서, 리프(1966)는 "이웃을 네 몸과 같이 사랑하라."는 계명을 프로이트는 심리학적으로 불가능한 것으로 믿었다고 주장한다. "이것이 어떻게 가능할 것인가?" 만일 이것이 심리학적으로 불가능하다면, 그리고 만일 문제가 되는 윤리를 이행할 능력을 인간이 갖고 있지 않다면, 어떤 윤리도 정당화될 수 없다고 프로이트는 볼 수밖에 없었다고 말한다. 이 점에 있어서 브라우닝도 동의한다. 프로이트에 따르면, 다른 사람, 특별히 보다 큰 사회, 에게 사랑을 주는 것은 자신의 리비도 에너지를 자신으로부터 빼앗아 가는 것이다. 이것은 『문명과 그 불만』의 전 주제이기도 하다. 즉, 문화는 우리 리비도 에너지의 자연적인 목표를 고갈시키는 희생 위에서 발전한다는 것이다(Freud, 1961). 따라서 프로이트가 이웃사랑이나 아가페가 불가능하다고 느낀 것은 죽음 본능의 역동성의 견지에서뿐만 아니라 우리의 리비도와 성적 본능의 나르시스적 방법에 대한 견지에서도 불가능하다고 느낀 것이다. 이러한 프로이트의 함축적인 윤리는 리프의

말처럼 일종의 철학적 윤리적 이기주의라고 묘사될 수 있다.[1)]

이러한 윤리적 이기주의의 입장은 프로이트의 인격이론에서도 나타난다. 이드의 욕망에 대해 도덕성의 중심인 초자아가 지나치게 억압하게 될 때에 사람은 신경증적 고통을 받을 수밖에 없게 된다. 따라서 어떠한 가치관이나 도덕규범을 제시하는 것을 회피하였는데, 이것은 곧 윤리적 이기주의의 입장을 취하게 만드는 것이다. 그는 이런 의미에서 종교 역시 사람들을 억압하게 하는 역기능이 많기 때문에 이것의 억압으로부터 벗어나야 한다고 주장한다.

2) 인본주의 심리학

인본주의 심리학의 문화적 충격은 정신분석보다 더욱 광대하였다. 폴 비츠(Paul Vitz, 1977)는 그의 책『종교로서의 심리학: 자아 숭배의 비의 종교』에서 인본주의 심리학은 새로운 20세기의 종교—헌신의 근본적인 대상이 자아 바로 그 자체가 되는 종교—라고까지 말한다. 인본주의는 모든 사람이 소유하고 있는 인간의 내적 가능성의 실현화를 추구하는 것이다. 예를 들면, 칼 로저스(1951)는 그의 책『내담자 중심 요법』에서 "생명체는 근본적으로 한 가지 추구하는 힘이 있는데, 그것은 자신을 실현화하고 유지하고 또한 고양하려는 것이다."라고 말한다. 또 로저스는 차별성과 자율성과 자기 책임 안에서 성장하려는 강한 내적 추진력을 사람들은 어디서나 갖고 있다고 말한다.

> 경험을 통해서 나는 점차적으로, 모든 인간에게는 성숙성을 추구하는 역량과 성향이 적어도 잠재적으로나마 존재한다는 사실에 대해 확신을 가질 수가 있었다……. 자아실현에의 욕구는 삶의 주요한 동기가 되며, 모든 심리치료법들이 인정하는 인간의 성향이다. 그것은 모든 인간의 삶에서 명백히 보이는 신장, 자율화, 발전, 성숙에의 강한 충동이며, 동시에 유기체의 모든 능력을 표출 내지는 발현하고자 하는 성향이다(1961, p. 35).

인본주의 심리학은 자아실현이 무도덕적 선(혹은 전도덕적 선)으로서 뿐만이 아니라, 도덕적으로도 선하며 또한 그렇게 해야만 하는 것으로서 말한다. 왜냐하면, 이것은 나 자신을 실현화시키면 자동적으로 그 자신을 실현화시키려는 타인과 조화를 이룬다고 낙관적으로 보기 때문이다. 그러나 여기에서 자아실현은 내가 우선적인 관심이고 타인에 대한 배려는 두 번째 문제가 되는 윤리적 이기주의의 성격을 가지게 된다. 즉, 상담자는 내담자에 의해 어떤 결과가 선택되더라도 완전히 허락해야 하며, 그것이 내담자의 온전한 성장 가능성을 가져올 수 있게 된다고 주장하는데, 이것은 전통적인 가치관에 대하여 소홀히 하고 철저히 나 중심으로 생각하고 판단하는 윤리적 이기주의를 갖게 되는 것이다(Browning, 1987).

이러한 윤리의 차원에서 보이는 이기주의는 조화(harmony)의 은유를 전제로 한다. 나의 자아실현은 자동적으로 남의 자아실현을 돕는 것이라는 것은 세상이 조화로운 것이라는 것을 전제로 요구하는 것이기 때문이다. 이런 조화의 은유가 비록 인본주의 심리학 안에서 직접적으로 공표되지는 않지만, 그들을 함축하는 시적 이미지는 도처에 있다고 브라우닝(1987)은 보고 있다.

4. 심리학과 신학의 상호 영향

위에서 분석해 본 이런 함축적인 은유들과 윤리들은 이미 심리학으로서의 한계를 넘어선 것이라 할 수가 있다. 즉, 심리학은 사람들의 불안에 대답을 주려고 시도하고, 세상에 대한 일반화된 이미지를 제공하고, 삶의 가치, 죽음의 본질, 그리고 도덕성에 대한 근거에 대해 우리가 취해야 할 태도를 형성하는 데 있어서, 종교적 사고의 현대적인 형태들인 것이다. 따라서 어떤 사람들에게 있어서 심리학은 심리학이 아니라 종교의 형태를 취하는 무엇으로서 종교와 경쟁을 하기도 한다. 그러므로 이 둘은 세계관과 윤리라는 같은 내용을 다루고 있으므로 상호 간에 대화가 필요한데, 이제 이러한 심리학이 신학에 대해 어떤 영향을 줄 수 있으며, 또한 신학은 심리학에 대해 어떻게 영향을 줄 수 있는지에 대해 살펴보고자 한다.

1) 신학에 대한 심리학의 영향

심리학 특히 인본주의 심리학의 자아실현, 자기배려, 자기존중에 대한 주장은 더욱 효과적으로 전통적인 이웃사랑을 이해할 수 있는 새로운 관점을 제공했다. 로저스는 개인들을 "피상적이고 외적인 근거에서 바라볼 때 그들은 우선적으로 자아사랑의 희생자인 것으로 보인다."고 말하면서, 자기가 치료했던 수많은 사람들을 근거로 해서 문제의 핵심적 원인은 그들이 그들 자신을 경멸하고, 자신들을 무가치하고 사랑받을 수 없는 것으로 간주하는 것이라고 주장한다.

> 실로, 그가 사랑받고 있다는 관계의 경험 안에서만 사람들은 자신에 대해 솟아오르는 존경, 수용, 그리고 자신을 좋아함을 느끼기 시작할 수 있다. 그 자신을 사랑스럽고 가치 있다고 느끼기 시작할 수 있을 때, 그는 다른 사람들에 대한 사랑과 부드러움을 느끼기 시작할 수 있다. 그렇게 그는 자신을 실현화하기 시작할 수 있고, 그가 되고 싶어 하는 더욱 사회화된 자아가 되는 방향으로 움직이도록 그 자신과 행동을 재조직하기 시작할 수 있다(Rogers, 1958, p. 17).

인간 실존에서 심각한 문제는 '자기사랑'이 아니라 '자기혐오'이며, 사람이 자기사랑을 느끼면(자아가 사랑받고 또 사랑받을 만하다고 느끼면) 자동적으로 타인 사랑이 뒤따를 것이라는 것이다. 이처럼 현대심리학 특히 인본주의 심리학은 도덕성의 핵심으로서 상호성에 대해, 그리고 아가페와 에로스의 관계에 대해 더욱 적절하게 이해를 할 수 있도록 공헌을 하였다. 이처럼, 근본적인 자기존중을 할 수 있도록 힘을 주는 하나님의 은혜에 대해 신학은 말을 하지만, 인간 조건의 분석에 있어서 자기혐오나 자기존중의 상실의 문제에 대해서는 현대심리학이 신학자들보다 많은 것을 우리에게 말해 주고 있다고 본다.

그리고 신학은 일반적으로 아가페를 타자에 대한, 특별히 모든 사람들을 위한 '자기희생의 사랑'으로서 해석한다. 예를 들면, 니버(Reinhold Niebuhr, 1941)는 예수 그리스도가 이 희생적 사랑의 대표적인 예이고 십자가는 그것의 완전한 상징이라고 말한다. 하나님의 본성은 희생적 사랑이고, 이 사랑은 예수 그리스도의 인격을 통해서 노출된다는 것이 니버가 보는 아가페에 대한 해석이다. 그러나 여기에서 자아사랑, 자기실현의 욕구가 삶에서 어떤 역할을 가져야 할지는 분명하지 않다. 이때 인본주의 심리학은 이웃사랑의 해석을 자아와 타자에 대한 동등한 배려의 방향으로 이끌면서, 보다 이웃사랑을 현실적으로 이행할 수 있도록 돕는다고 볼 수 있다.

특히, 에릭슨의 동등한 배려 또는 상호성의 윤리는 이웃사랑을 더욱 분명히 이해하는 데 도움이 된다. 브라우닝(1987)은 에릭슨이 인본주의 심리학에서 말하는 소극적인 건강한 자아의 개념—즉 인간의 기본적이고 자연적인 관심인 자기실현을 이루는 것—을 넘어서고 있다고 하며, 그 근거로 에릭슨의 '상호성'에 대한 이론을 다음 세 가지로 부각시킨다. 첫째로, 이것은 계속되는 세대에 생식적인 문제뿐 아니라 폭넓은 돌봄에 관심을 갖는 것이다. 즉, 단지 자신의 아이들뿐 아니라 다음 세대에 대한 관심을 갖기 때문이다. 둘째로, 에릭슨의 상호성 이론은 '세대에 기초한 이론' 위에 세워졌다. 즉, 아이들의 필요를 채워 주면서, 어른들은 또한 자신 안에 있는 필요들을 채운다는 것이다. 예를 들면, 유아들이 어른들의 따뜻하고 인정하는 얼굴을 보는 것이 필요한 것처럼, 어른들도 유아들의 웃는 얼굴을 보는 것이 필요하다. 유아가 음식물을 필요로 하는 동시에 어머니는 젖을 빠는 아이들로부터 기쁨을 얻는다. 또한 아이들을 돌보는 바로 그 행위 안에서 부모들은 그들 자신의 "가르치는 본능"을 만족시킨다는 것이다. 셋째로, 에릭슨(1969)은 『간디의 진실』이라는 책에서, 황금률을 자기희생을 포함하는 것으로 재해석하면서, "진실한 행동은…… 상처를 주는 것이 아니라 상처를 받을 준비에 의해 지배된다. 이것은 비폭력의 원리에 의해 지배되는 행동이다."라고 말한다. 여기에서 비폭력행동을 취하는 사람은 다른 사람에게 상처를 주지 않으면서 다른 사람이 더 정당하고 상호적인 행동을 가질 수 있도록 기꺼이 자신이 고통받고 상처를 받는 것인데, 이것은 진실한 상호성과 정의의 관계를 회복하기 위한 일시적인 것이다. 이와 같은 에릭슨의 상호성을 브라우닝은 높게 평가하며, 이것은 이웃사랑과 황금률을 더욱 적절히 해석하는 데 도움을 준다고 본다.

2) 심리학에 대한 신학의 영향

기독교 전통은 하나님에 대한 은유를 창조자, 심판자 또는 통치자, 그리고 구원자 등으로 표현해 왔다. 이것은 라인홀드 니버의 신학에서 분명히 나타나는데, 니버가 이야기하는 은유 즉 창조주로서의 하나님, 섭리자로서의 하나님, 구원자로서의 하나님은 은유적 표현으로 이들은 각각 창조는 선하고, 우주에는 도덕적 질서가 있으며, 구원(갱신)은 가능하다고 보는 것이다. 이러한 신학의 은유들은 인간 경험의 광대한 영역에 질서를 부여한다.

기독교신앙의 이러한 기본적인 은유들은 현대심리학의 은유들과 비교할 때 훨씬 더 풍요하고 다차원적인 것을 알 수 있다. 현대심리학의 은유들—삶과 죽음, 조화—은 단순하고 일차원적인 경향이 있다. 따라서, 만일 종교적 전통의 오래된 은유와 관련된 이미지들을 우리가 기억할 수 없다면 어떤 일이 생길까? 인간은 과학적 신화들만 가지고 살 수 있을까? 이런 것들은 실제적인 삶의 영역들을 충분히 설명하기에는 너무 단순하고 너무 일차원적이고 풍부하지 못하다. 이런 의미에서 서구 종교적 전통의 다양한 은유들은 좋은 것이라고 브라우닝은 주장한다.

이 점에서 브라우닝(1987)은 그가 선호하는 에릭슨에게도 한계가 있음을 지적한다. 에릭슨이 가진 것은 '조화'와 '구원'의 함축적인 은유이며, 이 두 가지는 서구 종교전통의 근원적인 은유들이지만, 통치자로서 하나님의 은유나 이것과 유사한 은유들을 에릭슨은 가지고 있지 못하다는 것이다. 즉, 도덕적 체계를 필요로 하는 삶에 있어서 도덕적으로 살 수 있도록 힘을 주는 은유들, 다시 말해 그가 삶에 있어서 근본적이라고 보는 일시적인 자기희생과 상호성을 사람들이 갖도록 힘을 부여할 깊은 은유들이 에릭슨에게는 없다는 것이다.

윤리에 있어서도 이기주의로 빠지는 일반 심리학보다 기독교의 도덕적 핵심은 상호배려로 이해되는 상호성임—물론 에릭슨에게서도 이 점이 나타나지만—을 주장한다. 여기에서 브라우닝은 이제까지 기독교 윤리를 자기희생에 근거하여 이해한 니버의 견해를 뛰어넘어 자율성과 상호배려의 원리를 강조한 가톨릭 신학자 쟌센의 견해에 공감을 표시한다. 쟌센(Louis Janssens, 1977)은 "이웃사랑은 공평한 것이다. 그것은 근본적으로 모든 사람에 대한 동등한 배려이다."라고 말한다. 니버와 대조적으로, 자기희생이 기독교인 삶의 이상이 아니라는 것이다. 대신 상호성과 동등한 배려가 이상적이고, 희생적 사랑은 이들로부터 파생된다는 것이다. 즉, 자기희생은 목적이 아니라, 진실한 동등한 배려와 상호성의 유지와 회복을 위한 일시적인 전이의 과정인 것으로 쟌센은 본다. 이러한 쟌센의 견해를 따르면서 브라우닝(1987)은 아가페는 자아실현, 타인에 대한 동등한 배려, 그리고 상호성을 회복하기 위한 일시적 윤리로서의 적절한 자기희생, 이 모든 것을 포함한다고 주장한다.

이와 같은 동등한 배려로서의 아가페의 모델은 건강에 대한 자기배려의 중요성을 강조하는 현대심리학으로부터의 통찰력을 통합시키는 장점을 가지고 있다. 동시에 이 모델은 자기배려와 타인에 대한 동등한 배려의 도덕적 요구와 균형을 이룬다. 이 이론에 따르면, 예수의 이웃사랑은 공평무사한 것으로서 모든 사람이 상호 배려하도록 하는 것에 그 궁극적인 목적이 있다고 해석할 수 있다. 예수의 황금률도 상호 배려로서의 사랑이며, 이것이야말로 도덕적 행동의 근본 원리라고 말할 수 있는 것이다.

따라서 이것은 심리학에 대해 중요한 교정을 할 수 있다. 프로이트는 윤리차원에 있어서 파괴적인 본능을 가진 인간으로서 이웃사랑은 불가능하다는 윤리적 이기주의의 태도를 취했다. 그리고 인본주의 심리학자들은 세상은 깊은 차원에서 조화를 이루고 있기 때문에 각자 자아의 실현은 타인의 자아 실현화를 방해하지 않는다는 '조화'를 궁극성의 은유로 가짐으로 말미암아, 결국 그들은 이웃에 대한 고려 없이 자신들의 가능성 실현화에만 관심을 가짐으로 윤리적 이기주의로 흐르게 되는데, 이는 비판을 받아야 하는 것이다. 특히, 윤리적 이기주의의 성향을 띠는 자아실현의 개념을 폭넓은 도덕적 규범으로 확장시키려는 인본주의 심리학자들의 경향성과, 건강의 개념을 자아실현에 제한하는 그들의 한계를 신학은 밝히고 교정할 수 있는 것이다.

5. 브라우닝의 통합적 입장의 공헌과 한계

브라우닝에게 있어서, 심리학과 신학 간의 비판적 대화를 시도하는 것은 다원주의적 상황하에서 신학을 "공적(public)"으로 만들기 위해 가장 긴급한 일이었다. 즉, 신학이 더 이상 자기의 특권만을 고집하며 독백으로 고립되는 것이 아니라 다른 사회학들의 주장과 서로 동등한 위치에서 대화를 통해 정당하게 신학의 자리를 찾아야 한다는 그의 신념에서 나온 것이다. 따라서 그는 대표적인 현대심리학들 안에 있는 함축적인 윤리와 은유들을 명확하게 하며, 동시에 분석된 현대심리학의 함축적인 은유와 윤리들을 유대-기독교 전통의 자원과 비교함으로써 이 일을 하자고 제안한 것이다.

브라우닝의 심리학과 신학과의 깊이 있는 대화는 우리가 희미하게 인식하던 이 둘의 관계를 분명하게 드러내놓고 대화시키는 것이었다고 말할 수 있다. 실제로 우리는 철학, 사회학, 심리학 등의 일반 학문들이나, TV, 영화, 책들을 통해, 인생의 여러 가지 문제들에 대해 생각하고 또한 결정하는 데 영향을 받고 있다. 그러므로 이들이 갖고 있는(특히 구미에서 현대인의 삶에 가장 영향을 주고 있는 심리학) 배후의 은유와 윤리를 명백히 분석 제시하면서, 과연 어느 것이 삶에 진정으로 도움이 되는가를 체계적으로 토론하자는 것이 그의 의도인 것이다. 따라서 이것은 우리의 삶에 영향을 주는 신앙과 세속 가치를 이원화시키지 않고, 우리의 현실을 깊이 있게 해석할 수 있는 방법을 명시적으로 제시한 것이다. 이것은 다원주의 상황하에서 우리가 취해야 할 바람직한 입장이라고 보며, 이 점에서 브라우닝의 공헌은 크다고 생각한다.

그러나, 한편 브라우닝(1985)은 다양한 기독교 주장들의 해석들과 다양한 인간 실존의 문화적 해석들 사이에서 어느 것이 더 바람직한 것인가를 결정하기 위해서는 이성이 종국적으로 중심적 역할을 해야 한다고 말한다. 이것은 그의 우선적인 충성심이 교회 공동체가 아니라, 세속적인 질문의 공동체 안에서 수락되는 진리와 의미의 판단 기준에 있는 것으로 보이게 한다. 그리고 이것은 어떤 종교적 전통의 진리 주장도 일반인간 경험에 대한 의뢰에 의하여 타당성을 얻을 때까지 불확실한 것으로 취급되어야 한다고 주장하는 것처럼 보인다. 이런 애매모호함은, 도덕적 경험을 종교적 신앙의 시금석으로 강조한 윌리암 제임스[2)]에 의해 깊이 영향을 받은, 그의 종교에 대한 실용주의적 평가와 관련되어 있다고 보인다.

그러므로 브라우닝(1985)은 “우리는 진리를 그 뿌리로 아는 것이 아니고 그 열매로 안다.”고 말한다. 즉, 신학과 심리학의 깊은 은유에 대한 도덕적 평가가 그의 주요 관심이었다. 이처럼, 브라우닝은 도덕규범이 인간의 정신 건강에 도움이 될 것이라는 차원에서 신학을 해석하지만, 윤리에 대한 지적 추구를 넘어서 기독교인은 살아 있는 하나님을 경험하기를 원한다. 인간은 인생의 의미를 묻기 때문에 윤리적 차원을 넘어서는 것이다. 그리고 이것이야말로 때로는 사람의 윤리적 결정에 더욱 깊게 영향을 미친다고 할 수 있다.

따라서 현대 목회적 돌봄의 심각한 문제인 도덕규범의 결핍을 심리학과 신학과의 대화를 통해, 즉 다섯 단계의 "실천적 도덕적 추론"의 방법을 통해 구체적으로 해결하고자 하는 시도는 높이 평가되어야 하지만, 또 한편, 사람들은 실천적 도덕적 추론보다는 신앙의 근거 위에서, 은유적으로, 그들의 정체성을 형성하고 그들 대부분의 규범적 선택들을 하게 된다는 사실을 브라우닝은 깊이 인식해야 할 것이다. 이러한 의미에서 브라우닝은 신학과 심리학의 대화를 깊이 있게 시도했지만, 도덕규범을 만들고자 하는 좁은 범주에서—실용주의적 차원에서—활용했다는 한계를 갖는다.

후주

1) 그러나 월워크는 리프의 프로이트 해석은 나르시시즘에 대한 피상적인 해석—프로이트에 있어서 모든 사랑의 형태는 종국적으로 자아사랑의 표현이라고 해석한 것—위에 근거하고 있다고 지적한다. 그는 프로이트의 이웃사랑의 원리에 대한 비판은, 이웃사랑에서 불필요한 자기 희생을 지나치게 강조하는 고상한 기독교 이미지에 대한 비판이라고 주장한다. 오히려 모든 사람에 대해 깊은 애정을 가지고 사랑하는 것이 심리학적으로는 불가능한 것이지만, 다소 덜 애정적인 상호 간의 존경과 상호성—기독교의 윤리보다는 유대교의 윤리와 어울리는—의 심리학적 가능성은 프로이트가 믿었다고 주장한다(Ernest Wallwork, 1982). 여기에서 브라우닝은 리프의 입장과 또 한편 월워크의 견해를 받아들여, 프로이트 안에는 윤리적 이기주의와 상호성과 존경에 대한 조심스러운 견해가 함께 있다고 보며, 따라서 프로이트는 아마 이 둘 사이에서 갈팡질팡했을 것이라고 말하기도 한다(Browning, 1987).

2) 제임스는 종교 경험을 평가하는 데에 세 가지 기준—"Immediate luminousness, Philosophical reasonableness, and moral fruitfulness"을 말하는데, 무엇보다 세 번째를 강조하며, 도덕적인 열매가 맺혀야 그가 참으로 종교적 경험을 했음을(또는 구원받았음을) 알 수 있다는 실용주의적 입장을 취한다(James, 1950).

참고문헌

Barbour, I. (1974). *Myths, models, and paradigms*. New York: Harper & Row.

Bobgan, M., & Bobgan, D. (1987). *Psychoheresy: The psychological seduction of Christianity*. Santa Barbara, CA: Eastgate.

Browning, D. (1966). *Atonement and psychotherapy*. Philadelphia: Westminster Press.

Browning, D. (1976). *The moral context of pastoral care*. Philadelphia: Westminster Press.

Browning, D. (1983). *Religious ethics and pastoral care*. Philadelphia: Fortress Press.

Browning, D. (1985). Practical theology and political theology. *Theology Today, 42*(1), 11-24.

Browning, D. (1987). *Religious thought and the modern psychologies*. Philadelphia: Fortress Press.

Erikson, E. (1969). *Gandhi's truth*. New York: W. W. Norton.

Freud, S. (1961). *Civilization and its discontents*. J. Strachey (Tr). New York: W. W. Norton.

Freud, S. (1963). *Beyond the pleasure principle*. J. Strachey (Tr). New York: Bantam Books.

James, W. (1950). *The varieties of religious experience*. New York: Bantam.

Janssens, L. (1977). Norms and priorities in a love ethics. *Louvain Studies, 6*, 214-221.

Niebuhr, R. (1941). *The nature and the destiny of man*. New York: Charles Scribner's Sons.

Rieff, P. (1966). *Triumph of the therapeutic: Uses of faith after Freud*. New York: Harper and Row.

Rogers, C. (1951). *Client-centered therapy*. Boston: Houghton Mifflin Co.

Rogers, C. (1958). Reinhold Niebuhr's self and the drama of history. *Pastoral Psychology, 9*, 14-21.

Rogers, C. (1961). *On becoming a person*. Boston: Houghton Mifflin Co.

Vitz, P. (1977). *Psychology as religion: The cult of self-worship*. Grand Rapids: William B. Eerdmans.

Wallwork, E. (1982). Thou shalt love thy neighbor as theself: The Freudian critique. *Journal of Religious Ethics, 10*, 255-272.

Yearley, L. (1985). Freud as critic and creator of cosmogonies and their ethics. In R. Lovin & F. Reynolds (Eds.), *Cosmogony and ethical order*. Chicago: University of Chicago Press.

제 2 장

사회심리학과 과정신학의 대화를 통한 기독(목회)상담 세우기

이희철
(서울신학대학교 교수)

1. 들어가는 말

서울양양고속도로가 개통되었다. 그 고속도로를 가다 보면 태백산맥을 뚫고 지나가는 여러 개의 터널을 통과하게 된다. 그중에 어느 터널은 12킬로미터가 된다고 한다. 이것을 보고 인간의 능력이 대단하다고 생각할 수밖에 없다. 인간의 능력이 대단하지만 동시에 인간의 능력은 유한하다. 인간은 육체를 통해 세상을 향해 열려 있다. 귀, 코, 입, 피부 등의 육체를 통해 세상을 만나고 대화할 수 있기 때문에 인간은 육체를 통해 세상을 향해 열려 있다. 그렇지만 또한 육체를 떠날 수 없기에 육체를 통해 인간은 한계가 정해진다. 육체가 머무는 곳에서 인간은 생각하고 느낄 수 있기 때문에 세상을 향해 열려 있는 동시에 세상을 향해 제한된 대화만이 가능하다. 상담은 인간이 행하는 예술이기에 아무리 대단하고 숭고한 예술일지라도 상담은 제한된 행위이다.

상담은 제한된 관점을 통해 표현되는 예술이다(이희철, 2017a). 그렇기 때문에 관점의 전환, 즉 한 관점에서 다른 관점으로 바꾸기는 가능해도 관점을 초월하거나 관점을 없애기는 불가능하다. 예를 들어, 상담자는 칼 로저스의 인간중심적 관점에서 프로이트의 정신분석적 관점으로 전환할 수는 있어도 관점이 없는 중립적 자세로 상담에 임할 수는 없다.

그렇다면 기독(목회)상담은 무엇인가? 기독(목회)상담자는 누구인가? 기독(목회)상담에 종사하는 상담자가 항상 듣는 질문이다. 이 질문에 "기독(목회)상담은 기독교적 관점이다."라고 답하고자 한다. 이 질문에 "기독(목회)상담자는 기독교적 관점을 지닌 상담자이다."라고 답하고자 한다. 이 장에서 기독(목회)상담이 관점이라는 점을 설명하고자 한다. 어거스틴의 격언 중에는 "이해하기 위해서 나는 믿는다."라는 말이 있다. 이 격언은 관점으로부터 이해가 시작된다는 뜻을 내포하고 있다. 관점이 없이는 이해가 될 수 없다. 프로이트의 정신분석학도 관점을 내포하고 있고, Bowen의 가족치료도 관점을 지니고 있다. 이 관점에 근거하여 현상을 이해할 수 있다. 그렇지만 이 관점이 모든 상담과정에서 뚜렷하고 분명하게 드러나지는 않는다. 그리고 역동심리학에 속하지만 프로이트의 정신분석학과 칼 융의 분석심리학은 서로 다른 관점을 지니고 있다. 마찬가지로 같은 기독교인이지만 신앙의 관점이 서로 다를 수 있다. 같은 기독(목회)상담에 종사하지만 사례를 이해하는 관점이 서로 다를 수 있다. 위에서 언급하였듯이 관점은 항상 명확하게 드러나지는 않기 때문에 "기독(목회)상담이 관점이라는 점"을 설명하기 위해서 몇 가지 중요한 문제들을 다루고자 한다. 기독(목회)상담자와 정신분석가를 비교한다면 이들은 다른 면보다는 공유하는 면이 훨씬 많을 수 있다. 인간의 고통에 관심이 있고 고통 속에 있는 사람에게 돌봄을 베풀기 위해 자신의 전문성을 사용한다는 점에서부터 이미 두 전문가는 근본적인 공통점을 지니고 있다. 그래서 서로 다른 두 종류의 전문인들을 구별하여 설명하기는 단순한 일이 아니다.

이 장에서 "기독(목회)상담이 관점이라는 점"을 설명하기 위해서 몇 가지 중요한 문제를 다루려고 할 때 기독(목회)상담을 다른 치료적 접근들과 명확히 구별하려는 목적을 가지고 있지 않다. 오히려 기독(목회)상담을 더 풍성하게 하기 위해서 다른 접근들과의 대화를 시도하는 데 목적이 있다.

Aden(1968)은 목회상담은 기독교적 관점이라고 주장하면서 기독교적 관점임을 드러낼 수 있는 특징으로서 세 가지 문제를 제시한다. 이들은 '유한성의 문제(the problem of finitude)' '소외의 문제(the problem of alienation)' '죄책감의 문제(the problem of guilt)'이다. 그는 이 세 가지 문제를 인간이 겪는 도덕적이고 종교적일뿐 아니라 궁극적인 문제라고 보면서 이 문제들을 예수 그리스도를 통해 드러나고 구체화된 계시의 도움으로 이해하려고 시도했다(pp. 175-180). 여기에서는 Aden이 제시한 세 가지 문제는 중요한 문제라고 여기면서 한국적 상황에 더 적절한 적용을 시도하기 위하여 '죄책감의 문제' 대신에 '수치심의 문제(the problem of shame)'를 제시하고자 한다. 이 세 가지 문제들을 다루면서 George H. Mead의 사회심리학과 신학의 대화를 시도하고자 한다.

2. 사회심리학과 과정신학

Mill(2010)은 다음과 같이 인간의 삶에 대하여 말했다.

> 사람은 누구든지 자신의 삶을 자기 방식대로 살아가는 것이 바람직하다. 그 방식이 최선이어서가 아니라, 자기 방식대로 사는 길이기 때문에 바람직한 것이다(p. 129).

개인의 자율권을 존중하는 태도가 확연하게 보인다. 개인이 선택하고 결정하는 모든 과정은 진정 혼자서 할 수 있는가? 정말 개인의 삶은 개인적 판단과 결정에 절대적으로 달려 있는가?

Mead의 사회심리학은 개인적 판단과 결정이 사회적 상호작용의 과정의 일부분임을 알게 한다. 우리는 많은 사회심리학적 전제들을 가지고 있다. 특히 사회적 실재를 어떻게 내재화하는지를 분석하는 데 중요한 전제는 Mead의 영향을 받았다(Berger & Luckmann, 1966).

Mead는 사회심리학을 발전시키려는 의도는 없었다. Mead가 추구한 철학적 전통이 가지고 있었던 임무는 앎(knowing)과 존재(being) 사이의 관계, 다시 말하면 인식론과 존재론 사이의 관계를 명확히 하는 것이었다(Manis & Meltzer, 1972, p. 27). 지식(knowing)은 개인의 소유인 듯하지만 외부적 실재를 내재화하여야만 지식은 생길 수 있다. 외부적 실재를 내재화하는 과정에 Mead는 관심을 가지고 있었다.

Mead의 사회심리학이 알려 주는 중요한 전제들이 있다. 인간에 대한 정의를 내릴 때 중요한 전제가 있다. Mead의 사회심리학에서는 관계를 전제한 인간성을 주장한다. 사회적 상호작용 없이는 인간의 정체성은 현실화될 수 없다는 것이다. 그래서 Mead(2010)는 다음과 같이 말한다.

> 인간성은 철두철미하게 사회적이며, 진정으로 사회적인 개인을 항상 전제로 한다. 인간성에 관한 심리학적 또는 철학적 토론을 해 본다면, 인간 개인은 조직화된 사회공동체에 소속되고 그 공동체의 전체와 그것에 속하는 다른 개인 구성원들과의 사회적 상호작용과 사회적 관계 가운데에서 자기 인간성을 획득한다는 가정을 내포하고 있다(Mead, 2010, pp. 331-332).

인간성은 사회적이기에 관계 속에서 개인의 자아는 출현한다. 그러면 어떻게 관계 속에서 자아가 출현하는가? Mead에 의하면 역할담당(role taking)을 통해 자아는 출현한다. 개인이 자신을 대상화하고 객관화할 때 자신을 이해할 수 있고, 자아가 출현한다. Mead에 의하면 개인은 객관적 자아(Me)와 주관적 자아(I)가 상호작용을 하면서 사회적 현실(예: 타인의 의견, 사회규범, 사회적 환경, 등)을 내면화하면서 자아가 출현한다. 자아는 완전히 발달되어도 변화되지 않는 요지부동의 상태로 되지 않는다. 개인의 집단경험이 변화하는 한, 자아는 항상 변한다. 그러나 이것만이 자아가 변하는 기본원리가 아니다. Mead가 자아의 두 종류의 모습인 객관적 자아(Me)와 주관적 자아(I)사이의 차이를 설명하는 데에서 다른 원리를 찾을 수 있다. 객관적 자아(Me)는 자아의 전통적이고 관습적인 구성이다. 이것은 타인의 태도로 구성되어 있는데 자신의 행위를 위한 가이드로 역할을 한다. 타인의 태도를 협동하여 자아인식을 형성하기 때문에 객관적 자아(Me)는 우리의 행동을 반성할 때 우리가 인식하는 자기대상(self-as-object)이다. 그렇지만 객관적 자아(Me)만 있으면 자아는 단순히 사회의 대리인일 뿐이다. 우리의 기능은 단순히 타인의 기대를 반영하는 것이 될 수 있다. 그러나 우리의 행위 속에서 깨닫는 '객관적 자아(Me)'가 있지만 자아에는 그 이상이 있다. 주관적 자아(I)는 자아의 충동적 즉흥적인 면이다. 자아의 이미지인 객관적 자아(Me)에 반응할 때 우리가 하는 것은 그 이미지 자체가 아니다. 새로운 것이 반영과 행위 사이에 창조된다. 그 행동 속에 나오는 새로운 것이 주관적 자아(I)이다. 주관적 자아(I)는 혁신적이고 창조적이다. 새로운 형태의 행위가 발현하게 한다. 행위는 단순히 과거에 의해서 결정되지 않는다. 행위는 행동을 시작하면서 인지적으로 가지고 있던 계획에 의해서 만들어지지 않는다. 상호작용 속에 행위는 시작되고 만들어지고 재생산된다(Schellenberg, 1978, p. 51). 주관적 자아(I)는 객관적 자아(Me)와 상호작용할 때 객관적 자아를 해석하고, 반응하고, 새로운 자아를 출현시키는 역할을 한다. 그래서 Elliot(2007)은 다음과 같이 말했다.

> '자아'를 지니고 있다는 말은, 자신의 행동과 감정과 믿음을 자신에게 중요한 의미를 지닌 타인들의 관점에서 보아서 통일된 구조로 여길 수 있는

> 능력을 지니고 있음을 필연적으로 의미한다. 타인들이 자아의 행동을 바라보고 해석하는 것처럼 말이다. 이러한 각도에서 볼 때, 자아는 속속들이 사회적인 생산물이고, 사회적인 상징적 상호작용의 결과물이다(Elliot, 2007, p. 47).

Mead의 사회심리학은 인간의 자아는 사회적 상호작용을 전제하여야 하고, 개인이 타인을 관찰하고 평가하는 동시에 자기 자신도 관찰하고 평가한다는 중요한 점을 가르쳐 준다. 그러므로 사회적 과정 속에서만 존재하는 우리는 서로의 연관성에서 도피할 수 없고, 관계 속에서 함께 존재해야 하는 사회적 실존이라는 점을 우리는 기억해야 한다.

Mead의 사회심리학과 마찬가지로 과정신학(process theology)도 사회적 과정을 강조한다. 그래서 과정신학에서는 과정에 있을 때 현실적이 된다고 주장한다. 다시 말하면 과정을 초월한 존재는 의미를 상실한다. 과정에 참여하지 않은 존재는 존재할지라도 의미가 없다. 과정 속에 참여하는 존재만이 의미 있어진다. 여기에는 하나님도 포함된다. 하나님은 초월적이지만 성육신으로 과정에 참여하였기에 이해될 수 있고, 의미 있어진다. 그래서 Cobb과 Griffin(1993)은 다음과 같이 논한다.

> 우리의 기본적인 종교적 욕구는 참으로 실재적인 것과 조화가 되어야 하기 때문에, 참으로 실재적인 것은 과정을 초월한다는 신념은 이 세상에 대한 전적인 참여로부터의 도피의 한 형식이거나 혹은 또 다른 형식을 조장하게 된다. 그러나 과정이 곧 실재라는 것을 이해하는 것은 그 욕구를 "그것과 함께" 과정 안으로 들어오도록 이끌어 준다. 실재를 과정적인 것으로 보는 종교적 암시는 실재에 대한 유대-기독교적 통찰의 중요한 귀결들의 하나와 일치한다. 이 전통에서 하나님은 역사적인 과정 안에서 활동적인 분으로 인식되어 왔다(Cobb & Griffin, 1993, pp. 20-21).

Mead의 사회심리학에서 강조하는 사회적 과정은 사람과 사람 사이, 사람의 내면과 내면 사이에서 일어나는 상호작용을 세밀하게 설명하는 반면에, 과정신학에서는 이러한 세밀한 설명은 부족하지만 과정은 과거의 반복이 아니라, 항상 새로운 실재임을 강조하고 초월적인 존재인 하나님의 현실적 참여를 설명하고 있다. 그래서 과정신학에서는 불교의 윤회설과 같은 시간의 순환이 있을 수 없다. 시간은 과거로부터 현재를 통해 미래로 흐르고 있을 뿐이다. 현재는 과거의 반복이 아니다. 미래는 현재의 투사가 아니다. 그렇기 때문에 모든 시간적 순간은 새롭고 반복될 수 없다. 과정 속에는 매 순간이 새로운 창조이다(Cobb & Griffin, 1993, p. 23).

과정신학적 관점에서 볼 때 하나님을 능력의 하나님이 아니라 사랑의 하나님으로 보게 된다. Mesle은 하나님을 예배하고 그에게 헌신하는 이유는 무엇인가라고 물으면서 하나님의 힘 때문이 아니라 그의 아가페 사랑 때문이라고 주장한다(Mesle, 1993, p. 14). 힘의 논리로 이해한다면 하나님의 전지전능성 때문에 하나님과 관계한다고 생각할 수 있다. 그러나 하나님이 우리에게 적극적으로 다가오는 이유는 사랑에 근거하고 있다(요 3:16). 신영복(2015)은 다음과 같이 말한다.

> 애정은 인식을 혼란스럽게 한다고 하지만 그러한 생각이 바로 저널리즘이 양산하고 있는 위장된 객관성입니다. 애정이 없으면 아예 인식 자체가 시작되지 않습니다. 애정이야말로 인식을 심화하고 인간적인 것으로 만들어 줍니다. …… 이름이 있다는 것은 우리의 인식 대상이라는 뜻입니다. 쑥이 인식 대상인 까닭은 쑥이 우리와 관계가 있기 때문입니다(신영복, 2015, p. 279).

사랑은 관계에 머무르게 한다. 사랑은 관계 속에 있는 자기 자신과 타인을 인식하게 한다. 인식하기 때문에 사랑이 가능하다면 사랑이 조건화되는 것이다. 반면에 사랑하기 때문에 상대방을 인식한다는 것은 하나님이 창조한 인간으로서 그대로 수용한다는 것이다. 그러므로 과정신학에서 강조하듯이 힘의 논리가 아니라 사랑의 논리로 하나님을 이해한다면 사람들의 사회적 상호작용에 기계적인 접근이 아니라 실존적인 접근을 가능하게 할 수 있다.

위에서 설명한 사회심리학과 과정신학을 관점으로서 대화하게 하는 시도를 하고자 한다. 다음에서 제시되는 사례를 예로 하여 두 학문이 대화하게 하면서 "관점으로서 기독(목회)상담"을 설명하겠다.

3. A씨의 사례

5개월 동안 매주 한 시간 동안 진행된 30대 초반 미혼여성(A씨)의 상담사례이다. 상담실에 올 때 낮은 자존감과 대인기피증상 그리고 무력감이 그녀의 주요호소문제였다. 오빠는 결혼하여서 원가족을 떠났고 미혼인 언니와 아직 왕성하게 일하시는 부모님과 함께 살고 있다. 부모님은 어려운 처지에 있는 사람들에게 베풀기를 좋아하신다. 어려운 처지에 있는 사람에 대한 배려는 가족의 덕목이었다. 그래서 일하지 않는 사람은 능력이 없어서 도움을 받아야 할 처지에 있다는 생각이 이 가정에서는 지배적이었다. 그녀의 말에 의하면 직장을 그만두고 해외유학을 생각하며 준비하려 했는데 예기치 않게 시간이 오래가면서 그녀는 주위사람들에게서 '백수'로 취급되며 심하게는 무능력한 사람으로 취급되었다. A씨는 너무 쉽게 자신을 '백수'로 취급하면서 무시하는 말을 하는 사람들이 싫어서 만나지 않는다고 한다. 그래서 지금은 가족과의 만남이나 공적인 만남 외에는 누구와도 만나는 약속을 하지 않는다고 한다.

상담이 진행되면서 초기에는 낮은 자존감과 대인기피증상 그리고 무력감이 분명하게 나타났다. 상담 중에 무심코 나오는 말 속에 낮은 자존감이 드러났다. 예를 들어, 모든 대화 중에 "죄송해요" "제가 너무 나쁜 사람인 거 같아요" "제가 쓸데없는 이야기를 많이 하네요" 등의 표현을 자주 그리고 반복적으로 했다. A씨는 말없이 혼자서 오랫동안 생각한 후에 이러한 말을 했다. 이러한 표현은 자신의 언행에 대한 자신감이 없고 자신의 의사결정과 표현의 과정에서 타인을 지나치게 의식하고 의존한다고 해석하게 한다. 상담자를 똑바로 바라보지 못하고 다른 곳에 시선을 두고 대화하거나 불안하게 움직이는 눈과 손은 사람을 의심하고 친밀감에 익숙하지 않은 내담자의 상태를 알게 한다. 말에 힘이 없고 말꼬리를 흐리거나 대화하던 이야기를 갑자기 중단해 버리는 태도는 수치심과 연결된 낮은 자존감과 무력감의 표현일 수 있다. 그녀는 상담과정 속에 자신에 대한 비난과 다른 사람들에 대한 불만을 호소하면서 분노와 적개심을 드러냈다.

신학과 심리학의 대화를 위해 위와 같이 사례를 제시하였다. 제시된 이 사례 속에 '유한성의 문제' '소외감의 문제' 그리고 '수치심의 문제'라는 궁극적이고 도덕적이고 종교적인 문제들이 어떻게 연관되어 있는지를 분석하고 해석하는 시도를 할 것이다. 이 시도는 신학과 사회심리학의 대화가 될 것이다.

4. 유한성의 문제

인간은 유한하다. 하나님이 창조한 유한한 존재이다. 자신의 유한성을 인정할 때 잠시 좌절할 수 있다. 그러나 유한성을 인정할 때 타인을 의지하거나 외부세계를 향해 눈을 돌릴 수 있다. 그러므로 인간의 유한성은 인간이 더불어 살아가도록 하나님이 창조하신 목적에 어울린다. 조직신학자 틸리히는 인간이 가지고 있는 세 가지 본질적인 죄 중에 하나로 교만(hubris)을 말하고 있다. 교만은 자신의 유한성을 인정하지 않고 계속해서 개인의 잠재력과 가능성에만 몰입하는 죄라고 말한다(Tillich, 1957, pp. 47-52). 인간은 자신의 유한성을 인정하지 않고, 무한한 능력이 있다고 생각하고 그 잠재력을 과시하기 위해 다양한 노력을 한다. 지나친 재산축적이 잠재력의 과시일 수 있다. 성소수자와 여성과 외국인노동자에 대한 차별은 인간의 유한성을 부정하고 싶은 욕구의 표현일 수 있다. 약하거나 무능력한 모습을 인간의 모습 속에 있다고 인정하지 않기에 약자와 무능력한 자를 멀리한다.

인간의 유한성을 인정하지 않으려는 태도는 영원성에 대한 신학적 강조에서도 나타난다. 영원성은 하나님의 주권이지 인간의 능력이 아니다. 그럼에도 불구하고 인간은 영원성을 인간이 하나님의 형상을 따라 지음 받았다는 증거인 영혼에서 찾으면서 영원성을 인간의 내면으로 내재화시키려고 했다. 그러면서 결국에는 인간이 하나님의 형상을 닮았기에 영원한 존재, 불멸의 존재가 되어 죽음을 극복할 때 인간의 궁극적 목표를 달성한다고 생각했다. Fontinell(2000)은 프로이트가 제시한 파괴적이고 공격적인 행위를 가능하게 하는 죽음본능(Thanatos)을 설명하면서 인간의 삶의 마지막 종착지는 죽음이라는 사실을 우리는 인정해야 한다고 주장한다(p. 222). 영원성이 아니라 죽음이 인간이 실존적으로 직면한 현실이다. 죽음은 인간의 유한성을 증명한다. 그러므로 인간이 죽음을 인정한다는 것은 인간의 유한성을 인정한다는 것이다. 죽음을 인정하지 않고 영원성을 인간의 몫으로 주장할 때 인간은 유한성을 거부하고 하나님의 전지전능성을 자신의 것으로 착각하는 것이다.

위에 제시된 사례에서 보듯이 A씨는 무능력과 낮은 자존감을 호소한다. 무능력한 사람을 배려하고 돕는 부모에게 교육을 받은 A씨는 부모와 같아지기를 원하지 무능력한 사람이 되고 싶지는 않았을 것이다. 그래서 무능력이 A씨의 가정과 주위사람들에게는 인간의 본질이 아니다. 무한한 능력을 추구하는 인간사회에서는 유한성의 일부분인 무능력이 허락되지 않는다. A씨는 낮은 자존감을 지니게 된 원인을 자기 자신에게 탓한다. "제가 너무 나쁜 사람인 거 같아요."라는 표현은 모든 문제의 책임을 자신에게서 찾게 한다. 엘리스의 합리적 정서치료적 관점에서 볼 때 "제가 너무 나쁜 사람인 거 같아요."는 비합리적 신념에 근거한 표현이라고 해석할 수 있다. 자신에게 모든 책임을 전가하는 태도는 현실성이 결여된 비이성적인 태도이기에 비합리적 신념에 근거한다고 볼 수 있다(이장호, 정남운, 조성호, 2005, p. 121). 그렇지만 이 접근은 어떻게 A씨가 이러한 비합리적 사고를 가지게 되었는가를 설명하지 못한다.

Mead의 사회심리학은 외적 현상과 내적 현상의 관계에 관심을 가지게 한다. A씨의 사고("제가 너무 나쁜 사람인 거 같아요.")가 어떻게 비합리적 사고가 되었고, 비합리적 사고로서 표현되기까지 내적 갈등과 중요한 타인들과의 상호작용은 어떻게 이루어졌는지에 관심을 가지게 한다. 물론 Mead가 추구한 철학적 전통의 임무는 앎(knowing)과 존재(being) 사이의 관계(즉, 인식론과 존재론 사이의 관계)를 명확히 하는 것에 있었지, 사회심리학을 발전시키려는 의도는 없었다(Manis & Meltzer, 1972, p. 27). Mead의 사회심리학적 접근에 의하면 자아는 사회적 과정 속에 생성되고 변화되고 결정지어진다. 그러므로 자아는 사회적 과정을 전제해야만 존재할 수 있다. "제가 너무 나쁜 사람인 거 같아요."라는 단언은 A씨가 혼자서 만들 수 있는 고백이 아니다. A씨의 이러한 고백적 판단은 사회적 상호작용(social interaction) 속에서 일어나는 상호적 결정(interactive determination)이다. 다시 말하면 이 사회적 상호작용 속에 A씨뿐 아니라 부모님을 비롯한 중요한 타인들이 함께 참여한다. 중요한 타인은 A씨의 친구 또는 상담자가 될 수 있지만 또한 사회적 규범이나 전통이 될 수도 있다. Mead의 사회심리학에서는 개인의 자아가 출현하고 변화되고 재구성되는 과정에 영향을 주는 중요한 타인들을 다음과 같이 명명하고 있다. 타인에 의해서 보게 된 자신을 경험하는 경우에 내 안에 사회적으로 구성된 자아(Me)에 근거하여 자아(I)가 출현한다고 한다. 그리고 사회집단의 구성원으로 자신을 경험할 때 사회집단의 규범과 전통 등은 일반화된 타인(generalized other)으로 칭한다. 다시 말하면 일반화된 타인은 개인이 소속된 사회적 집단이다. 개인은 사회적 집단, 즉 일반화된 타인의 태도를 취하면서 자기 자신을 인식하게 되고 자기 자신을 대상화하여 타인의 입장에서 자기 자신을 이해할 수 있다(Mead, 1956, pp. 218-219). 그래서 개인이 자기 자신을 이해하기 위해서는 사회적 집단과의 상호작용이 전제되어야 한다. 개인의 생각과 행위는 사회적 집단 안에서 일어나는 사회적 과정이 없이는 일어날 수 없다는 전제를 가지고 있다. Mead의 사회심리학적 접근에 근거한다면 상담자는 A씨의 생각과 행동(예: "제가 쓸데없는 이야기를 많이 하네요."라는 언어적 행위, 사람들이 자신을 무능력하다고 여긴다는 생각)을 개인의 문제로 단정지을 수 없다. 상담자는 "제가 너무 나쁜 사람인 거 같아요."라는 A씨의 언어적 몸짓이 어떠한 사회적 상호작용의 반응인지에 관심을 가지고 또한 이러한 언어적 몸짓이 A씨의 다음 행동과 생각을 어떻게 준비시키는지에 집중하게 된다. 이러한 언어적 몸짓은 A씨 혼자서 결정한 것도 아니고 A씨 자신뿐 아니라 상담자를 비롯한 타인들의 반응을 초래하기 때문이다.

Mead의 사회심리학적 접근은 관계 속에 있는 인간을 전제하고 관계 속에서 타인과의 상호의존적 관계(interdependent relations)를 통해서 개인의 삶이 의미 있어진다는 사실을 확인하게 한다. 이러한 접근이 사회심리학뿐 아니라 신학적 접근 속에도 중요한 흐름이라고 볼 수 있다. 하나님의 형상을 따라 창조된 인간에 대한 신학적 논리가 인간의 상호의존성(interdependency)을 설명하는 논리가 될 수 있다. 하나님의 형상을 따라 인간을 창조하였다(창 1: 26-27)는 성경말씀은 하나님의 전지전능성과 인간의 연관성을 말하는 것이 아니다. 전지전능하신 하나님이 창조한 인간은 전지전능하지 않다. 인간은 유한하다. 인간은 유한한 존재로서 창조되었다.

"하나님의 형상대로 사람을 창조하셨다."고 할 때, 인간이 닮은 하나님의 형상은 무엇인가? 존재론적인 접근을 할 때 하나님의 형상을 '물질'로서 이해하려고 한다. 존재론적으로 보면 하나님은 물질적으로 존재하거나 비현실적인 분이어야 한다(Cobb, 1983, p. 46). 그러므로 존재론적으로는 하나님의 형상(imago dei)을 시각적으로 볼 수 있거나 경험될 수 있는 물질적 존재 또는 육체적 존재로 이해하게 된다. 존재론적으로 하나님의 형상을 이해하는 경우에는 인간의 내면에 존재하는 하나님의 품성과 기질을 강조한다. 개인이 지니고 있는 품성과 기질이 하나님의 형상을 닮았는지를 판단하기에 존재론적 접근을 하는 경우에는 하나님의 전지전능성과 인간을 연관시키게 된다. 그래서 Origen과 Augustinus는 하나님의 형상은 인간의 영혼에서 찾을 수 있다고 보았고, Thomas Aquinas는 인간의 이성에서 하나님의 형상을 찾을 수 있다고 보았다. 칼뱅(Calvin)도 불멸하는 영혼에서 하나님의 형상을 찾을 수 있다고 하였다(이신건, 2010, pp. 119-122).

반면에 하나님의 형상(imago dei)을 인간의 내면이 아니라 인간이 참여하는 관계(relation)에서 찾으려는 시도가 있다. 인간의 구조, 성향, 능력 등에서 하나님의 형상을 찾으려는 시도를 거부하고, 인간이 실존적으로 떠날 수 없는 삶의 장으로서의 관계(relation)에서 하나님의 형상을 찾으려는 시도이다. 이러한 시도를 신학과 철학에서는 Elizabeth Johnson, Martin Buber, John Cobb, Emmanuel Levinas, Wolfhart Pannenberg 등에서 찾을 수 있고, 심리학에서는 G. H. Mead, Charles Cooley, Edward E. Sampson, Kenneth Gergen, John Bowlby 등에서 찾을 수 있다.

하나님 형상을 닮은 인간의 모습을 개인의 내면 또는 속성이 아니라 관계에서 찾으려는 시도는 과정신학에서 두드러진다. 과정신학자는 세상을 관계적으로 본다. 매순간 새로운 존재로 나타나고 과거에 근거하여 새로운 자신을 만들어 가는 세상으로 본다. 매순간 우리는 자신을 창조한다. 무(無)에서 창조하는 것이 아니라 이전에 지나간 모든 것들과의 관계 속에서 자신을 창조한다(Mesle, 1993, p. 55).

과정신학자 John Cobb은 아내는 교회생활에 관심이 없는데 혼자서 교회에 출석하는 카터를 돌보는 존즈 목사가 개인적 욕구와 심리적 갈등을 해결하기 위해 심리치료자의 도움이 필요하였을지라도 목회자가 해야 할 일은 분명하다고 말한다. 그러면서 John Cobb(1983)은 다음과 같이 주장한다.

> 그러나 설령 그 치료 그룹이 카터를 도와 동년배의 사람들과 어울릴 수 있도록 하여 주고 성적 환상들에 사로잡혀 있는 상태를 완화시켜 준다 할지라도 존즈 목사는 그것으로 만족할 수는 없을 것이다. 카터는 자신과 자신의 생을 보다 넓은 시각에서 보는 것, 자기의 요구를 타인들의 요구라는 넓은 맥락 속에서, 나아가서는 전 세계 사람들의 요구라는 상황 아래서 살펴보아야 할 필요가 있었다(Cobb, 1983, p. 100).

위에서 Cobb이 강조하였듯이 과정신학에서는 '자기의 요구'를 '타인들의 요구'와 분리하지 않는다. 과정신학에서는 개인의 내적 갈등을 그가 속한 사회의 갈등과 분리하여 생각하지 않는다. 2015년도에 한국에 많은 사람들을 격리시켰던 '메르스 사태'를 기억한다. 남편이 메르스 확진을 받아 병실에 격리되어 죽음을 맞이했다. 아내도 감염이 되어 며칠 후에 격리되어 사망했다. 격리되어 있는 부모를 만나지도 못한 채 세상을 떠나보내야만 했던 자녀들의 무력감과 분노는 단순히 개인적인 문제일까? 사회활동을 포기하고 체념하고 사는 모습은 단순히 개인의 무능력함의 표현인가? 과정신학에서는 하나님이 인간을 사랑하시기 때문에 하나님은 절대적이기보다는 상대적으로 존재할 수 있다고 본다. 인간이 기뻐할 때, 하나님은 즐거워하시고, 인간이 괴로워할 때 하나님은 슬퍼하신다. 이것이 하나님은 상대적으로 행동하신다는 증거라는 것이다(Cobb & Griffin, 1993, p. 67). 그러므로 하나님과 인간의 관계는 깊이 연관되어 있기에 인간의 문제는 하나님의 문제일 수밖에 없고, 하나님의 관심은 인간의 실존과 연관될 수밖에 없다. 마찬가지로 과정신학적 관점에서 볼 때 사회적 문제가 개인의 문제와 분리될 수 없다.

지금까지 설명한 과정신학과 사회심리학은 관계에서 인간을 이해하려고 노력하였다. 이렇게 관계적으로 인간을 이해하려는 시도는 궁극적으로 인간은 유한한 존재라는 사실과 인간의 한계성을 인정한다는 증거이다. 인간은 유한하기 때문에 관계할 수밖에 없다. 인간은 생존하기 위해서 타인이 있어야 한다. 사회가 있어야 인간은 유한함에도 불구하고 살아갈 수 있다.

5. 소외와 수치심의 문제

소외와 수치심은 심리적 문제이다. 그래서 소외와 수치심에 대한 심리적 접근은 매우 다양하고 많은 연구들이 이루어졌다. 소외와 수치심은 심리적 문제이기도 하지만 또한 도덕적이고 실존적이고 궁극적인 문제이기도 하다. 소외는 외로움과 고독으로 표현되기도 한다. 홀로 있기 때문에 외로워질 수 있고, '스따'(스스로 왕따)라는 표현에서와 같이 "자진해서 홀로되어서" '고독' 해지기도 한다. 스스로 고독을 택하기도 하고, 자진해서 외로워질 수도 있지만 Mead의 사회심리학적 관점에서 논한다면 고독과 외로움은 타인과 상관없이 홀로 선택하는 것이 아니다. 그래서 소외는 개인의 문제가 아니고 관계의 문제이다. 소외의 모습으로서 고독과 외로움은 개인이 책임지고 감당하여야 할 문제가 아니라 공동체가 연관되고 책임지어야 할 관계의 문제이다.

소외는 고독과 외로움의 모습뿐 아니라 다른 모습으로 나타날 수도 있다. 그래서 Aden(1968)은 다음과 같이 주장한다.

> 소외는 주로 거절감, 증오감, 혐오감, 의존감, 자기 소외감, 공허감, 절망감으로 나타난다. 소외에 대한 기독교적 처방은 사랑, 더 자세히 말하면 아가페이다. 사랑을 통해서 사람은 자기 자신, 타인, 그리고 하나님과 재-연합된다(Aden, 1968, p. 179).

Aden의 주장과 같이 소외는 다양한 모습으로 나타날 수 있다. 거절당한 기분, 의존하고 싶은 마음, 자기 자신이나 타인을 향한 증오나 혐오는 소외의 문제이다. Aden의 주장을 비평적으로 숙고하면 두 가지 중요한 점을 깨닫게 된다. 하나는 소외는 관계의 문제이기 때문에 절대적으로 혼자서 경험하고, 홀로 책임져야 하는 개인적인 문제가 될 수 없다는 것이다. 다른 하나는 소외는 관계의 문제이기에 "인간관계에 문제가 생겼음을 알려 주는 신호역할"을 하는 수치심(shame)과 깊게 연관이 있다는 점이다. 물론 두 번째 중요한 점인 소외와 수치심의 연관성을 Aden이 다루지 않았다는 점은 아쉽다. 당연히 그 시대적 배경과 백인이라는 인종적 배경 때문에 Aden은 소외와 수치심의 연관성을 다루기보다는 소외의 문제와 죄책감의 문제로 분리하여 다루었을 수도 있다. Aden이 다루지 못한 점을 여기서 다루면서 소외는 개인의 사적인 문제가 아니라 관계의 문제로서 관계의 상태를 알려 주는 신호역할을 하는 수치심과 연관이 깊다는 점을 논하고자 한다.

소외는 관계의 문제이기 때문에 홀로 책임져야 하는 개인적인 문제가 될 수 없다. 소외는 개인이 경험하는 현상이지만 타인이나 사회적 집단이 전제되어야 경험할 수 있는 현상이다. 소외는 멀어지는 대상이 있고, 멀어지게 하는 경험이 요구되기 때문이다. Mead의 사회심리학적 관점에서 볼 때 소외는 사회적 상호작용 속에서 일어나는 현상이다. 소외는 소속된 공동체 속에서 중요한 타인들과 상호작용 속에 공동체로부터 멀어지는 경험을 할 때 나타나는 현상이다. 그래서 소외된 학생들의 심리학을 연구한 Keniston은 소외는 "소속된 사회의 지배적인 가치관의 거부"라고 정의 내린다(Keniston, 1968, p. 405). Keniston의 개념정의는 소외가 개인이 수동적으로 경험하는 비자발적인 경험이라고 생각하는 위험을 경고한다. 지배적인 가치관에 어떠한 반응도 하지 않고 개인이 소외를 경험하지 않는다. 공동체 안에 정해진 지배적인 가치관과 전통을 따르지 않는 행위를 하였기에 그 사람은 소외된다. 그러므로 소외는 개인과 중요한 타인들이 상호작용하면서 일어나는 현상이다.

개인적 문제가 아니라 관계의 문제인 소외는 관계적 상태의 신호역할을 하는 수치심과 연관이 있다. Scheff와 Retzinger(2001)가 수치심과 소외의 관계에 대하여 언급한 다음의 글을 기억해야 한다.

> 사회적 결속(social bond)의 상태와 감정은 상호연관이 있다. 수치심과 소외는 동일한 현실의 모습들이다. 수치심은 소외의 정서적 모습이고 소외는 수치심의 관계적 모습이다. 소속된 집단의 타인들과 연결은 모든 인간과 사회적인 창조물에게는 본능이다(Scheff & Retzinger, 2001, p. 169).

수치심은 소원해진 관계를 알려 주는 신호이다. 관계 속에 소외가 일어나는 경우에 수치심은 사회적 결속에 문제가 있음을 알려 주는 신호역할을 한다. 그러므로 수치심도 사회적 상호작용 속에서만 느낄 수 있는 감정이다. 개인이 혼자서 느끼는 감정이 아니다. 수치심은 사회적 상호작용 속에 소외의 행동이 일어나고 이에 대한 반응이 일어나고 그리고 소외의 상호작용이 반복적으로 일어나면서 경험되는 감정이다.

Scheff와 Retzinger는 Braithwaite의 연구에 기초하여 수치심의 두 가지 종류를 언급하면서 소외와 수치심의 연관성을 설명한다. 재결합하게 하는 수치심(reintegrative shame)과 낙인을 찍는 수치심(stigmatizing shame)이 있다. 비행이나 불법행위를 저지른 경우에 공개적으로 부끄럽게 하면 수치심은 고통스러운 감정이 된다. 수치심을 느끼게 하지만 곧 공동체로 재수용하는 의식절차를 가진다면 그러한 수치심은 사람들을 재결합하고 공동체적 결속을 도울 수 있다. 반면에 그러한 재수용하는 의식절차가 동반되지 않는 수치심은 사람을 낙인 찍어 완전히 소외시켜 버린다(Scheff & Retzinger, 2001, pp. 171-172).

앞에서 설명하였듯이 소외와 수치심은 관계의 문제이고 관계에서 일어나는 현상이다. 그러므로 사례에 나오는 A씨는 가족과 공적인 만남을 제외하고는 누구도 만나지 않겠다는 결정을 스스로 했지만, 이러한 결정은 중요한 타인들과의 상호작용 속에서 일어나는 반응이다. '스따(스스로 왕따)'를 A씨가 선택했지만 낙인이 찍힌 수치심을 경험하였기에 소외가 일어날 수밖에 없다. 그러므로 가족이나 공동체를 통해 A씨가 재수용되는 경험이 있어야 한다. Aden이 제안하였듯이 기독교적인 처방으로 사랑, 즉 아가페의 실행이 있어야 한다. 과정신학적 관점에서 볼 때 사랑은 관계하게 하고 관심을 가지게 한다. 다시 말하면 사랑하기 때문에 하나님은 관계하신다(Mesle, 1993, p. 26). 사랑의 처방은 소외된 A씨를 공동체 안에서 지속적으로 관계하는 끊임없는 시도이다. 사랑하기 때문에 관계할 수 있다. 관계 안에 머무르게 하는 것은 사랑이다. 관계 안에 머물 때에는 영향을 주기만 하는 것이 아니라 받기도 한다. 사랑은 상호작용 속에서 일어나는 역동적인 실재이기 때문이다. 사랑은 관계 속에서만 경험될 수 있기 때문이다. 힘이 아니라 사랑으로 이해할 때 A씨가 보여 준 소극적이고 수동적인 행위는 관계 속에 참여하는 모든 적극적이고 능동적인 행위들의 일부분으로서 이해할 수 있다. 힘의 논리로 이해한다면 사람들과의 만남을 거부하는 A씨의 소극적인 행동은 피해자로서 가해자의 행위의 부산물로서 생각하게 한다. 그렇지만 사랑의 논리로 이해한다면 A씨의 수동적인 태도는 공동체에 참여하는 모든 행위들의 일부분으로서 상호작용 속에 존재하는 필연적인 행위로서 이해할 수 있다(이희철, 2017b, p. 260).

6. 나오는 말

기독(목회)상담은 관점이다. 관점에 근거하지 않은 상담은 있을 수 없다. 관점의 전환은 있을 수 있어도, 관점의 상실은 상담에서 있을 수 없다. 관점으로서 기독(목회)상담을 더 풍성하게 하기 위해서 사회심리학과 과정신학의 대화를 시도했다. 인간의 유한성은 인간성의 문제이고, 소외는 관계의 문제이고, 수치심은 인간의 정서 내면의 문제일 수 있다. 그렇지만 이 모든 문제들은 인간의 도덕적이고 궁극적인 관심이라는 면에서 모두 서로 연결되어있다. 사회심리학과 과정신학의 대화를 통해 인간의 유한성에 대한 신학적이고 심리학적인 새로운 관점(인간의 유한성은 서로를 필요로 하고 관계 속에 함께 머물게 한다)을 논하게 하였다. 이 두 학문의 대화를 통해 인간의 소외에 대한 신학적이고 심리학적인 새로운 관점(소외는 개인적 선택이 아니라 사회적 현실로서 아가페 사랑을 위한 공동체의 노력을 요구한다)을 설명하게 하였다. 사회심리학과 과정신학의 대화를 통해 수치심의 문제에 대한 신학적이고 심리학적인 새로운 관점(수치심은 개인의 사적인 감정이 아니라 끊어진 사회적 결속을 사랑과 수용을 통해 회복시키라는 신호이다)을 논하게 하였다.

도덕적, 궁극적 관심	유한성의 문제	소외의 문제	수치심의 문제
새로운 신학적 심리학적 관점	인간의 유한성은 서로를 필요로 하고 관계 속에 함께 머물게 한다.	소외는 개인적 선택이 아니라 사회적 현실로서 아가페 사랑을 위한 공동체의 노력을 요구한다.	수치심은 개인의 사적인 감정이 아니라 끊어진 사회적 결속을 사랑과 수용을 통해 회복시키라는 신호이다.

기독(목회)상담은 관점이지만 관점에 근거하여 실천하여야 정체성이 더욱 분명하여진다. 기독(목회)상담은 사회적 실천이어야 하기에(이희철, 2008, pp. 133-143), 개인의 실존적 문제를 사적인 문제로만 치부하지 말고 공동적 책임을 요구하면서 사회적 관계 속에서 개인을 보고 개인의 내면을 사회와 연결시켜서 보는 실천적 노력을 해야 한다. 이러한 사회적 실천으로서 기독(목회)상담을 수행할 때 기억하여야 할 점은 이 모든 상담사역은 관계 속에 들어와 참여하시는 하나님의 아가페 사랑에 근거해야 한다는 것이다.

참고문헌

신영복 (2015). 담론. 서울: 돌베개.

이신건 (2010). 인간의 본질과 운명. 서울: 신앙과지성사.

이장호, 정남운, 조성호 (2005). 상담심리학의 기초. 서울: 학지사.

이희철 (2008). 네가 낫고자 하느냐?: 사회폭력과 기독교 상담. 한국기독교상담학회지, 16, 127-147.

이희철 (2017a). 영성예술과 목회상담. 예술신학 톺아보기 (손원영 편). 서울: 신앙과 지성사.

이희철 (2017b). 트라우마의 목회신학과 상담. 목회와 상담, 28, 244-268.

Aden, L. (1968). Pastoral counseling as christian perspective. In P. Homans (Ed.), *The dialogue between theology and psychology* (pp. 163-181). Chicago: University of Chicago Press.

Berger, P., & Luckmann, T. (1966). *The social construction of reality*. New York: Anchor Books.

Cobb, J. (1983). 과정신학과 목회신학 (이기춘 역). 서울: 대한기독교출판사. (원저 1977년 출판).

Cobb, J., & Griffin, D. (1993). 과정신학 (류기종 역). 서울: 열림. (원저 1976년 출판).

Elliot, A. (2007). 자아란 무엇인가 (김정훈 역). 서울: 삼인.

Fontinell, E. (2000). *Self, god, and immortality: A Jamesian investigation*. New York: Fordham University Press.

Keniston, K. (1968). The psychology of alienated students. In C. Gordon & K. Gergen (Eds.), *The self in social interaction* (pp. 405-414). New York: John Wiley & Sons.

Manis, J., & Meltzer, B. (1972). *Symbolic interaction: A reader in social psychology*. Boston: Allyn and Bacon.

Mead, G. (1956). *George Herbert Mead on social psychology*. Anselm Strauss (Ed.). Chicago: University of Chicago Press.

Mead, G. (2010). 정신자아사회 (나은영 역). 서울: 한길사. (원저 1967년 출판).

Mesle, C. (1993). *Process theology*. St. Louis, MO: Chalice Press.

Mill, J. (2010) 자유론 (서병훈 역). 서울: 책세상.

Scheff, T., & Retzinger, S. (2001). *Emotions and violence*. Lincoln, NE: iUniverse.

Schellenberg, J. (1978). *Masters of social psychology*. New York: Oxford University Press.

Tillich, P. (1957). *Systematic theology*. Chicago: University of Chicago Press.

제 3 장

안톤 보이슨:

신학과 심리학의 대화*

이희철
(서울신학대학교 교수)

1. 들어가는 말

안톤 보이슨(Anton T. Boisen, 1876~1965)은 목회상담학에서 어떻게 기억되고 있는가? 그는 목회상담학자보다는 미국의 정신병원에서 처음 일을 시작한 목사로서 기억되고 있다. 한국목회상담학의 역사가 짧지 않지만 목회상담학자로서 또한 신학자로서도 별로 기억되고 있지 않다. 개신교 신학에서 그리고 목회상담학에서 그는 병원의 원목 그 이상도 이하도 아니었다. 그는 미국임상목회교육협회(Association of Clinical Pastoral Education)의 원조가 되는 프로그램을 처음 시작한 자로서 기억되고 있다. 1970년대까지만 하더라도 그의 저서는 많은 독자들이 있었다. 예를 들어, 그의 처녀작인

* 이 장은 2012년에 출판된 '현대목회상담학자연구'에 수록된 글을 수정했다.

『Exploration of the Inner World』은 1936년에 출판된 후 1952년과 1971년에 더 인쇄되면서 많은 독자들이 있었다. 안톤 보이슨에 대한 많은 연구가 있었지만 그의 일대기를 기록한 전기는 두 권 출간되어 있다. 보이슨이 직접 쓴 자서전인 『Out of the Depths』와 Robert David Leas가 2009년에 출간한 안톤 보이슨의 전기 『Anton Theophilus Boisen: His life, Work, Impact, and Theological Legacy』가 있다. 그 외에는 보이슨의 논문들을 편집하고 여러 학자들이 보이슨을 기념하여 쓴 논문들을 수집하여 출판된 책들이 몇 권 있다.

안톤 보이슨은 미국 목회상담학의 개척자들의 스승이었다. 그럼에도 불구하고 한국에 그는 거의 소개되지 않았다. 『목회임상교육: 원리와 실제』에 간략하게 소개되고 있고 안석모 교수가 번역한 찰스 거킨의 『살아있는 인간문서』에도 소개되고 있지만 보이슨의 생애와 철학 그리고 목회상담학적 공헌 등이 좀 더 자세하게 설명된 적은 없다. 그래서 본 장에서는 '보이슨의 생애, 목회신학방법론, 주요연구주제, 목회상담학에 미친 영향과 한계, 한국에 적용하기' 등의 소제목으로 보이슨을 소개하고자 한다.

2. 보이슨의 생애

1) 삶과 경력, 학문적 배경

안톤 보이슨은 1876년 10월 29일에 허만 보이슨(Hermann Balthazar Boisen)과 루이스 보이슨(Louise Wylie Boisen)의 아들로 태어났다. 아버지 허만은 독일에서 자라면서 교육을 받았고 인디애나대학교에서 현대언어학과 식물학을 가르치는 교수였다. 어머니는 인디애나대학교가 처음으로 여성을 학생으로 입학시켰을 당시의 학생이었다. 인디애나대학교는 1867년에 처음으로 여성을 대학생으로 입학시켜서 미국 최초의 남녀공학주립대학교가 되었다. 어머니는 또한 인디애나대학교 총장의 사촌이었고 부총장의 딸이었다. 그녀의 아버지는 부총장이었을 당시에 개혁장로교 목사이기도 하였다. 보이슨은 성과 이름 사이에 있는 가운데 이름인 Theophilus 를 좋아했다. 하나님의 연인이라는 뜻의 이름이다. 외조부의 이름을 따라서 이름이 만들어졌다. 아버지는 38세의 젊은 나이에 심장마비로 세상을 떠났기에 보이슨은 외가식구들과 더 오랫동안 깊은 관계를 맺게 되었다. 보이슨의 여동생이 태어난 지 얼마 되지 않아서 아버지는 돌아가셨다. 보이슨이 나중에 알게 되었지만 아버지는 1879~1880년에 대학 강단에서 내려왔는데 그 이유는 동료 교수가 부당하게 해임을 당해서였다고 한다. 보이슨(1960)은 아버지가 돌아가셨을 때를 다음과 같이 회상한다.

> 1884년 1월 16일 그는 38세의 나이에 심장마비로 죽었다……. 나의 7번째 생일이 3개월 지났을 때 나의 아버지는 죽었다. 어머니의 회상과 아버지를 아는 다른 사람들의 회상 때문에 아버지에 대한 기억이 남아 있다. 아버지에 대한 기억은 나의 삶에 보이지 않는 힘이 되었다. 그 기억은 하나님에 대한 나의 생각과 연계되어 왔다(Boisen, 1960, p. 27).

위에서 회상하듯이 보이슨의 생애에서 아버지는 큰 역할을 하였다. 중년이 되어서 정신질환을 앓게 될 때에 경험한 죄책감의 문제도 아버지와 깊은 연관이 있다.

보이슨은 1893년에 브루밍튼고등학교를 졸업했다. 고등학교 시절에 그는 소외감으로 어려움을 겪었다. 친구들과의 관계 속에 자신에 대한 정체성이 분명하지 않았다. 인디애나대학교에서 수학한 시절에 보이슨은 친구들과 어울리느라고 바빴던 여동생과 대조적으로 어울리는 친구들이 많지 않았다. 보이슨은 여동생의 사교성을 부러워했다. 여동생의 왕성한 사교성이 자신에게는 너무 부족하다고 생각했다. 그래서 사람들과 어울려야 한다는 의무감으로 사람들을 만나려고 했다.

1897년 6월 9일, 보이슨은 인디애나대학교에서 독일어로 학위를 취득했다. 졸업 후에 바로 직장을 얻지 못하여서 인디애나대학교에서 언어와 심리학을 공부하면서 자신이 좋아하는 교수이며 장로교 목사인 윌리엄 로우 브라이언(William Lowe Bryan) 박사의 성경공부에 참석하기도 하였다. 자신이 졸업한 고등학교와 대학교에서 보이슨은 프랑스어와 독일어를 2년 정도 가르쳤다. 이때 브라이언 박사에게서 윌리엄 제임스의 책『Principles of Psychology』를 소개받았다. 그는 윌리엄 제임스의 책에서 '습관'과 '의지'에 대하여 설명하는 부분을 읽으면서 위로보다는 죄책감이 깊어 가고 있었다. 그리고 아버지를 잘 아는 분들을 통해서 아버지가 훌륭하신 분이었다는 회상을 들을 때는 자신의 부족함을 깨닫게 되었다(Boisen, 1960, p. 46). 보이슨은 엄습하는 죄책감으로 힘들어했고 낮은 자존감과 심한 좌절감으로 괴로워하고 있었다. 그러던 중에 두 가지 경험을 하게 된다. 하나는 정신분열증적 증세였고 다른 하나는 종교적 체험이었다. 보이슨은 다음과 같이 그의 정신분열적 증세를 기록하고 있다.

> 다음날 밤 천사가 아니라 여러 명의 마녀들이 나를 찾아왔다. 병실에는 침대만 있었다. 병실의 벽은 매우 독특하게 만들어진 이중벽이었다. …… 나는 중생의 과정을 경험하였고 아마도 다른 사람들을 구원하는 일을 하기 위한 체험 같았다. 의학과 종교를 나누었던 벽을 무너트리는 경험을 하였다. 나는 등 뒤로 무엇인가를 느꼈고 나의 새로운 사역의 길이 열리는 기분이 들었다(Boisen, 1960, p. 46).

이러한 경험은 보이슨이 종교성과 정신건강에 관심을 가지게 하는 계기가 되었다. 보이슨은 인디애나대학교(Indiana University), 예일산림학교(Yale Forestry School), 유니온신학교를 졸업했다. 그리고 하버드대학교에서 석사학위를 받았다. 보스턴정신병원 맥파이 캠벨(Mcfie Campbell)에게서 배웠다. 장로교 지역교회사업부(the Presbyterian Department of County Church Work)의 사회학연구원으로 활동하였다. 교회에서 5년을 목회하기도 했다. Interchurch World Movement라는 단체를 위해 사회학적 통계조사도 하였는데, 이 단체가 없어짐으로 일을 그만두게 되었고 결국에 보이슨은 신경쇠약에 걸리게 되었다. 정신질환으로 몇 차례 병원에 입원하는 경험을 한 보이슨은 정신질환과 종교성에 깊은 관심을 가지게 되었고 결국에는 메사추세츠주에 소재한 우스터주립병원(Worcester State Hospital)에서 원목이 되어 환자들을 돌보기 시작하였다. 1923년부터 1931년까지 이 병원에서 일하다가 1932년 엘진주립병원(Elgin State Hospital)으로 옮겨서 생애를 마칠 때까지 그곳에서 일했다. 병원에서 임상훈련을 진행하면서 보이슨은 '살아 있는 인간 문서'로서 인간경험의 중요성을 강조하게 되었다. 보이슨은 수많은 사례를 수집하고 분석하고 이해하려고 노력하면서 병원에서 생애를 보냈다. 그러면서 또한 보이슨은 보스턴대학교에서 2년을 가르쳤고 15년 동안 시카고신학대학교(Chicago Theological Seminary)에서 가르쳤다. 또한 Pacific School of Religion에서 개최되는 권위 있는 학술대회인 Earl Lecture의 주강사로 초대되어 연설하기도 하였다. 그의 공로를 인정하여 시카고신학대학교는 1957년 6월에 명예박사학위를 보이슨에게 수여하였다(Leas, 2009, p. 1).

유니온신학교 수학 당시에 조지 코우(George Albert Coe)에게서 배운 보이슨은 종교심리학에 관심이 있었고 정신병원이 인간의 죄와 구원의 문제를 연구할 수 있는 최적의 장소라고 여겼다. 인간의 내면에서 생기는 허무함과 동요에 대한 관심 때문에 그는 현재의 미국임상목회교육을 설립하게 하는 철학과 방법론을 개발하게 되었다. 코우의 가르침 때문에 보이슨은 결국 조시아 로이스(Joshia Loyce)의 '충성(loyalty)'에 대한 생각을 수용하게 되고 조지 허버트 미드(George Herbert Mead)의 사회적 규범과 양심의 관계에 대한 생각을 수용하게 된다. 결국에 보이슨은 정신질환과 종교적 체험의 문제를 '충성' 다시 말하면 어디로 방향을 정하고 어디에 헌신하느냐의 문제로 연결시켰다.

2) 보이슨과 사람들

보이슨은 사랑하는 여인이 있었다. 앨리스 바첼더(Alice L. Batchelder)라는 여인이었는데 그녀가 처음 인디애나대학교에 YWCA를 대표해서 방문하였던 1902년, 보이슨은 그녀를 짝사랑하게 되었다. 그들의 관계는 그녀가 암으로 죽을 때까지 33년 동안 지속되었지만 결혼하지는 않았다. 보이슨은 독신으로 평생을 살았다. 그들의 관계에서 고비가 있을 때마다 보이슨은 정신질환적 증세를 경험하였다. 그만큼 그녀는 보이슨에게 중요한 사람이었고 보이슨이 사역을 시작하고 임상훈련운동에 박차를 가하게 되는데도 보이지 않는 힘이 되어 주었다. 보이슨은 1936년에 출간된 The Exploration of the Inner World에서 그녀를 기념하기까지 했다.

보이슨에게 막역한 친구였던 프레드 이스트만(Fred Eastman)은 보이슨이 입원 중에 있을 때도 편지를 서로 주고받으면서 보이슨을 돕던 친구였다. 보이슨에게 처음으로 지그문트 프로이트의 정신분석학 책을 소개하기도 하였고, 시카고신학대학교에서 가르칠 수 있도록 초대하기도 하였다. 그 이후로 1930년까지 보이슨은 시카고신학대학교에서 매년 가을학기를 가르치게 되었고 1938부터 1942년까지는 전임교수로서 가르쳤다.

리차드 캐봇(Richard C. Cabot)은 보이슨이 하버드대학교에서 석사 과정을 하면서 만난 의학부 교수이다. 보이슨이 정신병원에서 원목으로 일을 시작하도록 돕기도 하였고 미국임상목회교육협회(ACPE)가 처음 설립될 때 적극적으로 지원한 사람이기도 하다.

윌리엄 브라이언(William A. Bryan)은 워스터주립병원(Worcester State Hospital)의 원장으로서 보이슨을 그 병원의 원목으로 채용한 사람이다. 브라이언도 보이슨의 임상훈련을 적극적으로 지원하였고 임상목회교육이 병원에서 정착하는 데 보이지 않는 역할을 하였다.

시워드 힐트너(Seward Hiltner)는 보이슨이 시카고에서 임상훈련을 시작할 때 처음 훈련을 받던 훈련생이었다. 그 당시에 힐트너는 시카고신학대학교 학생이었고 나중에 임상목회교육이 발전하는 데 참여하고 프린스턴신학대학교(Princeton Theological Seminary) 교수로서 은퇴하였다.

이외에도 목회상담학의 발전에 주도적인 역할을 하였던 웨인 오우츠(Wayne Oates)와 캐롤 와이즈(Caroll Wise)도 보이슨의 임상목회교육에 참여하였던 훈련생이었다. 캐롤 와이즈는 목회임상교육협회의 서기를 맡으면서 적극적으로 참여하였고 나중에 게럿신학대학교의 교수가 되었다. 웨인 오우츠는 남침례교신학대학교(Souther Baptist Seminary)에서 수학하는 중에 처음 보이슨을 만났다. 오우츠의 스승인 Gaines Dobbins 교수는 콜롬비아대학교에서 조지 알버트 코우와 존 듀이(John Dewey)에게서 수학하였기에 보이슨을 학교로 초청하였다. 그때 임상목회교육이 프로이트에 매료되어 있었고 보이슨의 인간 존재에 대한 신학적 이슈에 관심이 감소된 상태였기에 보이슨은 많이 아쉬워하고 있었다. 이때 시카고 인근에 위치한 엘진주립병원(Elgin State Hospital)에 가서 보이슨에게 임상훈련을 받았다(Stokes, 1985, P. 176). 해리 설리반(Harry Stack Sullivan)은 정신과 의사로서 보이슨과 임상사례를 공유하였고 정신분열증과 관련된 보이슨의 생각을 학술논문에 인용하기도 하였다.

3. 목회신학 방법론

보이슨에게 '신학'은 무엇인가? 보이슨은 신학을 어떻게 정의하는가? 보이슨은 신학과 과학을 구별하지 않았다. 오히려 보이슨은 신학을 '과학의 여왕'으로 여겼다. 보이슨이 신학과 과학을 구분하지 않게 된 여러 가지 이유가 있겠지만 우선적으로 그는 과학에서 종교성이 간과되는 그 당시 현실을 목도

하였기 때문이라고 볼 수 있다. 보이슨은 인간에 대한 과학적 연구를 한다는 전문인들이 인간의 종교적인 면을 간과하는 현실에 대하여 안타까워했다. 한 인간이 보여 줄 수 있는 자신의 삶에 대한 철학에 전혀 관심 없으면서 환자를 만나는 사회복지사를 안타까워했다. 정신병환자의 차트에는 단지 개신교인지 천주교인지만 구별할 뿐 더 이상 종교와 관련된 기록이 없음을 보이슨은 안타까워했다. 인간에 대한 과학적 접근을 한다는 전문인들이 한 인간이 지니고 있는 삶에 대한 철학 그리고 그 종교성을 무시하면서 과학이라고 할 수 없다고 그는 분명하게 주장한다(Boisen, 1936, p. 181). 보이슨은 존 듀이(John Dewey)를 인용하면서 '과학'은 변화가 일어날 때 변화 속에 존재하는 관계들을 발견하고 관계 속에 일어나는 인간 경험을 실험하고 구성하려는 협조적 시도(co-operative attempt)라고 했다. 보이슨은 신학을 개념화할 때도 마찬가지로 '시도(Attempt)'라는 단어를 사용한다. 보이슨에게 신학은 '시도(Attempt)'이다. '시도'는 실험적이고 경험적이다. 조직신학을 비롯한 이론신학같이 이미 정론화된 교리나 신앙자체의 연구가 아니다. 산림청에서 일할 때 경험과 병원에서 일하면서 얻은 경험 때문에 보이슨은 '신학'을 실험하고 탐험하는 '시도'로서 이해했다.

보이슨에게 인간은 아직 정돈되지 않은 문서이다. 아직 구성되지 않았고, 합의된 것이 없는 처음 발견한 '고대문서'와 비슷하다. 그래서 아마도 보이슨에게는 프로이트와 융의 심층심리학의 중요성은 인정되지만 단지 이차자료로서 여겨진 듯하다. 보이슨은 인간을 해석이 필요한 '살아 있는 문서'로서 이해하였기에 사람을 만날 때 정해진 이론과 원리에 의해서 판단하기를 금하였다. 아직 정론화되지 않았고, 구성되지 않았고, 그래서 합의된 것이 없는 것에 대한 실험적 시도이다. 그래서 보이슨에게 신학은 '살아 있는 문서' 즉 누구도 아직 탐험하지 않은 처녀 숲과 같은 인간의 삶을 연구하는 시도이다. 한 인간의 삶과 관련된 신념체계를 구성하고 면밀히 살펴보려는 시도이다. 보이슨이 말하는 신념은 삶의 의미와 목적과 관련되는 신념이다. 하나님이라고 이름을 부르지는 않지만 하나님같이 절대적이고 막강한 힘을 가진 존재(사람이든 사물이든)에 대한 신념과 관련하여 우리의 내면에 그리고 우리의 관계 속에 작용하고 있는 영적인 힘과 관련된 신념을 구성하고 세심히 살펴보려는 시도이다(Boisen, 1936, p. 306).

보이슨에게 신학은 살아 있는 인간문서를 실험하고 연구하는 시도였다. 그래서 그의 목회신학 방법론은 '사례연구방법(case-method)'이라고 말할 수 있다. 보이슨은 자신의 연구방법론을 '공동 연구(cooperative inquiry)'라고 불렀다. '공동연구'는 혼자서 하는 연구가 아니다. '공동연구'는 다양한 전문적 지식인들과 제휴하는 연구이다. 살아 있는 인간문서를 이해하고 해석하기위해 신학뿐 아니라 심리학, 사회학, 인류학 등의 전문지식의 협조를 받으며 하는 연구이다. 이 '공동연구'가 결국에는 그의 경험주의 신학의 토대가 되었다. 살아 있는 인간문서, 즉 인간의 삶 자체가 담겨 있는 사례(case)에 보이슨이 적극적으로 관심을 가지게 된 동기는 당연히 리차드 캐봇이다. 캐봇은 그의 책 『Differential Diagnosis』에서 다음과 같이 사례의 중요성을 강조하고 있다.

> 흔히 사례는 의학서적에 잘 설명된 장티푸스같이 조직적으로 배열되어 있지 않다. 일반적으로 사례는 일방적인 각도에서 특정의 시스템으로 우리에게 다가오기 때문에 우리는 자주 사례를 오도하기 쉽다. 왜 많은 의사들이 단지 증세만 치료하려고 하는가? 왜 그들의 진단과 처방은 막연하고 손으로 더듬듯이 암중모색하기만 하는가? 그들은 드러난 증세 이상으로 어떻게 가야할지를 모르고 있다. 그들은 드러난 증세를 어떻게 이해해야 할지 방법을 배우지 못했다. 증세를 일으키는 가능한 원인은 무엇이고 그 증세와 연결된 것들은 무엇인가? 이들 중에 어느 것이 가장 그럴듯한가? 실제 원인은 어떠한 질문방법이나 실험에 의해서 발견될 수 있는가? 이 책은 의사에게 이러한 질문들에 답할 수 있는 방법을 제공하려고 한다(Cabot, 1911, p. 19).

환자로서 병원에 15개월을 입원하여 있다가 나온 후 보이슨은 이 책을 읽고서 공감하지 않을 수 없었다. 병원에 입원하였을 때 보이슨은 드러나는 증세만 다루고 있는 의사들을 경험했다. 보이슨은 친구 프레드 이스트만에게 편지하면서 다음과 같이 썼다. "나타나는 증세를 제거한다고 치료가 이루어지는 것이 아니라 갈등이 해결될 때 가능하다." 보이슨은 의사가 성적충동을 억압하지 말라고 충고하였을 때 실망하였다(Boisen, 1960, p. 103). 보이슨에게 근본적 원인은 성적충동이 아니라 정신장애와 연결된 종교성의 문제였다. 그래서 보이슨은 정신장애를 일으킬 수 있는 숨겨진 종교적 요인들을 연구하기도 하였다.

보이슨은 어떻게 사례연구라는 방법론을 사용하게 되었는가? 보이슨은 산림청에서 일하면서 통계학을 접하게 되었다. 또한 그가 유니온신학교에서 수학할 때 만난 조지 알버트 코우(George Albert Coe) 교수에게서 도전을 받았다. 코우 교수는 종교적 체험을 연구하는 신학생들이 인간 자체보다는 교과서에 더 의존하는 사실에 안타까워했다. 그래서 그는 "사실이 관찰되는 곳, 특히 인간의 삶과 관련된 사실이 관찰되는 곳에서는 과학적 방법이 절대적으로 사용되어야 한다."고 생각했다(Coe, 1937, p. 103).

보이슨의 목회신학 방법론은 임상사례에서 시작하는 과학적 방법이라고 말할 수 있다. 다시 말하면 '살아 있는 인간문서'에서 시작하는 '과학적 접근'이다. 보이슨은 신학교에 호소하는 글에서 고통받는 사람들을 돕기 위한 목회자들의 접근방법이 무척 비과학적임을 말하고 있다. 물론 이는 신학교 안에서 신학생을 위한 임상훈련과정을 개설하기를 호소하기 위한 것이었다. 보이슨이 보기에 정신질환을 일으키는 원인을 접근하는 교회의 방법이 무척 비과학적이었다. 물론 보수적인 교회는 상한 심령의 갈등과 문제에 관심을 기울이고 있었다. 보수적인 교회는 상한 심령의 문제를 구원과 연결시켜서 이해했다. 보수적인 교회에서 정신질환을 앓고 있는 자를 돌보는 목회자의 역할은 "그 영혼을 구원하는 일"이었다. 보이슨은 그들의 노력을 소중히 여겼다. 기도와 축사의 중요성을 간과하지 않았다. 그러나 보이슨은 보수적인 교회에서 흔하게 일어나는 '진단 없는 처방'을 지적하고 있다. 보수적인 목회자는 진단의 과정을 거치지 않고 쉽게 처방을 내리는 무모한 행동을 한다고 지적하고 있다. 구원이란 무엇인지, 어디로부터(무엇으로부터) 구원을 받아야 하는지 분명하게 알지 못하는 목회자들을 보이슨은 안타까워했다. 반면에 진보적인 교회에 대하여 보이슨은 보다 심한 비평을 하고 있다. 보이슨이 보기에 진보적인 교회에는 "진단도 없고 처방도 없었다." 상한 심령을 위한 구원의 복음도 없었다. 그래서 진보적인 목회자는 고통받는 사람을 너무 쉽고 빠르게 의사들에게 넘겨 버리고 기억에서 잊어버리는 경향이 있다고 보이슨은 신랄하게 지적한다(Boisen, 1951, pp. 9-10).

보이슨은 자신의 저서 『The Exploration of the Inner World』가 병원에서 경험한 173개 사례에 근거하고 있다고 말한다. 보이슨이 즐겨 했던 중요한 작업은 사례 수집이었다. 그는 환자를 면담하고 사례연구를 위해 필요한 데이터를 수집하는 데 많은 시간을 보냈다. 보이슨이 나중에 시카고신학교에 기증한 파일을 살펴보면 자신의 이러한 원리에 무척 철저하였다고 한다. 그럼에도 불구하고 그는 그 많은 사례들 중에서 매우 극소수만 출판에 사용하였다(Nouwen, 1977, p. 25).

보이슨은 목회자들이 고통받는 사람을 돌보기 위해 지녀야 할 목회신학적 원리를 말하고 있다. 경험주의, 객관성, 지속성, 독특성, 보편성, 경제성, 청렴성, 이 7가지를 목회신학적 원리로서 말하고 있다. 그 원리를 다음 〈표 3-1〉에서 설명하겠다(Boisen, 1936, pp. 183-184).

〈표 3-1〉에서 설명한 원리는 매우 과학적인 원리인 듯하다. 과학적 실험을 할 때 지켜야 할 원칙인 듯싶다. 그러면 목회신학적 원리라고 어떻게 말할 수 있는가? 보이슨은 이 원리를 설명할 때 과학과 신학을 구별하지 않고 오히려 인간을 돌본다는 차원에서 서로 공통된 원리를 공유해야 한다고 생각했다. 그래서 이 원리는 무척 신학적이고 특히 목회신학적이라고 할 수 있다.

〈표 3-1〉 보이슨의 목회신학적 원리

목회신학적 원리	
경험주의 (Empiricism)	인간 경험이라는 '일차자료'에서 돌봄목회는 시작한다. 목회자를 비롯한 전문가들은 보편적이고 일반화된 상식에서 시작하지 않는다. 인간 경험이라는 구체적인 사실에서 시작하여 보편적 이론으로 간다. 특정 개인에서 시작하여 그 사람이 속한 공동체로 간다. 특정 공동체에서 시작하여 그 공동체가 속한 사회 전체로 간다. 귀납적이다.
객관성 (Objectivity)	개인적 경험의 사실과 조건이 잘 설명되고 다른 사람들도 같은 경험을 반복할 수 있거나 관찰할 수 있다.
지속성 (Continuity)	새롭게 일어나는 현상은 이전에 행해진 관찰에 근거하여 설명될 수도 있고 일반화된 이론에 의해서 설명될 수 있다. '알려지지 않은 사실'은 '이미 알려진 사실'과 틀림없이 연관이 있다.
독특성 (Particularity)	연구범위는 제한적이어야 하고 문제는 분명하게 규정되어야 한다. 우주의 아주 작은 세계에 집중하면서 나머지에는 관심을 두지 말아야 한다.
보편성 (Universality)	독특성은 보편성과 연관되어야만 이해될 수 있다. 모든 과학적 노력의 목적은 보편적으로 가치가 있는 관계를 발견하는 데 있다.
경제성 (Economy)	현상을 설명하는 데 도움이 되지 않는 원인이나 검증도구에는 관심을 버려야 한다. 예를 들어, 상반되는 두 가지 이론 중에 현상을 더 적절하게 설명하고 그 현상과 관련된 다른 범주와도 통일성이 있는 이론을 선택해야 한다. 검증도구의 정확성은 검증과정 중에 있는 대상의 성격과 검증의 목적과 정확하게 어울리는지에 의해 판단되어야 한다.
청렴성 (Disinterestedness)	진리를 추구하는 열정은 매우 중요하다. 이 열정을 실행하는 과정 중에 바른 양심과 정직성은 더욱 중요하다. 자신의 선입견을 이해하고 그 선입견을 자제할 수 있는 능력은 필수적이다.

예를 들어, 과학자나 목회자가 '숨겨진 사실(또는 알려지지 않은 사실)'을 찾아내려고 할 때 '지속성'의 원리를 기억해야 한다. 성경에는 숨겨진 사실이 많이 있다. 하나님을 알기 위해 사람들은 부단한 노력을 한다. 그러나 성경 안에도

하나님이 그대로 드러나 있지 않다. 하나님은 모세에게도 직접 보이지 않고 불타는 떨기나무를 통해 나타나셨다(출 3:2-3). 하나님은 직접 나타나지 않고 말씀으로 오신 예수님을 통해 하나님을 알 수 있게 했다. 예수님이 하나님이기 때문이다(요1:1). 그렇지만 현대인들은 예수님조차도 만나 본 적이 없다. 그러면 하나님을 어떻게 알 수 있는가? 알려진 사실을 통해 하나님을 찾아가는 것이다. 알려진 사실 자체가 하나님은 아니다. 성경 자체가 하나님은 아니다. 그렇지만 알려진 사실, 즉 계시된 성경 자체가 하나님과 연관되어 있다. '알려지지 않은 사실'은 '알려진 사실'과 연관이 있다는 '지속성'의 원리에 의해서 과학자나 목회자는 현재 '경험되는 사실'을 연구하여 '드러나지 않은 사실'을 발견할 수 있다.

한 여인이 괴롭고 슬프다. 그래서 상담자에게 고백한다. "참으로 마음이 무겁습니다." 이 표현을 듣고서 상담자는 마음의 무게를 실제로 재어 보려고 한다면 참으로 어리석은 일이다. 오히려 상담자는 이러한 고백을 듣고 숨겨진 사실과 연관될 수 있음을 짐작해야 한다. 연관된 숨겨진 사실이 '하나님'일 수도 있고, '감정'일 수도 있고, '선입견'일 수도 있고, '의미'일 수도 있고, 아니면 '해석'일 수도 있다. 이러한 숨겨진 실체를 여인은 의식하지 못할 수도 있다. 상담자는 여인의 고백이라는 '알려진 사실'에 만족한다면 어리석은 상담을 진행하게 될 수도 있다. 그러나 "참으로 마음이 무겁습니다."라는 여인의 고백에서 숨겨진 실체를 찾아보려고 노력하는 이유는 기독(목회)상담자가 '지속성'의 원리에 근거하기 때문이다.

'청렴성'의 원리를 예를 들어도 과학자나 목회자나 상관없이 이 원리에 의해서 자신의 전문성을 유지해야 한다. 과학자는 자신이 얻은 데이터에 대하여 선입견을 가지고 대하여서는 안 된다. 대기업들이 과학자들을 이용하여 자신들에게 이익이 되는 '과학적 발표'를 하게 하려는 시도들이 있다. 이런 경우에 과학자는 데이터를 조작하게 된다. 이것은 '청렴성'의 원리에 위배된다. 목회자도 마찬가지이다. 교회의 부흥을 위해 신앙적 자원인 '기도' 또는 '예배'를 이용하여서는 안 된다. 신약성경을 읽을 때도 마찬가지이다. 신약시대 배경을 충분히 이해하지 못하고서 신약성경을 읽을 때 독자의 상황에 의해서 신약성경을 해석하기 쉽다. 신약성경이라는 데이터가 조작되기 쉽다. 이것이 성서해석의 오류이다. 목회자는 성서를 해석할 때 자신의 선입견을 파악할 수 있고 배제할 수 있어야 한다. 기독(목회)상담자도 마찬가지이다. 내담자는 데이터이다. 보이슨에 의하면 내담자는 '살아 있는 문서자료'이다. 이 자료를 해석하는 과정에서 기독(목회)상담자는 자신의 선입견을 충분히 파악하고 배제할 수 있어야 한다.

목회신학 방법론과 목회상담학은 어떻게 연관될 수 있는가? 보이슨이 살던 20세기 초에 '상담(counseling)'은 의학교육을 받지 않은 전문인들이 하는 심리치료로서 이해되기 시작되었다. 상담은 정신질환을 다루는 의학적인 심리치료와는 구별되었다. 보이슨은 이러한 구분에 동의하면서 훌륭한 상담의 원리에 있어서는 의학적 심리치료나 비의학적 심리치료나 동등하다고 하였다. 다시 말하면 상담사례가 병리적이든 병리적이지 않든 상관없이 훌륭한 상담을 하기 위한 기본 원리는 동일하다는 말이다. 기본 원리는 살아 있는 인간문서에서 시작하는 방법론이다. 심리치료를 하든, 상담을 하든 상관없이 이론이나 지침서가 일차 자료가 아니고 인간의 경험 자체가 일차 자료가 되어야 한다. 인간경험을 대할 때 위의 7가지 목회신학적 원리를 지니고 있어야 훌륭한 상담과 목회돌봄을 할 수 있다.

목회자를 비롯한 기독교적 배경을 가지고 상담을 하는 기독(목회)상담자는 경제적 문제, 질환의 문제, 가정문제, 사별의 문제 등을 비롯하여 다양한 문제들을 다루게 된다. 그러나 자신이 전문적으로 상담할 수 있는 대상은 자신의 기술과 통찰력 그리고 그 분야에 대한 자신감에 의해서 결정될 수 있다. 보이슨은 그 당시에 지배적인 상담방법을 두 가지로 구분한다. 하나는 '신앙치유(faith healing)'라고 부르는데 지시적이고 치료자의 권위가 무척 중요하다. 치료자가 직접 지적하고 지시하여 준다. 치료자의 결정을 내담자는 적극적으로 의존한다. 반면에 다른 하나의 상담방법은 정신분석학파에서 사용하는 심리치료이다. 이 상담방법은 조화된 판단력과 통찰력 그리고 내담자의 자신감이 중요하다. 목적은 내담자가 자신의 문제를 발견하고 해결할 수 있도록 돕는 데 있다. 교회에서 행하는 심리치료는 주로 '신앙치유'로서 진단이 없는 처방이었다고 보이슨은 말한다. 보이슨은 교회의 심리치료에서 '진단 없는 처방'이 절제되고 분별과 해석이 더 개발되기를 바라고 있었다(Boisen, 1946, p. 96).

보이슨은 기독(목회)상담자의 상담능력을 향상시키고 유지시키기 위해서 다음 〈표 3-2〉에 기록된 질문목록을 만들었다(Boisen, 1946, pp. 97-102).

〈표 3-2〉 보이슨의 질문목록

I. 기초 질문들
1. 지난 12개월 동안 얼마나 많은 사람들과 그들의 개인문제와 관련하여 대화하였는가? 이들 중에 얼마나 많은 사람들이 먼저 당신을 찾았는가? 이들 중에 얼마나 자주 당신이 먼저 찾아갔는가?
2. 사례들을 다음의 제목에 어울리게 배열하여라. a) 경제적 스트레스 b) 직업갈등 c) 애정문제 d) 결혼생활 e) 자녀문제 f) 병과 사별 g) 신학적 갈등 h) 양심적 갈등 i) 신앙생활에 대한 헌신 j) 기타
3. 어느 정도까지 당신이 하는 설교나 성경공부가 당신이 돌보는 사람들의 문제들과 연관되어 있는가?
4. 당신에게 상담을 받으러 오는 사람들을 어떻게 시간을 배정하는가?
5. 상담을 어떻게 진행하는가?
6. 상담 중에 어떤 부분을 기록하는가?

II. 고려할 사항

1. 바른 마음가짐과 태도로 내담자를 만나야 한다.
2. 효과적인 도움을 주기 위해서 상담자의 절대적 조건은 내담자와의 '공감'이다. 내담자와 논쟁하거나 판단하려고 할 때 상담자는 내담자를 비평하거나 반대하는 사람으로 보이기 쉽다.
3. 개인은 자기 자신을 어느 누구보다도 잘 알 수 있기 때문에 자신의 삶에 대한 책임을 질 수 있어야 한다. 그래서 상담자는 자신의 생각을 삼가고 경청하는 자세를 먼저 취해야 한다. 경청은 내담자를 이해하고 해석하기 위한 과정이다.
4. 표면적으로 드러난 모습보다는 내담자의 감정과 행동에 항상 민감해야 한다.
5. 상담자는 내담자의 전인적 상태를 정확하게 판단할 수 있어야 한다. 자기기만 때문에 성장이 없는 내담자를 파악할 수 있고, 숨겨진 욕망 때문에 성장이 없는 내담자를 볼 수 있어야 한다. 겉으로 보기에 내담자의 절망적인 모습이지만 그 안에서 작은 가능성도 볼 수 있어야 한다. 상담자는 내담자가 자신감을 얻어 자신의 부정적인 면에도 불구하고 더 나은 삶을 만들도록 도와야 한다.
6. 기독(목회)상담자는 하나님을 대변하는 역할을 한다. 내담자를 위로하고 돌봄을 베푸는 관계 속에 하나님의 성품이 드러나야 한다.
7. 기독(목회)상담자는 수 세기 동안 행해진 돌봄의 전통들에게서 얻을 수 있는 자원들에 열려 있어야 한다.
   a) 더 멀리 보기: 현대 정신분석가들은 본능적 욕구와 생리적 원인에 관심을 가지는 경향이 있지만 기독(목회)상담자는 목적에 관심을 두어야 한다. 인간이 어디에서 왔느냐보다는 어디로 가고 있느냐에 관심을 가져야 한다. 과거는 현재와 미래에 영향을 끼치면서 결정적인 경우에만 관심을 가져야 한다. 기독(목회)상담자는 또한 개인뿐만 아니라 공동체의 건강에도 관심을 가져야 한다.
   b) 검증된 지식: 정신병리학자들은 정신질환이 본질적으로 대인관계의 장애이기에 심리치료는 정신과 의사와 환자 사이에 대인관계에 절대적으로 의존하고 있다고 보고 있다. 마찬가지로 기독(목회)상담자에게도 우주의 보편적 진리인 사랑에 대한 신념으로 상담을 행해야 한다. 기독교전통에서 기독(목회)상담자가 의존해야 할 자원들은 무궁하다. 그중에 '양심' '도덕적 규범' '종교성' '죄 또는 죄책감' '회개' '구원(치료, 정신건강)' '하나님의 주권' 등을 들 수 있다.

4. 주요 연구 주제들

1) 종교적 체험과 정신질환

보이슨은 정신분열증을 앓고 병원에 입원을 한 후 여생을 자신의 경험을 이해하고 의미를 찾고 가치를 부여하려고 노력하였다. 그래서 자신이 경험한 정신질환은 문제를 해결하고 치료하도록 돕는 역할을 하였기에 오히려 종교적 경험 자체였다고 확신하고 있다. 보이슨에게는 정신질환이 종교적 체험이었다. 보이슨이 보기에 정신질환이 중요한 이유는 정신질환으로 고통받는 환자와 가족이 많기 때문만은 아니었다. 또한 정신질환이라는 병(病)에 내포된 철학적이고 심리학적이고 또한 종교적인 의미가 많기 때문이었다. 더 나아가서 정신질환과 종교성의 깊은 연관성을 간과하는 현실을 보이슨은 질타하였다. 그래서 보이슨은 대부분의 정신이상이 의학적 문제이기보다는 종교적 문제이기에 종교성과 연관시키지 않으면 성공적으로 치료될 수 없다고 믿었다(Boisen, 1960, p. 113).

정신증(psychosis)을 앓기 전에 보이슨은 그의 절친한 친구인 노르만 내쉬(the Reverend Dr. Norman Nash)에게 많은 생각을 나누었다. 노르만 내쉬는 매사추세츠 지역의 케임브리지에 있는 성공회신학교(the Episcopal Theological Seminary)에서 가르치고 있었다. 교회사역을 다시 시작하기보다는 자신의 문제를 먼저 해결하기로 결심하였다고 보이슨은 내쉬에게 편지를 보냈다(Boisen, 1960, p. 113). 정신증을 앓고 나서 보이슨은 자신의 문제에 대하여 더 명확하여져서 내쉬에게 보낸 두 번째 편지에서 다음과 같이 말했다. "종교적 체험과 정신이상 증세 사이에 구분이 없다. 구분할 수 있는 특성이라고 한다면 이상적 증세가 있느냐 없느냐가 아니고 변화의 방향이다(Boisen, 1960, p. 135)." "일반적으로 정신과 의사가 관심을 갖는 사례는 환자가 건강을 잃어버리는 경우이다. 그러나 종교적 체험이 일어나는 사례는 통합이 일어나는 경우이다(Boisen, 1960, p. 138).”

보이슨에게 종교적 체험과 정신질환은 동전의 양면과 같았다. 그에게 정신질환은 인간의 삶 자체이고 자신의 삶을 재구성하려는 시도이다. 정신질환은 직면한 어려움을 극복하기 위한 개인의 필사적인 노력이다. 정신질환은 자신의 존재적 고통을 대면하는 순간에 대처하는 필사적인 노력일 수 있는데 이러한 순간에 종교적인 관심이 더불어서 일어난다고 보이슨은 믿고 있다(Boisen, 1936, p. 51).

보이슨이 보기에 종교는 현실을 도피하기 위한 방법이 아니었다. 그에게는 종교적 행위가 현실도피의 행각이 아니었다. 현실을 극복하지 못해서 종교적 힘에 의지하여 보려는 의도가 아니었다. 사회에서 실패한 사람들이 모이는 곳이 교회가 아니라는 뜻이다. 그래서 종교적 삶은 현실과 동떨어진 환상의 세계가 아니다. 종교는 오히려 자신들이 소중히 여기는 ‘가치관’ 그리고 자신의 삶을 헌신할 정도로 ‘소중한 대상들’과 관계하기 위한 시도이다. 종교적 체험과 정신질환 사이의 밀접한 관계에 관심이 많았던 보이슨(1936)은 종교를 다음과 같이 정의한다.

> 종교는 형이상학적 수준까지 자신의 가치를 높이려는 시도이고, 대답을 듣고 인정을 받았으면 하는 대상, 즉 하나님으로 표현될 수 있는 대상들과 올바른 관계를 세우고 유지하고자 하는 시도이다(Boisen, 1936, p. 53).

그러므로 종교는 도피적 행각보다는 하나님을 비롯한 중요한 타인들과 올바른 관계를 형성하고 유지하기 위한 지속적 노력이다. 정신질환이 현실에서 당면한 존재적 어려움을 극복하려는 시도이듯이 종교도 현실적으로 중요한 타인들과 관계를 갖기 위한 노력이다.

2) 살아 있는 인간문서와 경험적 연구

보이슨이 목회상담학에 끼친 영향 중에 경험적 연구(empirical study)를 말하지 않을 수 없다. 안톤 보이슨의 저서를 읽어 보면 대부분이 자서전적이다. 그만큼 보이슨은 자신이 경험한 사례에 근거하여 이론을 만들어 갔다.

일반적으로 목회를 하는 목회자는 신학교를 다니던 시절에 수업 중에 사용한 목회학교과서에서 배운 대로 사역하도록 권고받는다. 상담자는 상담 매뉴얼에 나와 있는 상담절차를 지키도록 교육받는다. 정신의학에 종사하는 전문인은『정신질환진단및통계편람』(DSM−V)에 근거하여 환자를 진단하기를 권고받고 있다. 목회자는 고통에 처한 사람을 돕기 위해서 먼저 성경을 읽고 익숙해야 한다. 병상에 있는 성도를 위해 기도하기 위해 대표적 기도문을 몇 가지 외워두거나 유명한 목회자가 하는 기도를 연습하였다가 그대로 기도하기도 한다. 죽음을 앞둔 성도를 위해 성만찬이나 세례를 베풀 때에 목회자는 성례전 매뉴얼을 먼저 참고하려고 한다. 그래서 전통적으로 목회자는 고통 속에 있는 사람을 돌보려고 할 때 '설교'를 하게 된다. 성경에 근거한 '교육'을 하려고 한다. 신학교에서 배운 교과서나 강의에 근거하여 사람을 이해하고 기도하거나 설교를 하려고 한다. 상담자나 정신의학자도 마찬가지이다. 전문적인 지침서에 근거하여 사람을 이해하려고 하는 경우가 많다. 환자의 상태를 진단하고 처방하기 위해서 환자를 해석하고 이해하려는 기준을 사람 그 자체보다는 전문 지침서에 의존하는 경우가 많다. 물론 지침서의 중요성을 무시하거나 거부하려는 뜻은 아니다.

그러나 경험주의자 보이슨은 목회돌봄을 베푸는 기준을 이론에 기초하기보다는 관찰과 실험에 기초하고 있다. 면밀한 관찰과 실험을 위해 연역적이기보다는 귀납적인 방법을 강조하였다. 경험주의의 기본전제는 지식은 조심스러운 관찰에서 얻어질 수 있다는 데 있다. 관찰을 통해 경험되는 현상을 구조화하고 새로운 원리를 구성할 때 지식이 창출될 수 있다고 전제하고 있다.

안톤 보이슨은 '살아 있는 인간문서'인 인간의 경험 자체에서 이론이나 지식이 만들어져야 한다고 믿고 있다. 인간의 '살아 있는 경험'을 관찰하고 연구하고 그리고 해석하여서 이론이 만들어질 수 있다. '살아 있는 인간문서'로서 한 인간의 경험은 독특하다. 그 경험을 직접 만나 보고 해석하고 이해할 때 성경을 어떻게 적용할지가 더욱 분명하여진다. 독특한 인간경험에서 시작할 때 섣부른 진단을 하지 않는다. 인간경험에서 시작할 때 '진단 없는 처방'을 내리는 오류를 범하지 않을 수 있다.

3) 치료와 구원

보이슨에게 '구원'은 무엇이었는가? 그의 생애는 정신질환으로부터 자신을 '구원'하는 여정이었다. 보이슨은 정신질환과 싸우기보다는 그 병을 이해하려고 노력하였다. 그래서 그는 정신질환을 앓고 있던 시절과 입원했던 병원을 '미지의 도시(a little-known country)'라고 했다. 결국, 보이슨에게 구원은 정신건강과 연관하여 이해하려고 노력했던 주제이다.

보이슨은 정신건강이 개인적인 문제가 아니라고 보았다. 정신건강은 우리가 사랑하고 존경하는 대상들과의 관계에 대한 인식과 관련되어 있다. 인간의 깊은 욕망은 사랑을 얻고 싶어 하는 마음이다. 인간은 홀로 살 수 없다. 그래서 인간은 자신이 속한 공동체의 사람들 때문에 살고 또한 그들을 위해서 살게 된다. 하나님에 대한 개념은 인종을 초월하여 존재하는데 바로 인간이 의존하는 공동체를 상징할 수 있다. 그래서 하나님 또는 공동체의 눈으로 자신이 비난받는 느낌이 들 때에 그 사람은 '죄책감'을 느끼게 된다. 그러므로 자기로부터 소외는 공동체 또는 하나님으로부터의 소외이다. 자기로부터 소외된 기분이 들 때가 바로 영적 죽음을 말한다(Boisen, 1936, p. 290). 그래서 사회적 접근이 없이 정신건강의 문제를 이해할 수 없다고 보이슨은 생각한다.

보이슨은 구원을 소속감, 즉 멤버십의 문제로 보았다. 구원이란 새로운 공동체에 속하는 과정으로 새하늘과 새 땅, 즉 새로운 세상에 소속되는 과정을 말한다. 그런 의미에서 보이슨에게 개인구원과 사회구원은 구별될 수 없었다. 사회구원이 없는 개인구원이 없고, 개인구원이 없는 사회구원도 없다. 특히 이러한 보이슨의 사상은 조지 허버트 미드(George Herbert Mead)의 사회심리학에서 영향을 받았다. 개인은 사회적 자아(social self)이기에 태어나면서부터 타인과 공동체의 행동을 해석하고, 반응할 수 있는 능력이 있다. 그래서 개인은 타인과 공동체의 습관과 성격을 내재화하여 자신의 모습을 형성한다. 이것이 미드(Mead)가 말하는 자아의 사회화과정이다(Mead, 1935). 보이슨은 이 사상을 수용하여 정신건강이 개인적인 문제가 아니라 사회적 문제라고 주장하게 된다. 정신질환은 대인관계에서 오는 장애이지 개인의 내면적 현상이 아니라고 보이슨은 결론을 내리게 된다. 그래서 보이슨에게는 치료와 구원, 즉 정신건강과 종교적 체험은 소속감(멤버십)의 문제이고 관계적 문제이다.

4) 임상목회교육

1922년 1월에 안톤 보이슨은 웨스트보로(Westboro)를 떠나 앤도버신학교에 입학하고 하버드대학교에서 강의를 듣기 시작한다. 여기서 보이슨은 리차드 캐봇을 만난다. 보이슨과 캐봇의 만남은 임상훈련운동의 시작이었고 살아 있는 인간문서를 통한 신학적 방법론의 시초가 되었다. 보이슨은 신학생들을 위한 임상훈련[현재는 임상목회교육(Clinical Pastoral Education)]이라는 아이디어를 캐봇이 처음 제공해 주었다고 말한다. 1923년 여름에 오하이오주의 신시내티에 있는 성공회신학교인 Bexley Hall의 학생들이 윌리엄 캘러(William S. Keller)와 함께 임상훈련을 처음 시작하였다고 주장하기도 한다(Thornton, 1970, pp. 41-46). 그렇지만 1925년 6월에 우스터주립병원(Worcester State Hospital)에서 임상목회교육의 전신인 '신학생을 위한 임상훈련(The clinical training of theological students)'은 시작되었다고 일반적으로 알고 있다(Eastman, 1951, p. 4).

'신학생을 위한 임상훈련'이 시작될 때 다음과 같은 목적이 있었다. 첫째, 인간의 진정한 문제에 눈을 뜨게 하고 관찰의 방법을 개발하게 한다. 둘째, 어려움에 처한 사람을 돕는 능력을 향상시키고 영적건강을 얻을 수 있게 한다. 셋째, 어려움에 처한 자들을 돕는 전문가들 간에 상호이해를 향상시키게 한다. 이러한 목적들의 뒤에는 보이슨의 철학이 스며들어 있었다. 보이슨의 대표적 철학으로서 첫째, 살아 있는 인간문서는 전문가들이 인간을 이해하기 위한 일차자료이다. 둘째, 말기단계에 있는 인간질병의 연구는 초기단계의 질병을 이해하는 데 가장 중요한 자료이다. 셋째, 진정한 이해 없이는 효과적인 처방이 불가능하다(Eastman, 1951, p. 5).

보이슨은 '살아 있는 인간문서'를 해석하는 경험을 신학교 강의실에 제공하려는 열의를 가지고 있었다. 그래서 결국에 1925년 여름 우스터주립병원(Worcester State Hospital)에 임상훈련과정에 신학생 4명을 처음으로 모집하여 훈련하였다. 중요한 사실은 보이슨이 단순하게 새로운 형태의 신학교육을 제공하고자 이 훈련을 계획하지는 않았다. 보이슨은 '살아 있는 인간문서'에 대한 관심을 가지고 해석하고 연구하려는 목회자를 찾고 있었다(Thornton, 1970, pp. 56-58). 1926년에는 네 명의 훈련생이 여전히 있었고, 1927년에는 7명, 1928년에는 11명, 1929년에는 15명으로 불어났다. 이 당시에 보이슨의 훈련생은 헬렌 던바(Helen Flanders Dunbar), 시워드 힐트너(Seward Hiltner), 캐롤 와이즈(Caroll Wise)이었다. 웨인 오우츠(Wayne Oates)는 나중에 1945년에 엘진주립병원(Elgin State Hospital)에서 보이슨이 일할 때 훈련생이었다(Stokes, 1985, p. 176). 이들은 모두 목회상담학과 종교와 정신건강 분야에서 주도적인 역할을 하였다.

캐봇이 신학생들을 위한 임상훈련을 시작할 수 있는 아이디어를 처음 제공하여 주었지만 신학생이 임상훈련을 받는 목적에서는 보이슨과 의견 차이가 많이 있었다. 보이슨은 회고하기를 캐봇은 목회자들이 할 수 있는 역할은 위로와 조력뿐이라고 생각하고 있었다(Boisen, 1960, p. 149). 캐봇은 보이슨을 적극적으로 지지하였지만 정신질환과 관련된 보이슨의 심인성(心因性)적 접근에 대하여는 반대하였다. 보이슨은 정신질환을 정신(mind)과 연결시키려고 할 때 캐봇은 정신질환의 원인을 몸에서 일어나는 화학작용에서 찾고 있었다. 보이슨은 두 사람 사이의 갈등의 예를 그의 회고록에 기록하고 있다. 1929년 웰스대학(Wells College)에서 개최된 고등종교교육 공의회 연차대회(annual conference of the national council for religion in higher education)에서 보이슨의 그룹이 발표를 하였다. 그 발표내용에는 보이슨의 사상이 스며들어 있었다. 그 사상은 "죄책감이 정신질환의 주요 원인이고 사회적 판단을 개인이 시인하고 자신의 잘못으로 받아들일 때 죄책감이 생긴다." 캐봇은 이 발표를 듣고 바로 일어서서 분명하게 반대하는 의견을 냈다고 한다(Boisen, 1960, p. 167). 두 사람 모두 신학생들이 정신질환 환자들을 돌보기 위한 훈련의 중요성에는 이견이 없었다.

그러나 보이슨은 정신질환을 종교성과 연결시키는 반면에 캐봇은 정신질환은 몸에서 일어나는 신체적 화학작용의 결과라고 믿고 있었다. 캐봇과 보이슨의 의견 차이는 자신들이 발표한 논문들에서 더 분명하여졌다. 1925년 9월에 캐봇은 "신학커리큘럼에서 임상기간을 위한 호소"(A Plea for a Clinical Year in the Course of Theological Study)라는 논문을 출판하였다. 이 논문 때문에 현재의 목회임상교육협회(ACPE)가 창립되고 발전될 수 있었다. 캐봇의 호소는 신학생들이 정신질환을 앓는 자들과 같이 고통받는 사람들을 돕는 기술과 능력을 연마할 필요가 있음을 전국적으로 알리게 하였다. 그러나 그의 비전은 여전히 한계가 있었다. 캐봇이 생각하는 신학생의 임무는 고통받는 사람들에게 "용기를 주고, 위로해 주고, 그리고 마음을 안정시키는 일"이었다. 캐봇은 의사와 목회자 사이의 임무가 분명히 구별된다고 생각했다. 정신질환 자체는 의사의 몫이고 정신질환을 앓는 사람과 가족을 위로하고 용기를 주는 일은 목회자의 몫이라는 것이다. 캐봇의 논문이 발표된 지 4개월 만에 보이슨은 매우 대조적인 논문을 출판하였다. 그 논문은 "신학교를 향한 도전"(The Challenge to Our Seminaries)이다. 이 논문에서 보이슨은 "정신질환에서 우리가 다루는 문제는 본질적으로 매우 영적인 문제이다."라고 말하면서 이러한 중요한 문제를 간과하는 캐봇을 안타까워했다(Boisen, 1951, p. 8). 보이슨은 1919년 통계의 예를 들면서 미국에 있는 381개 병원이 개신교에 속한 교회들에게서 후원을 받고 있는데도 불구하고 오직 3개 교회만이 정신질환에 관심을 가지고 있다고 말한다. 그러면서 어디까지가 의료진이 해야 할 일이고 어디부터가 교회가 해야 할 일인지 분명하지 않은 "애매모호하지만 매우 중요한 상황"에 교회와 목회자는 관심을 가져야 한다고 호소한다(Boisen, 1951, p. 9).

보이슨과 캐봇은 서로 간의 의견 차이에도 불구하고 임상목회교육이 신학교 안에 커리큘럼으로 정착되게 하기 위해서 함께 노력하였다. 보이슨의 제자인 필립 가일즈(Philip Guiles)가 임상목회교육에 재정지원을 구해 냈고 1930년 1월 21일에 신학생을 위한 임상훈련 협의회(The Council for Clinical Training of Theological Students)가 캐봇의 자택에서 시작되었다. 필립 가일즈가 총무가 되고 헬렌 던바가 의학 분야 디렉터가 되었다. 이 협의회가 창립된 지 얼마 되지 않아서 1932년에 던바와 가일즈 사이에 갈등이 생겨서 '뉴욕그룹'과 '보스턴그룹'으로 두 동강이 났다. 뉴욕그룹에는 던바와 보이슨 그리고 힐트너를 중심으로 모이게 되었다. 그러나 보이슨이 89세로서 생애를 마친 후 2년 뒤인 1967년에 두 그룹은 임상목회교육협회(Association for Clinical Pastoral Education)라는 명칭 아래 다시 합치게 되었다. 1975년 임상목회교육협회가 창립 50주년을 기념할 때 4799명이 훈련생으로 등록한 상태였다(Stokes, 1985, p. 66). 현재 임상목회교육협회는 훈련생의 숫자는 줄었지만 여전히 병원과 상담센터를 제외하고 100여 개가 넘는 신학교와 20여 개가 넘는 종교단체에서 이 훈련과정에 참여하고 있고 미국뿐 아니라 전 세계적으로 교육프로그램에 참여하는 나라들이 있다. 한국에도 임상목회교육협회가 2001년 창립되어 운영되고 있다.

5. 목회상담학 발전에 미친 영향과 한계

보이슨이 목회상담학에 미친 영향과 한계가 있다. 첫째, 보이슨은 임상목회교육 교과과정에 영향을 주었다. 훈련생을 교육하는 과정에서 주요 관심사는 기술 또는 방법보다는 통찰과 마음가짐이라는 분명하지 않고 끊임없는 훈련이 필요한 목회돌봄 자원에 있었다. 그래서 임상목회교육은 훈련생들을 애매모호한 상황(Liminal Space)에 관심을 가지게 하였다. 사람은 애매모호한 상황에 처하기를 좋아하지 않는다. 분명하고 확실한 것이 안정을 보장한다고 생각한다. 누구든지 안전한 바위 위에 서기를 원하지, 불안을 초래하는 모래 위에 서기를 원하지 않는다. 원인을 분명하게 분석할 수 있고 정확한 처방을 할 수 있기를 기대하는 현대목회상담학에 보이슨은 애매모호함에 대한 관심을 지속적으로 가지도록 도전하고 있다. 상담기술을 중요시하는 상담훈련생들에게 상담기술보다는 통찰력과 마음가짐이 더욱 중요하다고 호소하고 있다. 살아 있는 인간문서로서 한 인간의 삶은 매우 독특하기에 특정의 상담기술로 해결될 수 없다. 그러므로 인간문제를 해결하려고 하기보다는 독특한 인간의 삶과 경험을 이해하고 통찰하려고 하는 노력이 우선되어야 한다고 알려 주고 있다.

'목회심리학'에서는 인간심리를 연구하고 심리적 관점에서 인간의 삶을 연구하여 통찰을 얻어내려고 시도한다. 이러한 시도에서 얻어낸 통찰을 목회에 적용하려고 실험하는 학문이 '목회심리학'이다. 마지막으로 '목회심리학'은 이러한 통찰을 신학적 관점 안에 설정하는 학문이다. 보이슨은 이 중에서도 첫째와 셋째 부분에서 크게 공헌하였다. 보이슨은 목회자들이 연구하고 사람들을 이해하려는 시도를 하는 과정 속에 통찰의 능력을 향상시켜야 할 책임이 있다고 생각했다. 또한 보이슨은 이러한 통찰의 능력이 신학적으로 중요한 위치에 있어야 한다고 강조하기도 했다. 통찰은 숨겨진 사실과 드러난 사실을 연결시키면서, 인간 내면세계와 외부세계를 연결시키면서, 현실과 비현실을 연결시키면서, 인간을 전체적으로 이해하는 능력이라고 할 수 있다. 이러한 통찰의 능력을 보이슨은 '목회심리학'의 핵심으로 강조하면서 목회자의 능력이어야 하고 지속된 '신학실천' 그 자체라고 생각했다. 물론 보이슨은 목회심리학의 두 번째 부분인 '목회에 통찰을 적용하려는 실험적 시도'에도 관심을 가지고 있었다. 설교, 전도, 행정, 사회적 돌봄과 같은 목회현장과 상담에 심리적 통찰을 어떻게 실천적으로 적용할지에 대한 관심이 있었다. 그렇지만 보이슨은 '목회심리학'이 지나치게 실용중심이 되어서 학문적 깊이가 사라지고 신학적 관점과 통찰로 연결시키지 못할 것이라는 우려를 했다.

보이슨이 강조한 '통찰'이 목회상담학에 영향을 끼쳤다고 한다면 사람을 돌보는 전문직에 종사하는 자는 '통찰'에 열린 자세를 가져야 한다는 점이다. 그래서 보이슨이 우리에게 주는 교훈은 바로 이것이다. "심리적 통찰이 어디에서 오든지 간에 우리는 주의를 기울여야 한다." 만일에 프로이트가 주는 정신분석적 통찰이 있다고 하자. 단지 프로이트가 신의 존재를 부정하였다고 하여서 그의 통찰을 거부하는 태도를 취하여서는 안 된다. 나의 신앙노선과 상반된다고 하여서 프로이트가 줄 수 있는 정신분석적 통찰을 간과하여서는 안 된다. 이념이 다르다고 상대방이 주는 통찰을 무시하여서는 안 된다. 어떤 훈련생은 슈퍼바이저와 맞지 않는다고 중간에 훈련을 그만두는 경우가 있다. 슈퍼바이저와 맞지 않는다고 하면서 슈퍼바이저의 신앙이 진보적이고 자신의 신앙에 도움이 되지 않는다고 한다. 여기에는 타인의 통찰에 열린 자세가 없다. 이 훈련생은 아마도 자신의 안전망을 도전할 수 있는 통찰을 주는 누구하고도 깊은 관계를 하려고 하지 않을 수도 있다.

'심리적 통찰'이 어디에서 오든지 간에 우리는 열려 있어야 하지만 보이슨은 병원에서 실습을 하는 신학생의 주요 임무가 신학적 통찰임을 강조하였다. 신학생들은 정신병원에서 실습을 하면서 정신의학적 통찰을 배울 수 있어야 하겠다. 사회복지관에서 실습을 할 경우 신학생은 사회복지적 통찰에 열려 있어야 하겠다. 그러나 신학생의 주요 임무는 '살아 있는 인간문서'를 통해서 죄와 구원의 문제를 연구하고 신학적 통찰의 능력을 향상시키는 일이다. 이러한 점에서 보이슨은 '살아 있는 인간문서'를 다루는 다양한 전문인들과의 대화에 열려 있으면서도 자신의 주요 역할을 간과하지 않도록 강조하고 있다. 목회상담학을 공부한 사람이 자신의 정체성을 던져 버리고 의사의 옷을 입든지, 임상심리사의 옷을 입든지 하는 경우에 대한 조심스러운 도전이라고 볼 수 있다.

보이슨의 "살아 있는 인간문서"에 대한 강조는 고통받는 사람을 돌보는 데 과학적인 접근이 필요하다는 호소이다. 신학적 통찰은 '번득이는 아이디어'가 아니다. 잠자다가 일어나서 얻는 '깨달음'이 아니다. 신학적 통찰은 '계시'도 물론 아니다. 고통받는 사람에 애정을 가지고 연구하고 고민하는 과정에서 오는 과학적이며 목회적인 경험이다. 목회자를 비롯한 기독교 배경을 지닌 기독(목회)상담자가 범하기 쉬운 일이 '진단이 없는 처방'이다. 통찰의 과정을 통해 진단을 하지 않고 성급하게 의사나 사회복지사 같은 다른 전문가에게 인도하거나 아니면 성급하게 기도하여 주고 보내거나 성경말씀으로 처방하는 경우가 비일비재하다. 이러한 위험성을 보이슨은 지적하면서 '살아 있는 인간문서'를 이해하기 위해서 좀 더 적극적이고 조직적으로 과학적인 접근을 시도하기를 당부한다.

보이슨의 '살아 있는 인간문서'가 외부세계와 구별된 개인의 내면세계만을 관찰하려는 시도였다는 점에서 한계가 있다고 보는 경우도 있다. 그래서 여성주의적 접근의 영향을 받은 현대목회상담학은 '살아 있는 인간문서(living human document)'에서 '살아 있는 인간관계망(living human web)'으로 전환

되고 있다고 주장하기도 한다(정연득, 2010; 정희성, 2011; 뉴거, 2002; Miller-McLemore, 1996). 독립된 개인에게만 아니라 관계 속에 있는 개인에 대한 관심을 목회상담학은 가지게 되었다는 말이다. 개인의 심층내면에만 관심을 가지고 있던 목회상담학이 사회를 떠나서, 타인과의 관계를 떠나서, 개인을 설명할 수 없다고 시인하고 관계 속에 있는 개인에 대한 관심을 가지게 되었다는 뜻이다.

그러나 살아 있는 인간관계망에 대한 관심을 가지게 된 사실은 시대적 요청에 부응하였을 뿐이지 그 전에는 사회와 개인의 깊은 연관성에 대한 관심이 목회상담학 분야 속에 전혀 없었다는 뜻이 아니다. 오히려 '살아 있는 인간관계망'에 대한 강조가 독립된 개인의 내면 속에 존재하는 '사회적 구조'를 간과하고 인간은 사회적 영향을 받는 실체라는 매우 단순한 사실만을 강조하게 될까 우려가 된다.

보이슨의 '살아 있는 인간문서'는 오히려 인간을 해석의 대상으로 폄하할 수 있는 가능성을 줄 수 있다는 점에서 한계가 있을 수 있다. 인간의 복잡성을 인정하면서도 모든 인간의 삶은 해석될 수 있다는 지나치게 긍정적인 생각을 품게 할 수 있다. 그럼에도 불구하고 보이슨의 '살아 있는 인간문서'는 인간을 사회와 타인으로부터 독립된 개인으로 보기보다는 사회와 타인과의 관계 속에 있는 '사회적 자아'로서 인정하고 연구하고자 노력하였다.

6. 나오는 말: 한국적 적용의 가능성과 한계

1) 목회심방: 살아 있는 인간문서를 만나는 좋은 기회

보이슨은 '살아 있는 문서'로서 인간을 이해하기 위해서 그가 살고 있는 사회적 환경이 매우 중요하다고 생각했다. 사회적 환경에서 동떨어진 인간 연구는 불가능하다. 그래서 보이슨(1960)은 다음과 같이 기록하고 있다.

> 1923년과 1924년 두 해에 걸쳐서 나는 보스턴정신병원으로 옮겨서 일하게 되었다. 1923년 6월 나는 심리측정학과(Psychometrics)에서 프레드릭 린만 웰스박사 밑에서 일하게 되었다. 그러나 나는 인간지성을 측정하는 우리의 노력 속에는 수박겉핥기 같은 일만 하고 있다는 생각이 들었다. 그래서 나는 수지 리온스가 수장인 사회복지과로 옮겼다. 거기서 나는 내가 원하는 것을 찾았다. 나는 사회적 환경 속에 살고 있는 인간을 전체적으로 연구할 수 있었다. 사회통계를 내는 일을 하던 때에는 나이, 성별, 인종, 학력, 종교 등과 같은 사실들을 얻기는 쉬웠다. 그러나 좀 더 중요한 요인인 동기, 가치관, 종교적 체험 등에 대하여는 더 탐색할 수 없었다. 그렇지만 사회복지사로서 가정을 방문할 때 그들이 살아가는 사회적 현실이 그대로 개방되는데 단순히 통계조사나 심리측정을 할 때에는 불가능한 일이었다(Boisen, 1960, pp. 148-149).

위에서 보이슨이 지적하였듯이 인간을 연구하기 위해서는 단순히 심리검사 또는 통계는 한계가 있다. 사람을 돌보기 위해서 심리검사는 중요하다. 그러나 사람을 전인적으로 돌보기 위해서는 그 사람이 속한 사회적 정황을 직접 관찰할 수 있는 기회가 있어야 한다. 목회자의 심방은 그런 의미에서 매우 중요하다. 목회자는 성도의 가정을 심방하기도 하고, 일터를 방문하거나, 때로는 그 사람의 집에서 가까운 남이 모르는 그 사람만이 잘 가는 커피숍을 방문할 수도 있다. 목회자에게 심방은 그 사람의 사회적 정황을 이해할 수 있는 기회가 된다. 그러므로 목회심방은 좀 더 조직적이고 과학적인 교육이 필요하다. 한국교회는 심방이 활성화되어 있다. 목회자가 가정을 심방하기도 하고, 성도가 성도를 심방하기도 한다. 심방 중에는 주로 예배와 기도가 이루어진다. 그렇지만 이러한 목회적 자원을 어떻게 적절하게 사용하여야 할지를 연습하여야 하고, 더불어서 심방 중에 사회적 정황을 읽고 해석할 수 있는 능력과 도구의 개발도 필요하다.

2) 임상목회교육: 교회현장에서 신학작업

보이슨이 시작한 임상목회교육은 미국임상목회교육협회(ACPE)라는 큰 단체로 발전하였고 현재 한국에도 임상목회교육협회가 병원과 상담센터 중심으로 활동하고 있다. 임상목회교육에서 기술보다는 '통찰'을 강조한다. 또한 '살아 있는 인간문서'로서 사람을 해석하고 이해하기 위해 '축어록' 작성과 그룹 슈퍼비전을 훈련한다. 이러한 '축어록' 작성은 보이슨이 스스로 병원에서 사례연구를 위해 쉬지 않고 성실하게 하던 훈련이다. 이 훈련은 심방기록카드를 보다 과학적이고 실용적으로 사용할 필요를 느끼게 한다. 목회자가 성도를 심방하거나 면담하였을 때 대화내용을 기록하는 일은 중요하다. 기록하는 과정이 통찰의 과정이다. 대화를 나눈 내담자(또는 성도)의 가정환경, 사회적 정황, 심리적 상태, 주요 호소문제, 등을 서술하고 심리학적인 분석, 신학적 분석, 사회학적 분석 등을 연습하는 '통찰의 과정'이다. 이 과정을 좀 더 객관적이고 조직적인 돌봄이 되게 하기 위해서 그룹 슈퍼비전의 과정이 있다. 그룹 슈퍼비전 중에 축어록을 발표하는 사람은 그룹 구성원들의 도움을 받아 자신이 보지 못하는 부분을 볼 수 있는 경험을 하게 되고 '살아 있는 인간문서'에 대한 좀 더 전인적인 이해가 가능하게 된다. 이러한 임상목회교육 과정을 교회현장에서 목회자들이 네트워킹하면서 효과적인 목회를 하는 데 도움이 될 수 있다.

참고문헌

이기춘 외(1998). 목회임상교육: 원리와 실제. 서울: 감리교목회상담센터 출판부.

정연득 (2010). 산모를 위한 목회상담: 여성주의 목회상담의 관점에서. 여성논총 26, 1-21.

정희성 (2011). 여성과 목회상담. 서울: 이화여자대학교 출판부.

Boisen, A. (1936). *The exploration of the inner world.* New York: Harper & Brothers.

Boisen, A. (1946). *Problems in religion and life*. Nashville, TN: Abingdon-Cokesbury Press.

Boisen, A. (1951). Challenges to seminaries. *Journal of Pastoral Care,* 8-12.

Boisen, A. (1960). *Out of the depths.* New York: Harper & Brothers.

Cabot, R. (1911). *Differential diagnosis*. Philadelphia, PA: W. B. Saunders.

Coe, G. (1937). My own little theatre. In V. Ferm (Ed.), *Religion in transition.* New York: Macmillan.

Eastman, F. (1951). Father of the clinical pastoral movement. *Journal of Pastoral Care,* 3-7.

Gerkin, C. V. (1998). 살아있는 인간문서 (안석모 역). 서울: 한국심리치료연구소.

Leas, R. (2009). *Anton Theophilus Boisen: His life, work, impact, and theological legacy.* La Vergne, TN: Journal of Pastoral Care Publications.

Mead, G. (1935). *Mind, self, and society*. Chicago: University of Chicago Press.

Miller-McLemore, B. J. (1996). The living human web: Pastoral theology at the turn of the century. In J. S. Moessner (Ed.), *Through the eyes of women.* Minneapolis: Fortress Press.

Neuger, C. C. (2002). 여성들을 위한 목회상담 (정석환 역). 서울: 한들출판사.

Nouwen, H. (1977). Boisen and the case method. *Register,* 12-32.

Stokes, A. (1985). *Ministry after Freud.* New York: The Pilgrim Press.

Thornton, E. (1970). *Professional education for ministry: A history of clinical pastoral education*. Nashville, TN: Abingdon Press.

제 4 장

신학자 폴 틸리히의 '중심된 자기'의 존재론적 양극성 관점에서 본 기독(목회)상담의 정체성*

임경수
(계명대학교 인문국제대학 교수)

1. 들어가는 말

21세기를 영성과 심리학의 시대라고 한다. 급변하는 과학과 문화 환경의 변화 속에 인간은 더 많은 내외적인 미지세계에 대한 관심을 가지며 고민하기에 영성과 심리학은 현대인들의 관심을 끌기에 충분한 매력을 가지고 있다. 교회도 문화 환경에 적응하기 위해서 기독(목회)상담에 관심을 기울이기 시작했다. 특별히 기독(목회)상담에 대한 관심은 교회의 성장만을 주된 목표로 하는 교회가 이제는 질적인 안정성을 추구하고, 교인들의 심리적 요구에 부응하고, 성장의 정체 위기감을 느끼는 시점에서 일종의 전환을 도모할 수 있는 도구로 여기기 때문일 것이다. 확실히 기독(목회)상담은 기독교의 정

* 이 장은 2008년 2월 '한국기독교상담학회지'에 게재된 글을 일부 편집했다.

체성(identity)을 다시 규명하고 다가오는 문화적 변화에 있어서 인간성 이해에 새로운 차원을 제공할 수 있다(Clinebell, 1990, p. 15). 그러나 심리학적 인간이해 및 심리학을 이용한 인간치료를 도모하는 기독(목회)상담은 필자의 관점에서는 두 가지 면을 간과하기 쉽다고 본다. 첫째는 인간의 역사를 통해서 증명된 인간의 곤경(predicaments)에 대하여 경홀히 여기고 있다는 점이다(Tillich, 1984, p. 83). 문명의 축적과 발달로 인한 기계기술과 유전공학의 가능성은 마치 인간에게 무한적인 가능성의 미래를 제시해 주는 것 같아서 우리의 문화사회적 환경은 '자기중심'의 사회문화로 치닫고 있다. 자기에 대한 확대된 상(aggrandized image of self)이 진실한 자기를 위장하고 있고, 허상이 실상을 대체하고 있는 것이다(Ulanov, 1985, p. 130). 이 점에서 심리학의 인간이해와 기법 및 치료를 담당하는 기독(목회)상담자나 내담자가 교회의 전통적인 신앙 및 신학적 유산을 소홀히 할 가능성의 문제다. 둘째는 상담의 기술과 방법론이 기독(목회)상담의 본질보다 앞설 수 있다는 점이다. 기술과 방법론에 대하여 문제는 상담교육에 있어서 인간애(humanity)에 대한 것이 중심이 되지 않는 것은 기술과 방법을 강조하게 되고, 이 기술과 방법을 익힌 자만이 마치 장인의 근사치에 있는 것으로 여겨진다. 그리고 이러한 취급을 받는 사람들은 이러한 기술과 방법에 의지하게 되어 기술과 방법의 완전성만을 신봉하는 완벽주의에 빠지게 된다. 이러한 현상을 기술백치(Craftidiocy)라고 한다(Capps, 1983, p. 67). 즉 이것은 인간의 기본이 되는 인간애에 대한 교육이 없는 상태에서 기술과 방법만이 주된 목적이 되면 인간성이 이탈되고 소원되는 현상을 말하는 것이다. 상담에 있어서 기술과 방법이 매우 중요한 요소임에도 불구하고 한국적인 상황에 있어서 기술과 방법은 이 어떤 것보다도 중요한 것으로 여겨지고 있는 상황에 우려를 가진다(신명숙, 2004; 임경수, 2004).

인간에 대한 본질과 깊은 이해에 근접하기보다는 기술과 방법에 치중하는 상담의 현주소는 우리가 가지는 상담 문화의 가벼움이나 천박성을 나타내는 상담의 상업화를 말하는 것으로 볼 수 있다. 신학자 틸리히도 기술과 방법에 대한 신학적 반성을 제시한다(Tillich, 1988, p. 52). 그는 '자연'과 '기술'의 관계를 설명하면서 기술은 자연의 신비와 비밀을 탐구할 수 있는 필수적인 수단으로 본다. 그러나 이러한 기술은 인간을 경제조직에 있어서 소비를 담당하는 원형으로 변질시키며, 이 과정에서 인간은 수단으로 변하고 기술과 방법이 최고의 목적이 된다.

> 기술 중심의 사회는 살아 있는 것을 소원(estrangement)시키고 수단을 간구하고 목적을 결정한다. 그리고 목적이 달성이 되었을 때 가차 없이 수단은 의미가 상실되는 것이다. 그리고 사람과 세상에 대한 본질적인 목적을 제외시키고 다른 의미를 만들어 낸다. 즉, 방법과 기술이 최고의 목적이 되는 것이다(Tillich, 1988, p. 52).

기술과 방법이 최우선이 되는 심리학은 프로이트와 그 이후의 심리학이 인간이해를 선험적(empirical) 방식에 의존한 탓이며, 이것은 현대화의 영향으로 인하여 인간이해의 중심이 수평적 차원에서만 머무르게 됨으로, 이것은 초월성과 종교적 상징 의미들이 배제가 된 것이다(Taylor, 1985, p. 33). 심리학자 Jerome Brunner는 심리학의 인간이해가 지금보다 더 분열된 시기는 없었으며 일종의 교권주의와 같은 아성을 쌓고, 외부적 요소를 통한 이해를 배제하는 경향을 지적하고 있다(Brunner, 1990, ix-x).

필자가 앞서 지적한 두 가지의 염려는 이미 기독(목회)상담에서 발생하고 있으며, 기독(목회)상담의 정체성에 모호성(ambiguity)과 혼란을 가중시키고 있다고 생각한다. 이 상황에서 기독(목회)상담학은 자기 정체성을 새로운 차원에서 발견해야 하는 도전을 받고 있다. 이러한 도전에 직면하여 기독(목회)상담은 우리가 전통 속에서 가지고 있는 신학적 뿌리, 신학적 방법론과 유산을 통하여 자신에 대한 정체성 규명을 새롭게 해나가야 하며, 동시에 기독

(목회)상담에 입각하여 상담을 하는 상담자들은 심리학 및 다양한 인간이해의 학문을 신학적 기초 위에 자신의 정체성을 아는 것이 필요하다(Clinebell, 1990, p. 17). 이러한 방법론을 가장 적절하게 사용하고, 심리학과 신학을 통한 인간이해를 지속적으로 하여 신학적 방법론을 신학적 유산과 뿌리를 우리에게 전수해 주고 있는 핵심적인 신학자가 폴 틸리히(Paul Tillich)다. 그는 기독(목회)상담의 방법론을 위해 신학적 사고에 기초한 인간이해와 더불어 심리학적 인간이해의 필요성을 확신하였고 사용하였다(Ulanov, 1985, p. 125). 이러한 입장에서 자칫하면 기독(목회)상담에 있어 상담자가 인간 '자기'(the self)에 대한 '확대된 자기' 또는 '팽창된 자기(inflated ego)'의 과도하게 긍정적으로 포장된 인간이해 개념을 인간의 '진실된 자기'로 여기는 추세에 대하여 기독(목회)상담에서 보는 신학적 반성 및 방향 제시는 어떤 것인가를 틸리히의 신학적 유산을 재발굴함으로써 인간이해를 찾아보고, 심리학적 기술과 방법론이 기독(목회)상담의 주된 관심사로 여겨지는 현 문화에서 틸리히의 신학적 자기이해가 어떻게 기독(목회)상담의 정체성 확립에 기여할 수 있는지의 가능성을 탐색하는 것이 본 장의 목적이다. 다만 본 장이 가지는 한계성은 틸리히가 직접 기술한 내용들이 대부분 1960년대 중반 이전의 자료라는 것과, 심리학을 대표로 하는 것을 정신분석학에만 국한한 한계성이 있으므로, 여기에 대한 더 폭넓은 심리학파와의 논의는 현대 기독(목회)상담학자들에게 주어진 향후 과제라 생각한다.

2. 폴 틸리히의 '중심된 자기(The Centered Self)' 개념: 자기의 존재론적 양극성(Ontological Polarity)

기독(목회)상담에 대한 신학적 고찰과 사고가 있어야 하는 것은 이 두 가지 영역은 세상에 살고 있는 인간에 대하여 이해하고 안내를 해야 한다는 공통적 분모가 있기 때문이다(Davidson, 1999, p. 428). 이러한 점에서 신학자 폴 틸리히는 단순히 전통적인 신학 입장에서 인간을 규명하기보다는 인간이 가진 실존의 문제를 알고 이 문제에 대하여 신학은 답을 할 수 있어야 한다고 보았다. 그래서 그의 신학을 '답해 주는 신학'(answering theology)이라고 한다(Tillich, 1951, p. 60). 동시에 그는 질문에는 답이 존재해야 하며, 상황에 대하여 기독교적 메시지가 있어야 하고, 그리고 인간의 실존에 대하여 하나님의 현현(manifestation)이 상관이 있어야 하기 때문에 자신의 신학적 방법론을 "상관론적 방법론(correlational methodology)"이라고 했다(p. 8). 신학이 하나님으로부터 시작하는 것이 아니라 인간의 질문으로부터 시작하여 답을 줄 수 있는 신학이 되어야 한다는 관점은 틸리히로 하여금 인간에 대한 사건과 질문이 얽혀 있는 심리학과 신학의 대화는 필수적인 것으로 보았다(Tillich, 1984, p. 88).[1)]

> 인식론적 측면에서도 역시 하나님(the divine)과 인간의 관계성은 상호의존적이다. 상징적으로 말하면 하나님은 인간의 질문에 답을 하고, 하나님 답의 영향 아래서 인간은 그 답을 물어본다. 신학은 인간의 실존 안에 함유된 질문을 형성하고, 인간의 실존 안에 함축된 질문들의 안내하에 신성한 자기현현 안에 함축된 답을 형성한다. 이것이 질문과 답이 소원(estrangement)될 수 없는 지점에 인간을 몰아가는 순환이다. 그러나 이것은 순간적인 것이 아니다. …… 인간이 가지려는 본질에 대한 일치와 인간의 무한성으로부터 유한성 인간의 실존적 소원의 현상은 인간이 자신에게 속한 하나님에 관하여 물어보는 능력이다: 인간이 반드시 물어봐야 하는 이 질문은 인간이 하나님으로부터 소원되어 있다는 것을 지적하는 것이다(Tillich, 1951, p. 61).

틸리히는 신학과 심리학이 분리되는 것을 실수로 여기고 있다. 왜냐하면

신학과 심리학은 같은 뿌리, 즉 인간에 대한 기본적이며 공통적으로 고민하는 구조를 가지고 있기 때문이다. 이러한 관점에서 심리학과 신학은 상호해석이 반드시 있어야 한다(Tillich, 1984, p. 83). 상호해석만이 아니라 신학과 심리학의 상호협동을 통한 인간에 대한 연구의 필요성은 특별히 기독(목회)상담에서 그 중요성이 강조되고 있다. 그는 기독(목회)상담이라는 것은 신학을 전제로 하고 있어야 하며, 신학이라는 것 역시 기독(목회)상담을 전제로 하고 있다고 본다(Tillich, 1984, p. 128).

> 신학적 판단이 어떻게 심층 심리학과 실존주의에 적용이 되었는가. 인간의 본질적 성향과 인간의 실존적 곤경의 관계는 신학이 실존적 분석과 심리학적 자료를 만날 때마다 첫 번째로 질문해야 하는 근본적인 것이다(Tillich, 1984, p. 88).

틸리히가 가지는 인간의 곤경을 심리학적인 자료를 통하여 신학에서 답을 제시하려는 그의 노력은 그가 쓴 수많은 논문만이 아니라, 그의 대표적 저서인『조직신학(Systematic Theology I, II, III)』에서 타 신학자와 구별되게 인간에 대한 심리학적이고 신학적인 정의에 대하여 많은 부분을 할애한 것을 통해서 확인할 수 있다(Ulanov, 1984, p. 119). 그중에서 틸리히는 심리학에서 정의하는 자기(the self)라는 개념을 "하나님 형상으로서의 중심된 자기(The Centered Self as the Centered Self)"로 표현하였으며, 이 중심된 자기를 기독교에서 보편적으로 언급하는 '하나님의 형상'으로서의 중심된 자기로 보았다(Tillich, 1957, pp. 60-63).

틸리히에 의하면 인간은 모든 피조물 가운데서 유일하게 자신(the Self)의 구조에 대하여 인지하고 있는 존재이다. 자신의 구조를 알고 있다는 의미는 자신에 대하여 질문을 할 수 있고, 이 질문에 대한 답을 스스로 할 수 있는데 그것은 인간 자신이 던진 질문을 자신의 외부세계와 내면세계의 상관적 관계를 통하여 답을 할 수 있다는 것이다. 이렇게 스스로 질문과 답을 할 수 있는 자의적인 것은 신학적인 관점에서 인간만이 '완전한 자기의 구조'를 가지고 있기 때문이며, 그렇기 때문에 인간이 가진 자기를 "중심된 자기(the centered self)"로 표현하고, 이것을 다시 "하나님의 형상으로서의 중심된 자기"로 명명한다. 이 하나님 형상으로서의 중심된 자기는 자기 안에 완전한 구조를 가지고 있기 때문에 온전하게 완전한 피조물이다(Tillich, 1951, p. 49).

이 완전한 자기에 대한 구조는 심리학적인 용어로 하면 바로 '진정한 존재'(true being)에 대한 것이며, 신학적인 용어에서는 언급한 바와 같이 '하나님의 형상'이 된다(Tillich, 1957, pp. 45-49). 이 진정한 존재는 존재하는가? 혹은 존재하지 않는가? 라는 질문이 있기 전에 이미 존재하는 어떤 것이며, 사고의 영향에 의해서 영향을 받는 환경론적인 것이 아닌 모든 사상의 이전에 있는 가장 기본적이면 확연한 본래적인 현상이다(Tillich, 1951, p. 169). 이러한 관점에서 '중심된 자기'라는 것은 일반적인 심리학에서 언급하는 자기라는 개념을 뛰어넘어 있는 신성한 중심(the divine center)에 속하는 것이다. 그러므로 이렇게 '중심된 자기'가 인간을 형성하는 데 있어서 중요한 핵심적인 역할을 하는 것이기 때문에 과연 이 '자기'라는 것이 무엇인가에 대한 바른 이해가 없이는 인간이 무엇인가라는 이해가 불가능하다. 그러면 이 '중심된 자기' 혹은 '진정한 존재'라는 신성한 핵심에 속하는 실체가 가지는 속성은 어떤 것일까? 틸리히는 이 하나님의 형상이라는 '중심된 자기'를 두 가지 입장에서 정의를 내린다. 첫째는 이 중심된 자기는 "완전성(perfect)"을 소유하고 있다는 점이다. 그리고 둘째는 이 완전성에서 오는 "유혹(temptation)"이다. 우리가 틸리히의 신학을 소위 '경계선상의 신학(Boundary Theology)'이라고 일컫는 이유 중의 하나도 그가 보는 신학적 인간론은 이와 같이 대칭된 구조 속에서 긴장성으로 바라보기 때문이다.

인간이 독특하게 가진 '중심된 자기'의 완전성이 지니는 특성들은 개인과 인류의 역사를 통해서 세 가지 모습으로 나타난다. 첫째는 자기통합(self-integration)이며, 이것의 존재론적 양극성은 개인화(individualization)와 참여(participation)다. 인간이 자기통합의 과정을 통과하면서 시작되는 것은 개인화이다. 이 개인화는 융(C. Jung)의 개성화(individuation)의 개념과 유사한 의미를 가지고 있다. 사람이 일생을 통해서 이 개인화의 과정에 참여할 수 있는 것은 역시 인간이 그 중심부에 가진 '중심된 자기'의 성향으로 인한 것이다(Tillich, 1963, p. 32). 개인화의 결과는 평범한 개인들과는 차별되게 도덕적으로 매우 높은 경지에 살 수 있는 개인이 된다. 이 관점에서 개인화가 많이 되면 될수록 개인은 자신 안에 있는 '중심된 자기'가 더 많이 실현되고 있다는 것을 의미한다. 이러한 과정을 통해서 개인화가 심화되는 개인은 더 높은 도덕적 경지에서 범인이 닿을 수 없는 경지와 개인적으로는 매우 고독한 인간으로 존재한다(Tillich, 1963, p. 33). 그러나 이러한 개인화를 하는 인간은 동시에 자신이 속해 있는 세상에 참여의 요청을 받고 있기 때문에 개인화는 동시에 참여가 수반이 된다. 왜냐하면 인간이 살고 있는 공동체 없이 자신의 개인화를 실현시킬 수는 없기 때문이다.

한 개인으로서 개인화를 더 깊게 체험하면 할수록 그 개인은 세상에 더 참여를 할 수밖에 없는 것이며, 세상에 대한 참여는 개인화 과정에서 불가피한 인간의 굴레인 통합 혹은 분해(disintegration)의 순환을 겪게 되고, 이 과정서 개인은 분열을 한다(Tillich, 1957, pp. 33-34). 결국 이러한 참여가 역사 속에서 모든 종류의 악과 파괴의 구조를 생성시키는 원인이 되는 것이다(Tillich, 1957, p. 66). 하나님의 형상인 중심된 자기가 모든 피조물보다 월등한 능력을 가진 것으로 개인이나 집단은 세상에 참여를 통해서 이 도덕(morality)이 "전제적인 지배자(totalitarian rulers)"로 변한 비극적인 사실들을 경험하고 있다. 결국 이러한 비극적 사실에 선 인간은 자신을 진정 변화시킬 수 있는 "하나님의 실재(the Spiritual Presence)"를 요청할 수밖에 없다(Tillich, 1963, p. 44).

둘째로, 중심된 자기의 특성은 "자기 창의성(self-creativity)"이다. 자기 창의성이 가지는 존재론적 양극성은 "역동성과 형식(dynamics & form)"이다. 중심된 자기의 특성이 가지는 역동성은 인간이 가지는 정신적 힘과 욕구를 의미한다. 마치 Nietzsche의 "권력을 가지려는 의지"나 Schopenhauer의 "의지"와 비교할 수 있다. 이러한 '중심적 자기'가 가진 역동성은 무제한적으로 인간의 생각이 미치는 모든 곳에서 작용할 수 있도록 개방이 된 상태이며, 중요한 것은 이 역동성 안에 있는 인간의 생동성을 통하여 사람은 자신에게 주어진 상황을 넘어서 기계적이고 영성적 · 정신적인 세계에 있는 것들을 창조할 수 있다는 점이다(Tillich, 1951, p. 180). 구체적인 예로 존재론적인 뿌리를 하나님께 두고 있는 인간의 창의성이 만들어 낸 것이 '언어'와 '기술'이다. 인간만이 가지는 이러한 창의성은 결국 인간의 문화(culture)를 형성하는 주요 원인이 되었다. 문화의 주도성을 가지는 인간의 창의성은 문화를 창조하고, 이 창조하는 작업에 한계성을 가지지 않고 무한적인 팽창을 역사 이래 시작하였다. 창조성에서 가지게 되는 언어와 기술은 바로 존재론적 양극성인 형식의 내용들이다. 역동성이 존재론적 양극성인 형식을 가지고, 그 내용이 언어와 기술을 사용함으로써 불가피하게 직면하게 되는 문제는 이 두 가지가 역동성을 위해 적절히 사용됨에도 불구하고 언어는 개인에게, 기술은 인류에게 파괴를 주는 것이다. 그래서 틸리히는 이 창의성의 불가피성을 "삶의 본능"과 "죽음의 본능"으로 비교한다(Tillich, 1963, p. 56).

언어와 기술이 창의성의 산물인 문명을 구성하는 데 가장 필수적인 요소인 것은 인간의 중심된 자기가 타 피조물과 전혀 다른 차원에 있다는 것을 확실히 의미한다. 그러나 이 양자를 사용함으로써 인간은 이 두 가지 도구들을 자유와 한계, 수단과 목적, 자신과 객체의 물건의 구별치 못하는 모호성에 빠져 언어의 창의성으로 파괴를 자행하고, 기술은 인간을 물건(objects)으로 전락시키고 있는 것이다. 결국 인간의 창의성인 문화는 건설되면서 동시에 파괴가 되는 "삶과 죽음의 투쟁(a life-death-struggle)"의 현장이 된 것이다(Tillich, 1963, p. 53).

셋째로 자기 초월성(self-creativity)이다. 이 자기 초월성은 자유와 운명

(freedom & destiny)의 존재론적 양극성을 가지고 있다. 인간만이 자기에게 정해진 한계를 초월하려는 자유를 소유하고 있다. 이런 초월적인 성향도 인간이 중심된 하나님의 형상인 완전한 자기를 가지고 있기 때문에 궁극적이고 무한적인 존재를 향하여 수직적인 방향(vertical direction)에서 노력을 한다(Tillich, 1963, pp. 86-87). 이 수직적 방향을 향한 노력의 결과가 바로 종교다. 인간의 독특한 자기로 인해 인간만이 종교를 가지고 있다. 인간의 역사 이래 종교는 모든 시대에 있었고, 이 종교를 통해 인간은 자신을 초월하려고 수없이 노력을 하고 있다. 자신을 초월하려는 인간의 성향은 궁극적이고 무한적인 존재를 찾으려는 인간의 갈구이며, Aristotle이 지적한 바와 같이 이러한 인간의 행동과 모든 사물의 움직임의 원인은 "부동하는 동자(unmoved mover)", 즉 절대자를 향한 인간의 에로스(Eros)에 의해 발생한다는 것과 같다(Tillich, 1963, pp. 86-87).

그러나 인간의 이 초월적 역량이 자신의 운명에 대한 것을 수용하지 않으면 이 초월적인 것은 자기(the self)에 대한 남용(profanization)을 하게 된다.[2] 즉, 이러한 남용은 인간 자신이 "거룩함의 영광"의 대상이 되고, 모든 인간과 대상을 객관화시킨다. 즉, 인간 자신이 만든 종교를 통해서 우주의 중심이 되려는 것이다. 결과적으로 인간이 종교적인 성향을 가질 수밖에 없으나 중심된 자기의 운명으로 통제받지를 않는다면 이 종교는 인간을 파괴하는 것이 된다. 이러한 결과는 인류의 역사를 통해서 되풀이되고 있는 것이다. 프로이트가 종교를 '환영(illusion)'이라고 한 이유는 특별히 기독교가 역사를 통하여 십자군 전쟁과 노예제도와 같은 비종교적인 만행을 하나님의 이름으로 했기 때문이다(Freud, 1961, p. 34). 이 '환영'을 틸리히의 신학 입장서 보면 바로 인간의 초월성 능력이 가지는 한계성이다.

자기의 제한성과 운명에 대하여 수용치 않고 끊임없이 자유를 추구하려는 인간의 성향으로 인해 발생한 결과는 무의미, 삶의 공허감, 불안감이다. 이것은 마치 실존주의 심리치료에 있어서 정신문제의 많은 원인을 책임과 자유의 관점에서 보는 관찰과 같다. 즉, 책임을 지지 않은 자유는 인간 자신을 자율적인 존재로 여기기보다는 타율적인 인간으로 여기고, 이 책임의 회피를 위해서 수없는 정신에너지를 소모하는 것으로 본다(Yalom, 1980).

틸리히는 하나님의 형상을 가진 인간이 가지는 통합성, 창의성, 그리고 초월성이 이러한 존재론적 양극성을 가지고 있으며, 여기에 있는 긴장성에 대한 이해를 하게 될 때에야 비로소 진정한 인간 자기에 대한 이해가 가능하다고 보고 있다. 그리고 인간에게 존재하는 이러한 실존적 문제를 인간의 궁극적 관심(Ultimate Concern)으로부터 도움을 받을 수 없는 인간은 자신, 이웃 그리고 하나님으로부터 소원될 수밖에 없음을 지적한다(Tillich, 1957, p. 44).

3. '중심된 자기(The Centered Self)'의 제한성: 불신(Unbelief), 교만(Hubris), 욕정(Concupiscence)

하나님 형상으로서의 중심된 자기는 완전성이라는 성향을 가지고 있기에 '자기통합' '자기창의성' '자기초월'을 기초로 하여 도덕, 문화, 그리고 종교를 만들어 낸다. 그러나 역으로 이 세 가지의 독창적 영역은 인간 자신을 파괴하는 형태로 나타난다. 왜 중심된 자기의 산물이 이러한 부정적인 현상을 가지고 오는 것일까? 틸리히는 이것을 하나님 형상으로서의 자기가 가지고 있는 완전성의 유혹으로 보고 있다. 완전의 이면성과 모호성은 유혹이다. 그러므로 인간의 상황은 본질로부터 소원(疎遠)이 되었으며, 틸리히는 이 상태를 '죄'의 상태임을 지적한다. 그리고 이 '죄'라는 것은 현 기독교에서 지적하는 어떤 도덕적 탈선을 의미하기보다는 이 세상을 지배하는 인간과 유사한 힘(quasi-personal power)으로 보는 것이 맞다(Tillich, 1957, p. 46). 이러한 죄의 지배하에 인간은 자신의 존재의 근원인 하나님으로부터, 타인의 존재로부터, 그리고 자기 자신으로부터 소원이 되어 있다.

인간이 소원인 죄의 상태에 있다는 것은 본질로부터 벗어나 있고, 인간이 반드시 되어야 하는 존재로 실존하고 있지 않는 것이다(Tillich, 1957, p. 45). 그러나 인간이 참된 존재로부터 소원이 되어 있는 상태로 있다는 것은 인간이 본래 관계될 수밖에 없는 참된 존재와 불가피한 연관성을 가지고 있다는 것을 의미하기에, 인간은 이 참된 존재에 이방인으로 있는 것이 아니라 거기에 속한 존재로 연결이 되어 있는 상태에서 소원을 경험하는 것이다. 그래서 인간이 참된 존재 혹은 참된 자기가 되는 것이 소원에 의해서 거부가 되고, 그것에 적의성을 가짐에도 불구하고 인간은 그것으로부터 완전하게 분리될 수는 없는 것이다(Tillich, 1957, p. 45). 인간 자기의 실존은 '소원'함을 경험하나 인간 자기는 '본질'과 연결될 수밖에 없는 불가피성이 있기 때문이다. 틸리히는 이런 소원을 구체적으로 세 가지 영역인 불신, 교만, 그리고 욕정으로 표현한다(Tillich, 1957, p. 47).

첫째로 불신은 사람이 실질적이고, 이론적이고, 그리고 감정적인 것을 포함한 전 인격의 행위이기에 신앙의 어떤 것을 '믿지 않으려는 것(unwillingness)'이나 '무능력(inability)'을 의미하지 않는다. 오히려 불신에 있는 인간은 자기 자신과 자신의 세계로만 향하는 실존적인 자기실현(existential self-realization)으로 인해 자신 존재와 자신 세계의 근원과의 본질적 결합을 상실한다(Tillich, 1957, p. 47). 이 결합의 상실은 지식과 의지와 감성에 있어서 하나님으로부터 등을 돌리고 자신에게 향하게 된다. 그러나 이 과정에서 틸리히는 인간이 가진 '불신'이라는 것이 하나님에 대한 '부정'을 의미하지 않는다는 중요한 언급을 한다.

> 불신은 하나님에 대한 인간의 인식적 참여의 분열이다. 불신을 하나님에 대한 "부정"으로 말해서는 안 된다. 하나님에 대한 질문과 답들이 부정적이든 긍정적이든 이미 하나님과의 인식적 합일의 상실을 전제하고 있다. 하나님을 찾는 인간은 하나님으로부터 관계가 끊어지지 않음에도 불

구하고 이미 하나님에서 소원되어 있는 것이다. 불신은 하나님의 의지에 서 인간 의지의 분리다. 이것을 "불순종"이라 하면 안 된다(Tillich, 1957, pp. 47-48).

인간의 자기가 하나님과의 인식적 불합이 전제가 되어 있는 상태가 불신이라는 것은 인간이 자신에 대한 사랑과 하나님에 대한 사랑이 연합될 수 있는 신성한 중심(the divine center)을 마련해 놓지 않았다는 것을 의미한다(Tillich, 1957, p. 49). 즉, 인간 존재의 중심이 하나님으로부터 소원되어 있다는 것이 불신이다. 왜냐하면 인간은 신성한 하나님의 중심에 있는 자신의 중심으로 하나님에게서부터 옮겨오기 때문이다.

틸리히는 기독교의 전통이 개혁자들에 의해서 재발견되었으며, 어거스틴(Augustine)에 의해 불신이란 궁극적 선을 위한 것이 아니라 인간 자신을 위해 유한한 대상을 요구하는 사랑이라고 보았다. 다시 말해, 불신이란 세상에 존재하는 모든 유한한 것을 마치 영원한 것의 현현으로 여기면서 인간 자기에 대한 사랑과 세상에 대한 사랑을 정당화하는 것이다. 자기에 대한 사랑이나 세상에 대한 사랑이 무한자인 하나님에 대한 기초에서 시작되지 않는다면 그것은 이미 왜곡의 시작이 되는 것이고, 이것이 바로 불신인 것이다(Tillich, 1957, p. 49). 이러한 관점에서 틸리히는 이미 무한적인 하나님과의 사랑을 떠나 있는 유한적인 것들이 하나님의 자리를 대신하여 인간의 중심을 대신하고 있는 것이기에 기독교의 관점에서 본 인간 자기에 대한 불신은 자신에 대한 사랑이며 동시에 하나님에 대한 사랑을 하지 않는 것(un-love)이다. 왜냐하면 신성한 자기의 중심에 하나님은 없고 자기만이 있기 때문이다.

둘째는 인간이 자기 자신이 되려고 하고 또한 자신의 세상을 가지는 것은 인간으로 하여금 창조의 완전성으로 도전하게 만든다. 그리고 여기에 따른 두 번째 자기의 현상은 "교만(Hubris)"이다. 교만은 인간 자기 자신을 자신과 세계의 중심으로 만드는 것이다. 하나님 형상으로서의 중심된 자기의 현상

중의 하나인 '완전성'은 인간의 자기로 하여금 자기의 내부와 외부세계에 가장 핵심으로 서려고 한다. 이러한 경향은 자기가 가진 자유와 잠재적 무한성으로부터 가지는 유혹을 받게 된다.

> 만일 인간 자신이 신들의 영원성에서 추방되어진 상황에 대하여 인정하지 않으면 그는 교만에 빠지게 된다. 인간은 자신을 유한적인 존재의 제한성을 넘은 것으로 고양시키게 됨은 자신을 파괴시키는 신의 분노를 불러일으킨다. 이것은 그리스 신화에 나오는 영웅들의 최후 비극이다. …… 교만은 신의 영역 속으로 인간을 넣은 자기 높임(self-elevation)이다. 인간이 이것을 할 수 있는 것은 인간이 가진 위대함 때문이다(Tillich, 1957, p. 50).

하나님 형상으로서의 자기가 가지는 위대함은 자신의 운명을 뛰어넘어 무한성에 이르기까지 자유함을 추구하게 되는데, 틸리히는 이 교만을 '자랑'(pride)과는 구별한다. 왜냐하면 자랑이라는 것은 '겸손'과 반대되는 도덕적 단어인 반면, 교만은 도덕적인 성격을 가지지 않고 오히려 겸손의 도덕적인 상태에서도 교만은 있기 때문이다. 그래서 교만을 자랑으로 여기기보다는 '자기 높임'으로 보는 것이 의미상 적절하다(Tillich, 1957, p. 50).

교만과 욕정 또한 인간이 하나님으로부터 소원되어 있는 상태인 죄성을 보여 주는 것이다. 교만은 인간이 자신의 위대성을 부각시키려는 것과 결합되어 있고, 욕정은 에로스(Eros)와 연관이 되어 있다. 이 교만은 인간 자신의 미소함(smallness)을 보상하려는 충동적인 과잉보상이며, 이러한 미소함이라는 제한성을 넘어 자신의 위대함을 보이고자 하는 '자기 높임' 현상이며, 교만을 통한 자기 높임의 결과는 자기와 타인의 파괴를 가져온다(Tillich, 1963, p. 93).

심리학적 분석에 의하면 과도하게 자기 높임을 하려는 의도는 자기의 약함을 극복하기 위한 심리학적 방어이다. 결국 무의식적으로 인간은 자신이 가진 한계성에 대한 민감한 인식이 자기 높임의 현상으로 나타난다. 중요한 것은 인간이 이렇게 운명처럼 지어진 한계성을 인식하고 수용하는 데서 자기가 가질 수 있는 자유함을 가질 수 있다는 것이다.

'자기 높임'을 추구하는 인간의 교만은 "영적인 죄"로 틸리히가 규정하는 것은 교만이라는 것이 한 가지의 죄가 아니라, 모든 정신적이고 육체적인 죄의 근원지가 바로 교만이기 때문이다. 즉, 죄의 전체 집결 본체이다(Tillich, 1957, pp. 50-51). 자신과 세계의 중심을 자기 자신에게로 향하고 절대적 진실과 부분적으로 혹은 전체적으로 자신을 동일화시키려는 경향이다. 이러한 것의 예들이 그리스 로마신화에 나오는 영웅들의 이야기다. 자기를 실현하려는 경향은 인간이 하나님의 형상을 가진 중심된 자기의 성향이다. 그러나 만일 피조물로서 개인의 한계성에 대하여 인정하지 않으면 이 자기는 유혹을 받는 것이고 결과적으로 '자기 높임'으로 인한 자기와 타인의 파괴를 가져오게 된다. 비단 이러한 영웅들의 이야기는 그리스 로마의 신화 속에서가 아니더라도 인류 역사 속의 영웅적 인물들의 일생을 통해서도 알 수 있으며, 평범하게 살아가는 범인으로서의 생활 속에서도 공감하는 진실이다.

마지막으로 가지는 현상은 "욕정"(Concupiscence)이다. 인간이 자기와 세계의 중심으로서 서려는 경향은 자기를 높이고 자신의 독특성을 기반으로 자기를 모든 중심에 보편화시키는 중심으로 서려는 것이다. 이것은 모든 피조물인 인간이 전체적인 것과 분리가 된 것이고, 이러한 분리는 그 근원과 재결합을 요구한다.

> 모든 인간은 완전한 것에서 분리가 되었기 때문에 그 완전한 것과 재결합하기를 원한다. 인간의 "결핍(poverty)"이 풍요로운 것을 구하게 한다. 이것이 모든 형태 안에 있는 사랑의 뿌리이다. 무제한적인 풍요로 가

> 려는 가능성은 자신과 세계를 가진 인간에게 유혹이다. 전통적으로 이러한 욕구는 실체의 전부를 자기 안으로 끌어오려는 무한적인 요구인 "욕정(concupiscence)"이다. …… 이것은 육체적 배고픔, 성, 지식, 권력, 물질적 부, 또한 영적 가치를 말한다(Tillich, 1957, p. 52).

틸리히는 자신의 "욕정" 개념을 가장 근접하게 설명한 것이 프로이트의 리비도 이론과 Nietzsche의 "권력의 의지"로 보았다(Tillich, 1957, p. 53). 그는 프로이트가 자신의 리비도 이론을 통해 인간이 생체적 긴장, 특별히 성적 긴장을 없애버리고 이 긴장들을 없애버림으로 얻으려는 쾌락의 무제한적 욕구를 보았다고 생각한다. 아무리 이것들을 추구해도 만족을 가질 수가 없고, 이러한 절대적으로 충족될 수 없는 리비도를 구하는 인간의 고통에서 벗어나려는 것을 "죽음의 본능"으로 프로이트가 보았다. 이것은 인간의 '자기 창의성(self-creativity)'에 대한 불만을 말하는 것이다(Tillich, 1957, p. 54). 그러나 인간이 성이나 권력을 통하여 심리적 이완을 얻으려는 인간이 가진 무제한적 욕구인 "욕정"은 맞지만, 신학적인 입장에서 프로이트는 존재론적인 면을 보지 못했다. 즉, 존재론적인 관점에서 리비도는 더 이상 욕정이 아니라 존재론적으로 근원이 '사랑'과 결합하려는 움직임이다(Tillich, 1957, p. 54). 이것은 마치 융이 리비도를 사랑의 근원적인 것과 '일치(oneness)'하려는 것으로 본 것과 비슷한 견해이다.

> 인간이 자신과 세계에 대한 본질적 관계성 안에서 리비도는 소원이 아니다. 이것은 우주를 자신의 특별한 존재 안으로 끌어오려는 무한적인 욕구도 아니라, 에로스(eros), 필리아(philia) 그리고 아가페(agape)와 같은 여러 가지 사랑의 질적인 것과 결합하려는 요소이다(Tillich, 1957, p. 54).

앞서 살펴본 하나님 형상으로서의 중심된 자기가 가지는 유혹은 틸리히 신학에서 보면 인간이 제한성을 뛰어넘어 파생되는 자기와 이웃의 파괴를 설명함으로 기독(목회)상담이나 일반상담심리에서 생각하는 '자기'에 대한 낙관적인 해석에 대하여 재고를 하게 할 수 있다. 동시에 자기 분석에 대한 틸리히 신학은 자기에 대한 부정적인 견해만이 아니라, 인간의 자기 안에 있는 위의 세 가지 사항을 존재론적 입장에서 관찰함으로 인간이 피조물로서 창조주의 근원됨을 탐색하려는 존재론적 용기(ontological courage)에 대하여 볼 수 있는 시야를 열어 준다.[3] 동시에 이러한 존재에 대한 해석은 기독(목회)상담이 인간 이해시 개방해야 할 하나님 영역 참여를 열어 줄 수 있다.

4. '중심된 자기' 개념의 한계성과 가능성 관점에서 본 기독(목회)상담의 정체성 회복

이 장의 서두에 문제를 제시한 것은 두 가지 면이었다. 첫째는 기독(목회)상담에 있어서 상담자나 내담자가 신앙을 배제하고 자기 자신에 대한 확대된 자기를 가지고 있는 경향에 대한 우려이고, 둘째는 일반상담심리에서 사용되는 방법과 기술이 기독교신학 유산의 근원적인 것을 상실한 채 기독(목회)상담에 이용되는 것에 대한 염려였다.

우선 심리학의 방법과 기술에 대하여 말해 보자. 기독(목회)상담에서 심리학적인 기술과 방법이 필요 없다는 것은 아니다. 효과적인 기독(목회)상담자가 되기 위해서는 기술과 방법 또한 잘 갖추어진 상담자가 되어야 할 것이다. 왜냐하면 기독(목회)상담에 있어서도 내담자는 누구든지 자신이 가진 복잡한 콤플렉스를 드러내지 않으려는 방어 및 저항을 할 것이기 때문에 심리학적 이해, 방법 및 기술이 요청된다.

이 고통에 찬 과정 없이 기독교 복음의 궁극적 의미는 인식될 수 없다. 그

> 래서 신학자들은 실존의 모호성(ambiguities)에 대하여 평탄하게 넘어가려는 이상주의를 선전하기보다는 그들이 할 수 있는 한 인간의 참된 상황을 노출시키기 위해서 이러한 도구들을 사용해야 한다(Tillich, 1966, p. 88).

정신분석학이 깊이 숨어 있는 인간의 무의식적 파괴본능에 대한 인간의 이해와 여기에 대한 틸리히의 실존주의적 신학관점에서 본 신학적 인간이해는 상호보완적으로 기독(목회)상담에서 필요하다. 예로 프로이트가 제시한 인간에 대한 정신분석학적 해석은 틸리히가 해석한 인간실존에서 발생하는 곤경에 대한 공통적인 관심을 가지고 있다. 즉, 정신분석학은 인간이 가진 제한성(finitude)과 소원(estrangement)을 지적하고 있으며, 동시에 리비도가 가진 무의식적 파괴성을 말해 준다(Tillich, 1984, pp. 85-86). 틸리히는 정신분석학이 기독(목회)상담 및 신학에 긍정적인 영향을 준 것은 신학이 인간에 대하여 반드시 알아야 하나 그동안 망각했던 인간의 성향에 대하여 관찰할 수 있는 기회를 준 것과 '죄'라는 것이 추상적인 의미에서 구체적인 의미로 해석할 수 있는 관점을 제공해 준 것이다.

> 죄는 본질적인 존재로부터 분리와 소원이다. 이것이 본래 의미이다. 그리고 만일 이것이 심층 심리학 작업의 결과라면 이것이야말로 심층심리학과 실존주의가 신학에 제공하는 위대한 선물이다(Tillich, 1984, p. 92).

또한 심층 심리학인 프로이트의 정신분석학은 신학으로 하여금 인간의 의식과 결심을 결정하는 악마적 구조를 재발견하는 것을 도와준다는 것이다(Tillich, 1984, p. 93). 그러나 이러한 도움이 있지만 신학에서 인간에 대하여 생각하는 세 가지 사항이 고려되지 않으면 일반상담을 비롯한 기독(목회)상담에서 큰 혼란이 초래할 것이다. 그것은 존재의 선함(Being as being is good), 보편적인 인간의 타락, 그리고 구원의 필요성에 대한 신학적 도식이다.

> 인간의 성향에 대한 이 세 가지 고려는 모든 진실한 신학적 사고에 나타난다. 인간의 존재론적 선함, 실존적 소원, 그리고 존재와 실존을 넘어 있는 제 3의 어떤 가능성을 통하여 그 분열이 회복되고 치유가 된다(Tillich, 1984, p. 88).

정신분석학은 신학에서 말하는 인간자기에 대한 이 세 가지 사항에 대하여 불명확하였고 인간의 본질을 구별치 못하였다. 틸리히의 지적은 앞서 지적한 바와 같이 프로이트는 리비도를 인간의 실존적인 부정성을 가진 염세적 시각으로 보았다. 프로이트에게 리비도는 인간의 실존이지만, 틸리히에게 리비도는 인간이 본질 성을 회복하려는 희망이다. 마치 누구를 증오한다는 것은 사랑의 가능성이 있다는 것과 같은 마음 도식이다(Tillich, 1957, p. 45). 이것은 프로이트가 보지 못한 틸리히의 신학적 통찰이다. 즉, 미움과 파괴를 자행하는 인간의 무의식은 그 깊은 내면에 구원을 기다리고 있는 본질이 있다는 의미이다. 본질을 회복하고자 하는 인간의 구원욕구는 심리적이고 의술적인 방법으로 제공할 수 없는 것이 인간의 한계이다(Tillich, 1984, p. 92). 이 분열은 상담자를 넘어서 존재하는 제 3의 신적 실체의 도움만이 회복시킬 수 있다. 물론 프로이트의 심리학 입장에서 보면 종교라는 것이 유치한 보호심리에서 나온 아동적인 투사(projection)라고 여기고 있다. 그러나 틸리히의 신학은 이 투사와 스크린(Screen)의 관계를 설명하면서 투사가 되는 스크린이 궁극적 관심(Ultimate Concern)[4)]이라는 중요한 신학적 통찰을 제시한다.

> 그 스크린은 궁극적 관심이다. 투사 행위에 선행하는 어떤 것이 있다. …… 만일 우리의 궁극적 관심을 상징화하기 위해 아버지 상을 사용한다면, 궁극적 관심은 아버지 상이 아니다. 오히려 궁극적 관심은 아버지 이미지가 놓이게 되는 스크린이다(Tillich, 1958, pp. 16-17).

이렇게 언급함으로써 틸리히는 하나님과의 관계 속에서 의미를 찾으려는 보편적 열망을 가진 인간의 본질에 대하여 문을 개방함으로써 모든 인간이 교회적 풍토가 아니더라도 하나님과의 접합점을 가질 수 있는 열망이 있다는 사실을 열어놓았다(Ulanov, 1985, p. 123).

인간의 투사가 이루어지는 배경이 되는 것이 '스크린'이고, 이것이 곧 궁극적 관심(Ultimate Concern)이라는 것은, 이 궁극적 관심이 인간에게는 가장 근본적이고 기초적인 것이라는 의미이다. 이 관점에서 기독(목회)상담은 내담자들을 궁극적 관심과의 관계에서 상담을 해야 하는 것이기에 사회복지, 심리적 그리고 신체건강이라는 예비적 관심(preliminary concerns)이 주가 되어서는 안 되며 또한 이것들과 기독(목회)상담이 혼동이 되어서는 안 된다(Tillich, 1984, p. 119).

> 상담은 같은 실체 안에 있는 또 다른 요소이다. 상담은 심리적 장애와 인간관계 안에서 이러한 장애가 발생하는 특별한 심리적 장애 형태를 다룬다. 그리고 기독(목회)상담은 이러한 장애를 궁극적 관심의 관계성에서 다루는 것이지 사회적, 심리적 그리고 신체적 건강과 같은 예비적 관심의 관계성 속에서 하는 것이 아니다. 이것이 차이다. 목회자가 상담을 할 때는 영원의 관점에서 해야 한다. 그리고 목회자는 상담을 할 때 이것을 단순히 의사, 사회복지사, 정신분석자 혹은 심리치료자의 어떤 도움이 있던지 이러한 것을 목회상담으로 대체해서는 안 된다. 목회상담자는 자신의 모호함에도 불구하고 교회와 새로운 피조물(New Being)을 대표하고 있다는 사실을 알아야 하고, 이 대표성은 다른 방법들과는 다르게 일을 하고 있다는 것을 알게 한다. 이상적인 것은 보편적 사제성(universal priesthood)이고, 그래서 모든 도움을 주는 사람들이 영원성의 관점에서 또한 도울 수 있다. 그러나 만일 사람이 이 기능들을 혼란하게 사용하면 이 이상(ideal)은 도달할 수 없다(Tillich, 1984, p. 119).

앞의 인용구는 기독(목회)상담자가 상담할 때 정체성을 어디에 근거를 두고 해야 할 것인가에 대한 정의이다. 물론 틸리히의 주장은 상담심리적 이론과 기법을 무시하는 것은 아니다. 다만 기독(목회)상담의 핵심은 궁극적 관심과 교회를 대표하고 있다는 신앙이 가장 중요한 핵심이 되어야 한다는 의미이다. 동시에 틸리히는 기독(목회)상담을 하는 것이 목회자에게만 국한되어 있지 않고 기독교인들이 "보편적 사제성"의 성격을 가지고 같은 영원성의 관점에서 도울 수 있는 가능성을 말하고 있다.

그러면 이제 서문에서 지적한 첫 번째 문제로 돌아가자. 구원을 기다리는 인간의 본질이 있다는 의미에서 우리는 상담자가 가지는 인간의 제한성에 대한 문제를 틸리히의 신학입장에서 살펴봐야 한다. 가장 중요한 문제는 일반상담에서 무수히 제기되는 상담자 자신의 '자기 가능성'이 부각되고, 자기가 확대되어 가는 사회구조 속에서 인간의 의식 영역에 대한 견제 내지는 대항이 필요하며 이것이 곧 실존주의와 신학이 될 수 있다고 본다(Tillich, 1985, p. 83).

틸리히의 하나님 형상으로서의 중심된 자기에 대한 신학적 분석은 기독(목회)상담자에게 어떤 새로운 통찰과 숙고를 제공하는가? 틸리히가 제공하는 자기에 대한 분석의 핵심은 중심된 자기에는 모호함이 있으며, 자기 자신의 제한을 초월하여 존재하려는 강력한 욕구가 있다는 점이다. 이러한 존재론적인 자기의 상황을 기독상담자는 자칫하면 간과해 버릴 수 있다. 이러한 모호함을 피하는 방어 중의 하나는 이 문제를 은닉된 이슈(pseudoissues)로 여기는 것이다(Ulanov, 1985, p. 129). 본질을 간과하고 비본질적인 것에 집착을 한다는 의미이다. 예를 들어, 자기도취에 빠진 사람들이 자신이 가진 진정한 문제를 볼 수 없는 것은 그들 안에 확대된 자기상(aggrandized image of self)이 있기 때문이다. 그리고 확대된 자기상은 자기 방어를 위해 '확대된 자기'나 '자기 높임' 방식을 이용하여 자신을 방어한다(Ulanov, 1985, p. 129). 그러기에 대부분의 일반상담에서는 인간이 가진 자기의 제한성을 탐구하기보다는 이것을 은닉시키고, 확대한 자기의 가능성, 기술, 그리고 방법이 강조되는 것은 이것이 틸리히 신학에서 지적한 '자기 높임'(self-elevation)의 맥락으로 볼 수 있다. 결국 틸리히는 인간의 모든 분야와 차원에는 소외가 침투하였기에 인간 스스로는 구원과 치료를 우리들에게 제공하기가 불가능함을 강조한다(Cooper, 2006, p. 98).

'자기 높임' 혹은 '확대된 자기상'을 통해서 자기를 방어하고, 모호함을 가지고 유한성의 운명(destiny)을 가진 인간인 상담자를 틸리히의 기독(목회)상담 신학적 관점에서 보는 한계성은 너무나 명료하다. 내담자를 상담하는 기독(목회)상담자인 우리는 누구인가? 우리는 숙명적인 "무와의 만남(the encounter with nothing)"을 할 수밖에 없는 존재로서 곤경, 혼란, 무의미, 공허에 놓일 수밖에 없는 곤경을 가진 인간이다(Tillich, 1984, p. 121). 필자가 만난 한 분석가는 자신이 인간의 곤경을 만날 때마다 귀의하는 곳은 프로이트의 전집으로 들어가는 것이라는 표현을 했다. 일반심리 상담에서 곤경에 놓이게 될 때 자기의 전문적 분야로 회귀하여 곤경을 복구하는 것이 맞는 논리이다. 그러나 신학적 관점에서 이러한 자세는 인간인 상담자가 궁극적 관심의 아래 있다는 가정이 성립되기 어렵다. 상담에서 치료는 한 개인 내담자나 상담자보다 더 건강한 존재가 아픈 대상을 치료를 할 수 있다. 동시에 모호함을 가진 인간 상담자에게는 그 인간의 모호함을 뛰어넘는 정신적 실체에 의해서 치료가 될 수 있기 때문에 기독(목회)상담자들에게는 이러한 근본적 방향성이 필요하다(Tillich, 1984, p. 149).

이러한 신학과 심리학의 불가분의 관계에서 하나님의 형상을 가진 중심된 자기에 대한 기독(목회)상담적 고찰의 의미는 인간 자신이 가진 한계성으로 인하여 본질로부터의 회복과 재결합을 위해서 여러 가지 유무형의 정신적인 추구를 하고, 초월적인 시도를 하지만 본질로부터의 소원을 극복을 할 수 없는 것이기에 이 시점에서 하나님의 영(the Divine Spirit)에 대한 요청이 시작될 수밖에 없다. 왜냐하면 인간 스스로 할 수 있는 자정의 능력이나 회복의 폭이 인간을 뛰어넘고 있는 초월적 영역의 신성한 영, 다시 말하면 하나님의 개입이 없이 불가능하다고 보기 때문이다(McKelway, 1964, p. 197).

기독(목회)상담자는 상담을 영원성의 차원에서 하여야 한다. 영원성의 궁극적 관심으로부터 자신이 판단을 받아야 하며, 유한성과 무한성의 긴장 분열로 인한 개인의 불신, 교만, 그리고 욕정이 있음에도 불구하고 수용이 되고, 그리고 자신과 내담자가 변형이 될 수 있다는 영원성의 차원에서 기독(목회)상담자는 자리하고 있어야 한다(Tillich, 1984, p. 122). 틸리히는 이 수용을 사람을 만나는 가운데 신비하게 주어지는 '은혜(grace)'로 보았으며, 이것 없이 진정한 사람이 될 수 없다고 보았다.

> 은혜는 신앙의 치유 힘에 대하여 개방하는 우리의 능력이다. 사람은 우리에게 궁극적으로 관심을 가지고 있는 것에 의해서 사로잡히게 된다. 은혜는 사람들을 만나는 가운데서 신비롭게 우리에게 주어지는 것이다(Tillich, 1952, p. 166).

기독(목회)상담자나 내담자가 인간적인 모호성에도 불구하고 기독(목회)상담에서 수용이 될 수 있게 하는 힘은 모든 기독(목회)상담의 자원이다. 이 힘은 인간인 상담자와 내담자를 초월하여 있기 때문이다. 그래서 기독(목회)상담자가 이 궁극적 관심에 사로잡히게 될 때만이 도움을 제공할 수 있다(Tillich, 1984, p. 128). 이 궁극적 관심의 힘 혹은 하나님(the Divine Spirit)이 상담자의 인간적 한계성을 넘어설 수 있게 하며 성공적인 기독(목회)상담을 할 수 있게 한다. 이러한 관점에서 기독(목회)상담자의 정체성에서 가장 중요한 것 중의 하나는 궁극적 관심의 실체인 하나님에 대한 깊은 묵상적 삶이 전제가 되어 내담자에 대한 상담치료의 통로가 되어야 한다. 그렇다고 기독(목회)상담의 믿음치료(faith-healing)의 기적적인 것을 의미치는 않는다. 다만 치료는 무의식적 차원에서 발생하는 마술 같은 것이 아니라 의식적 차원에서 발생하는 것으로 보기 때문이다(Tillich, 1984, p. 128).

5. 나오는 말

인간 '자기'에 대한 확대된 자기해석은 일반상담 및 기독(목회)상담에서 마치 마술처럼 뿌리를 내리고 있다. 이것은 상담자 자신에 대한 과신과 심리상담기술과 방법에 대한 절대적 신뢰와 같은 맹종이다. 이러한 풍토에서 심리상담의 방법론들은 기독(목회)상담에 상당한 영향을 미치고 있는 상황이다. 그러나 이러한 이론들이 문화와 상황에 따라 심리학적 이론과 인간상에 대한 이론들이 변화한다는 사실은 매우 심각하게 생각해야 할 문제이다(Rogers, 1985, p. 116). 즉, 상황에 따른 가변성 문제이다. 동시에 상담자와 내담자는 각자가 가진 문화적 상황으로 인한 언어내용과 다양성을 극복할 수 없는 제한성이 분명히 있기 때문에 정확한 판단과 상담은 어렵다. 이러한 입장에서 폴 틸리히의 신학적 방법론에서 본 인간이해는 기독(목회)상담이 어떠한 방향성을 가지고 2천 년간 기독교의 유산으로 내려오는 교회의 전통과 신학을 기반으로 정체성을 회복하고 발전시킬 수 있는지에 대한 통찰을 제시한다.

"중심된 자기"는 자기통합성, 자기창의성, 그리고 자기초월성을 가짐으로 도덕, 문화 그리고 종교를 창출하는 완전한 자기를 가지고 있지만 동시에 자기의 운명을 벗어나려는 유혹으로 인해 인류 및 개인은 통합적으로 파괴와 상처를 경험하고 있다. 기독(목회)상담자 역시 틸리히 신학적 자기 분석의 고리에서 자유롭지 못하다. 우리는 자주 상담의 과정과 상담 후의 일들을 통해서 상담자 자신의 제한성과 악을 체험하고 있다. 그것은 상담자 자신들의 한계성이면서, 동시에 내담자가 가진 상황에 대하여 상담을 진행해 나가는 데 한계성을 가지는 것이다.

틸리히의 지적처럼 기독(목회)상담이 정신분석적 상담, 사회복지, 건강 상담과 다른 접근과 상담과 목적을 가져야 하는 것은 기독(목회)상담의 목적은 더 근원적인 요소에 있기 때문이다. 결국 기독(목회)상담의 핵심을 궁극적 관심 입장에서 보지 않으면 정체성을 가질 수 없다는 것이다. 그리고 수많은 내담자들이 가지는 실존적인 문제들은 바로 실존적인 문제 배후에 있는 존재론적 문제를 찾기 위한 인간내면의 소리를 들을 수 있어야 한다. 왜냐하면 기독(목회)상담은 모든 실존론적 현상배후에 은닉되어 있는 궁극적 관심을 끄집어낼 수 있어야 하기 때문이다. 마치 우리 상담가들이 '투사'에만 관심을 가지고 있지만 투사의 배경이 되는 스크린(screen)인 궁극적 관심이 모든 상담의 배후에 있는 본질이라는 사실을 수용할 필요가 있다. 그러므로 기독(목회)상담에서 진정한 치료와 과정은 상담자가 가지는 궁극적 관심이 존재 변화의 근원이 된다는 사실을 근본으로 해야 될 것이며, 기술과 방법에 앞서 상담자가 이 근본의 통로가 되기 위한 수행적인 자세가 더 요구가 되어야 한다. 그러므로 기독(목회)상담자들은 궁극적 관심에 참여하기를 요청받고 있다. 이것을 목회상담학자 Howard Clinebell은 "수직적 차원(Vertical Dimension)"[5]을 통한 치유와 성장체험이 기독(목회)상담에 필요하다고 한 것이다(Clinebell, 1990, p. 30). 인간의 심리적 문제의 근원적 문제를 영원성 관점에서 접근되어야 할 필요성이 있기에 기독(목회)상담심리치료에 종사하는 사람들은 기독교의 치료(salvation)와 연관된 신학적 내용에 대하여 관심 있게 살펴볼 필요가 있으며, 신학적 입장을 가지고 있는 사람들은 심리학에서 말하는 인간의 곤경을 살펴봄으로써 신학이 상실해 버린 인간내면 세계를 기독(목회)상담을 통해서 간파해야 할 것이다.

후주

1) 인간의 실존적 상황에 대한 그의 깊은 관심과 고민은 그가 1941년에 New York에서 결성한 "뉴욕 심리학 연구모임(New York Psychology Group)"에서 잘 나타나고 있다. William Rogers 글에 의하면 이 모임에 참석한 심리학자들은 Erich Fromm, Rollo May, Ruth Benedict, David Roberts, John Everett, 융 학파의 Francis Whits, 그리고 목회상담신학자인 Seward Hiltner, Paul Pruyer 등이며, 이들은 매해 세미나 주제를 정했으며 1942년에는 "신앙의 심리학(the psychology of faith)", 42~43년에는 "사랑의 심리학(the psychology of love)", 43~44년 사이에는 "양심의 심리학(the psychology of conscience)", 44~45년에는 "도움의 심리학(the psychology of help)"을 세미나 주제로 삼고 정기적으로 모였다(Rogers, 1985, p. 105).
2) 틸리히가 사용하는 'profanization'이라는 용어는 남용이라는 의미로 해석된다. 본래 종교적 의미에서 profanization은 성스러운 것과의 반대되는 세속적인 것을 의미하는 것이나, 틸리히는 이 의미를 인간이 가진 모든 자기 초월성(self-transcendence)을 거부하는 의미로 사용하였다. 자기에 대한 세속화라는 것은 결국 자기를 가장 높은 신적인 자리에 올려놓는다는 의미다. 이것에 대한 자세한 내용은 틸리히의 Systematic Theology III(1963)의 p. 87; pp. 98-106을 참조하면 된다.
3) 틸리히에 의하면 인간이 '존재론적 용기(ontological courage)'는 인간은 실존적으로는 본질에서 떨어져 곤경을 당하는 상태에 있지만, 그 뿌리가 본질과 연결이 되어 있기 때문에 자신의 존재에 대하여 물을 수 있는 용기가 이것과 연관이 되어 있다는 것이다.
4) 틸리히의 신학에서 "궁극적 관심"은 궁극적인 하나님을 대신하여 표현하는 신학적 용어이다.
5) "수직적 차원(Vertical Dimension)"은 틸리히가 그의 저서 A History of Christian Thought에서 언급한 것이다. 이 수직적 차원은 인간의 이념과 사상을 뛰어넘는 하나님이기에 개인이나 국가의 이념이 이 수직적 차원을 향하여 문을 개방하지 않으면 결국 '자기 높임'으로 패망할 것을 예견하고 있다.

참고문헌

신명숙 (2004). 목회상담의 정체성 확립을 위한 신학적 근거. **한국기독교상담심리치료학회**, 7, 141-176.

임경수 (2004). 신학과 심리학의 연계적 학문을 통한 기독교 상담의 정체성. **한국기독교상담심리치료학회**, 7, 231-257.

Adams, L., Pauck, W., & Shinn, R. (1985). *The thought of Paul Tillich*. New York: Harper & Row.

Capps, D. (1983). *Life cycle theory and pastoral care*. Philadelphia: Fortress Press.

Clinebell, H. (1990). *Basic types of pastoral care & counseling*. Nashiville: Abingdon Press.

Cooper, T. (2006). *Paul tillich and psychology: Historic and contemporary exploration in theology, psychotherapy and ethics*. Macon: Mercer University Press.

Davidson, C. (1999). A theory of natural change revisited: Theology psychology and pastoral counseling. *Pastoral Psychology, 47*(6).

Freud, S. (1961). *Civilization and its discontents*. New York: Norton and Company.

Lester, A. (1995). *Hope in pastoral care and counseling*. Louisville: Westminster John Knox Press.

McKelway, A. (1964). *The systematic theology of Paul Tillich: A review and analysis*. New York: Delta Book.

Rogers, W. (1985). Tillich and depth psychology. *The thought of Paul Tillich*. New York: Harper & Row.

Taylor, N. (1985). *Spirituality and pastoral care*. Philadelphia: Fortress Press.

Tillich, P. (1951). *Systematic theology* Vol. 1. Chicago: University of Chicago Press.

Tillich, P. (1952). *The courage to be*. New Haven: Yale University Press.

Tillich, P. (1957). *Systematic theology* Vol. 2. Chicago: University of Chicago Press.

Tillich, P. (1958) Psychoanalysis existentialism and theology. *Pastoral Psychology, 87*, 16-17.

Tillich, P. (1963). *Systematic theology* Vol. 3. Chicago: University of Chicago Press.

Tillich, P. (1966). *On the boundary*. New York: Charles Scribner's Sons.

Tillich, P. (1968). *A history of Christian thought*. New York: Simon and Schuster.

Tillich, P. (1984). The meaning of health: Essays in existentialism psychoanalysis and religion. Chicago: Exploration Press of Chicago Theological Seminary.

Tillich, P. (1988). *The spiritual situation in our technical society*. Macon. Mercer University Press.

Ulanov, A. (1985). The anxiety of being. *The Thought of Paul Tillich*. New York. Harper & Row.

Yalom, I. (1980). *Existential psychotherapy*. New York. Basic Books.

제 5 장

여성신학과 심리학의 대화: 나오미 골든버그와 리타 브락의 이론을 중심으로*

정희성
(이화여자대학교 기독교학과 교수)

1. 들어가는 말

가부장제 비판을 통해 온전한 인간평등에 관심하는 여성학은 단일 학문 영역으로 이해되기도 하지만, 여러 학문과의 대화에 기초한 학제간 연구를 그 바탕으로 한다. 여성학은 사회학과의 연계를 통해 여성의 억압과 사회적 구조, 여성의 지식 및 인식의 형성에 관한 연구를 진행하고 있고, 인류학과는 원시사회의 연구를 통해 여성억압의 인류학적 근원 및 남녀평등에 관한 대안적 가능성을 모색하고 있다. 생물학과는 여성의 성을 어떻게 이해할 것인가에 관심하며 여성의 성기와 남성성기의 발생학적 연구 등 다양한 문제로 교

* 이 장은 '신학사상'에 게재된 다음의 글을 수정 · 보완했다.
  정희성 (2003). 정신분석학과 여성 종교 경험의 이해. 신학사상, 122, 195-224.

류하고 있다. 이를 통해 여성학은 남성과 여성이 보다 동등하고 평등한 삶을 살아갈 수 있는 방안을 다양한 방식으로 모색하고 있는 것이다.

그런데 현대에 이르러 심리학, 특히 정신분석학이 여성학 연구의 새 동반자로 활발하게 부상하고 있다. 앨리슨 재거(Alison Jaggar)의 고전적 여성주의 분류에 따르면 여성주의는 자유주의, 마르크스주의 등에 이론적 영향을 받아 자유주의 여성주의, 진보적 여성주의, 마르크스 여성주의와 사회주의 여성주의를 구성하였다(Jagger, 1983). 로즈마리 통(Rosemarie Tong)은 이 분류에 정신분석학적 여성주의와 포스트모던 여성주의 등을 더하였다(Tong, 1989). 참고로 통은 이 책의 초판에서는 재거의 분류에 많은 영향을 받았으나 이후의 출판에서는 차별화를 시도하고 있다(Tong, 1998). 그런데 이들 두 여성주의, 즉 정신분석학적 여성주의와 포스트모던 여성주의는 조세핀 도노번(Josephine Donovan)에 의하면, 모두 정신분석학에 기본적인 통찰을 얻으며 여성인식의 새로운 가능성을 모색하고 있는 학문영역이다(Donovan, 1993). 그렇다면 현대 여성주의 논의에서 정신분석학은 매우 큰 비중을 차지하고 있는 학문적 동반자이며, 여성주의 재구성에 더할 것 없이 주요한 학문영역인 것이다.

여성 신학, 혹은 여성 종교 경험의 분석에 있어서도 정신분석학의 중요성은 점차 강조되어 오고 있다. 메리 데일리(Mary Daly)나, 로즈마리 류터(Rosemary Ruether) 등은 일찍이 프로이트의 '남근시기' 이론이나 성의 생물학적 결정론 때문에 정신분석학이 여성해방에 전혀 도움이 되지 않는다고 강력히 주장하였다(Daly, 1973, p. 149; Ruether, 1975, pp. 142-151). 그러나 현대 여성신학자들은 여성주의 정신분석학에서 제시하는 자녀 양육과 성 정체성의 문제, 남성과 동등한 여성 돌봄의 능력, 성정체성의 문화적 영향에 관한 논의가 교회 여성 억압극복에 대안을 제공한다고 본다. 또한 프로이트 재해석에 기초한 주체의 허구성과 다수성에 대한 인식은 여성신학자들의 뜨거운 관심과 지지를 받고 있다(Glaz & Moessner, 1991, pp. 49-54; Chop & Davaney, 1997).

어떻게 정신분석학적 인식이 교회 여성의 경험과 인식의 틀로 사용될 수 있는가? 이 장은 위의 질문에 관심하며, 정신분석학을 전적으로 이용하여 종교적 여성의 인식과 경험을 새로이 해석한 두 여성학자의 이론을 살펴본다. 나오미 골든버그(Naomi Goldenberg)는 현대 여성신학의 바탕은 심리학이라고 주장하였다. 그리하여 지그문트 프로이트(Sigmund Freud), 칼 융(Carl Jung)을 거쳐 대상관계이론에 기초한 여성 종교인식론의 새로운 지평을 제시하였다. 리타 브락(Rita Brock)은 골든버그보다 더욱 신학의 전통적인 주제와 심리학적 통찰을 연관시킨다. 즉, 죄, 구원, 하나님, 그리스도 등의 논의가 심리학의 개념들과 어떤 관련을 가지는지 규명한다. 이 두 학자들은 서로의 학문적 관심과 접근이 상이함에도 불구하고, 정신분석학이 현대 여성주의 신학과 여성 종교경험 이해에 얼마나 효과적으로 사용될 수 있는가를 보여 준다.

2. 골든버그: 심층심리학과 여성주의적 종교 상징

정신분석학과 여성신학의 연구에 있어 골든버그의 가장 큰 공헌은 현대 여성신학 방법론의 기초가 심층심리학과 매우 유사하다는 점을 분명히 밝힌 데 있다. 그녀는 여성의 경험을 강조하는 현대 여성신학의 출발점은 심리학과 매우 유사하기 때문에, 프로이트, 융, 대상관계심리학에 기초하여 여성해방을 위한 종교적 상징과 인식론을 발굴할 것을 제안한다.

1) 여성신학의 출발점으로서의 여성경험과 심층심리학

현대에 이르러 여성신학은 매우 다양하게 변모하고 있지만, 골든버그 논의의 배경이 되는 여성신학은 간단히 말해 교회와 신학체계 속의 가부장적 경향과 성차별의 문제에 대해 진지하게 관심했다. 1960년 대 말『교회와 제

2의 성』 출간을 계기로 활발하게 논의되기 시작한 여성신학은 전통의 신학적 해석과 교회의 모든 활동이, 남성을 위주로 하며 남성의 여성억압을 공고히 하는 이데올로기 기능을 해왔음을 자각한다. 로즈마리 류터, 엘리자베스 피오렌자(Elisabeth Fiorenza), 레티 러셀(Letty Russell), 비버리 해리슨(Beverly Harrison), 카터 해이워드(Carter Heyward) 등도 이에 동조하여 그들의 각 전공 영역에서 교회의 성차별적 요소를 규명하고 남녀 평등의 인식과 실천을 가져올 수 있는 방안에 대한 실천적이고 학문적인 연구에 전념한다(손승희, 1989, pp. 13-14). 이들은 그간 기독교의 신학뿐 아니라, 성서해석, 예배, 교육, 상담, 조직 그 외의 모든 영역에서 여성에 대한 남성억압을 합리화하는 가르침과 사고가 그 바탕을 이루었음을 지적하고, 기독교에서 이 같은 차별적 요소를 제거하고 평등한 인식을 가져오게 할 수 있는 여러 가지 방안을 활발히 모색하여 왔다.

이와 같은 배경에서 골든버그 역시 기존 종교, 특히 유대교와 기독교의 성차별적 경향에 대해 매우 신랄한 비판을 가한다. 그녀는 당시 교황이 교회의 성직자는 남성 그리스도를 대변해야 하기 때문에, 모든 성직자는 남성이어야만 한다고 한 주장에 대해 기독교의 본질적 메시지에 어긋나는 것이라 비판한다. 남성에게는 종교적인 임무를, 여성에게는 음식준비나 아이 양육을 강조하는 유대교 율법 역시 옳지 않다. 기독교와 유대교 내에서 성차별은 오랜 관행이 되어 왔지만, 남녀간 동등성 회복을 위한 유대-기독교의 노력이 이제 절실히 필요하다고 강조한다(Goldenberg, 1979, pp. 5-8). 기독교이든 유대교이든 상관없이 여성과 남성이 동등하게 하나님의 교역에 참여하고, 예배를 비롯한 교회의 모든 부분에서 평등하게 대우되는 것이 진정한 하나님의 뜻을 이루는 것이라고 보기 때문이다.

한편, 골든버그 논의 당시 여성신학은 큰 틀에서 유대-기독교 종교 간 경계를 중심으로는 다음과 같이 나눌 수 있다. 먼저는 주류 여성신학자들의 접근이다. 이들은 유대-기독교 종교 전승의 가부장적 성격을 규명하고 이에 대한 엄격한 비판을 시도하지만, 그럼에도 불구하고, 종교의 기존 전승과 가치를 여전히 소중히 여긴다. 가부장적 사회구조 속에서 종교 역시 남성중심적 사고를 내포하지만, 종교는 실상 남녀 모두의 자유와 구원을 향한 원형적 메시지를 가지고 있다고 본다. 반면, 후기 유대-기독교 여성학자들은 유대-기독교의 성서와 전통에 내포되어 있는 가부장적 성향이 지나치게 심각하다고 본다. 이들은 기독교는 진정한 여성해방의 어떤 대안도 제공할 수 없기 때문에, 기독교를 넘어선 자원에 관심한다. 고대의 문화나 종교 혹은 심리학적 경향에 관심을 가지며 여성해방의 근거와 자원을 모색하기도 한다.

여성의 해방에 관심하며 골든버그는 특별히 종교적 전통과 신앙을 고수하고자 하는 주류 여성신학자들의 입장에 대해 비판적이다. 주류 여성신학자에 속하는 류터의 경우, 교회 교부들의 작업을 통해 이상화된 동정녀 마리아의 이미지는 히브리적 감각의 회복을 통해 여성인식에 대한 본래적 이미지 재건을 할 수 있다고 본다(Ruether, 1974, p. 179). 다른 주류 여성학자 역시 남녀 동등함을 이끌 수 있는 기독교의 여성해방적 구원은 원시 기독교의 메시지를 제대로 이해하고 파악할 때 가능하다고 한다. 이 같은 입장에 대해 골든버그는 수천 년간 자행되어 온 여성혐오의 전승을 너무 과소평가한다고 다음과 같이 비판한다. "…… [여성주의] 학자들은 유대-기독교 전승 속에 여성에게 부과된 아름다운 측면의 희미한 빛을 너무 지나치게 강조하여 가부장적 편견을 최소화시키는 경향이 있다(Goldenberg, 1979, p. 17)." 골든버그는 성서나 전통의 단순한 재해석이나, 기독교와 유대 역사의 회귀를 통해서는 가부장제의 심각성을 결코 극복할 수 없다고 한다.

그런데 여성주의 신학은 일반적으로 여성의 경험을 여성인식의 주요한 출발점으로 삼는다. 많은 여성학자들은 성서나 신학을 통해 하나님의 말씀이라 이해되어 온 것은 사실상 하나님의 말씀이 아니라 남성들의 말이었다고 한다. 성서는 성을 초월한 가치중립적인 서술이 아니기 때문에, 남성의 경험과 관점에 근거하여 남성의 이익에 봉사하여 왔다. 따라서 여성신학적 접근은 위의 문제를 직시하고, 교회와 사회의 장에서 여성의 억압과 해방의 구체적 경험에 관심해야 한다는 것이다(Fiorenza, 1994, pp. 8-9). 교계에서 전개되는 성서와 신학의 메시지가 가부장적 소외로부터 구체적으로 여성의 해방을 이끄는지, 여성이 살고 있는 현실적 삶의 공간인 교회와 사회에서 여성 정체성 확립 및 자유한 여성으로 살아가는 데 공헌하는지 등의 문제에 주목해야 한다는 것이다.

경험을 강조하는 현대 여성신학의 경향은 결국 여성신학이 심리학화하고 있음을 드러내는 증거라고 골든버그는 해석한다(Goldenberg, 1979, pp. 21-25). 전통신학과 달리 여성신학은 영과 육의 구분을 넘어선 인식과, 가부장적 교회와 사회에서 여성이 겪는 일상적인 삶에 대한 깊은 고민과 숙고를 시도한다. 또한 가부장적 억압에서 여성의 자기긍정과 해방을 위한 구체적인 방법론에 대한 모색 또한 활발히 진행하고 있다. 심리학 역시 삶의 구체적 경험이 인간 인식에 직접적 연관을 가진다고 보고, 일상생활 속에서 내적 경험의 조화와 성숙, 인간 의식과 무의식의 통합을 지향한다. 특별히 심층심리학의 경우, 인간의 이성적이고 표면적인 경험뿐 아니라, 인간의 깊은 무의식, 감정, 욕망 등 인간 경험의 다양하고 다면적인 부분에 대한 집중적인 관심을 가지며, 인간 문제 해결의 현실적 상황을 강조하여 왔다. 그렇다면 결국, 여성의 깊은 경험에 관심을 가지는 여성신학은 심리학적 접근과 매우 유사하다고 할 수 있다.

심리학이 여성신학의 새로운 방법론적 기초가 될 수 있는가? 이에 대해 골든버그는 다음과 같이 주장하며, 여성신학 연구에 있어 심리학의 중요성을 확언한다. "새 이미지와 상징 발굴에 노력해야 하는 여성주의에 있어 프로이트와 융의 이론은 매우 중요한 방향을 제시해 준다. …… 특별히 …… 종교 갱신을 향한 여성주의의 노력에 매우 중대한 공헌을 할 수 있다(Goldenberg, 1981, xi). 골든버그는 이제 여성신학은 여성해방의 근거로 성서나 전통 혹은 예수에 더 이상 집착하지 말고, 인간의 경험, 여성의 경험 그 자체에 보다 직접적으로 관심하는 심리학에 근거한 철학적 도약을 시도해야 한다고 주장한다. 다시 말하자면, 인간의 심오한 내적 경험에 관심하는 심리학이야말로 가부장제의 이원론적 구조를 극복할 수 있는 대안일 뿐 아니라, 여성주의의 공통된 관심사인 경험의 논의를 해방으로 이끌 수 있는 기초가 된다는 것이다.

2) 심층심리학과 여성주의적 종교 인식

심층심리학의 창시자 프로이트는 종교에 대해 매우 비판적이었다. 그러나 골든버그는 앞서 간략히 살펴본 관점에서 프로이트 이론을 재해석하고, 그의 논의를 가부장적 종교 비판에 매우 유용한 자료가 된다고 주장한다. 일반적으로 알려진 프로이트 이론을 간단히 요약하면, 프로이트는 종교, 특히 당대의 유대-기독교를 강박신경증이나 오이디푸스 콤플렉스와 연관시켜 병리적이라고 보았다. 종교는 인간의 이성을 억압하고 현실의 문제를 객관적이고 과학적으로 파악하지 못하게 하는 장애물이다. 따라서 보다 성숙한 인간 생활을 위해 종교는 극복되어야 하는 대상이다. 그런데 골든버그는 이같은 프로이트 종교 비판의 대상은 종교 전체가 아니었다고 한다. 즉, 프로이트가 비판한 종교는 온정적이고 감정을 중시하는 종교의 측면이 아니라 가부장적이고 도그마적 종교의 측면이라는 것이다(Goldenberg, 1981, p. 15). 때문에 프로이트의 종교 비판은 여성신학과 마찬가지로 가부장적 성향의 종교가 여성을 포함한 인간에게 얼마나 유해한가를 증명하는 자료로 사용할 수 있다고 한다.

또 다른 심층심리학자인 융은 현대 종교의 가장 심각한 문제는 종교 교리의 화석화에 있다고 지적하였다. 융에 의하면, 한때 종교적 교리는 인간의 즉각적 경험을 표현하는 하나의 방법이었다. 과학이론보다 더 효과적으로 인간 영혼의 문제를 조직적으로 서술하였던 것이다. 특별히 회개, 희생, 구원은 개념은 인간 무의식의 과정을 가장 적절하게 표현한 교리였다. 그런데 시간과 공간이 변화하면 종교적 교리는 새롭게 갱신되거나 재해석되어야 한다.

개신교 교리의 대다수가 과거 로마나 독일의 사고와 관습의 반영이기 때문이다. 그러나 개신교의 경우, 이에 대한 자각이나 변화를 위한 변화를 위한 시도가 거의 없었다. 따라서 현대 개신교는 태곳적부터 인간 무의식을 통해 전수되어 온 성스러운 이미지를 어떻게 현대 상황에 맞게 담아내야 하는가의 문제에 적극적으로 관심해야 한다고 한다(Jung, 1990, pp. 528-529).

골든버그는 융의 입장이 프로이트 이론보다 여성신학에 더욱 도움이 된다고 이해한다(Goldenberg, 1979, p. 46). 여성신학은 가부장적 편견이 가득 찬 종교적 상징을 혹독하게 비판할 뿐 아니라, 남녀 동등성을 상징하는 여성주의적 종교 상징 발굴에 많은 관심을 쏟는다. 프로이트 이론은 종교의 가부장적 성격을 규명하는 데 도움이 되지만, 여성해방을 이끄는 구체적 상징과 제안 발굴에는 한계적이라 할 수 있다. 반면, 융의 경우 기독교-유대 종교의 시대착오적이며 폐쇄적인 종교 교리와 상징을 신랄하게 비판하면서, 동시에 현대 사회에 보다 적합한 이미지 발굴을 강조한다. 비록 융이 여성주의적 관점에서 가부장적 종교상징의 문제를 직접적으로 언급하지는 않았지만, 현대 사회의 경험에 유용한 상징을 제안하거나 시도함으로써, 간접적으로 여성들이 통전적으로 교회와 세상에서 살아갈 수 있는 많은 통찰들을 제공한다는 것이다.

융은 현대 종교인을 위한 상징으로 여성적 요소의 추가를 특별히 강조한다. 융에 의하면, 종교의 주요 상징 및 교리는 특정 도덕과 정신적 태도의 표현이다. 특별히 기독교의 주요 교리인 삼위일체는 전적으로 남성적 태도와 인식의 산물이다. 이런 배경 속에서 기독교는 자율적 인격이나 영원을 의미하는 네 번째 요소를 악 혹은 사탄으로 규정하였다. 그런데 이 네 번째 요소는 하나님의 존재의 깊이와 자유를 이해하는 데 있어 필수 불가결하다. 따라서 종교 상징의 온전한 회복을 위해서 인간 무의식은 네 번째 요소를 요청한다. 즉, 여성이고, 땅이고, 몸인 네 번째 요소를 포함하는 사위일체가 필요하다. 전통적 삼위일체는 여성적 요소, 여성적 특성을 의미하는 무의식인 아니마, 혹은 어머니 하나님으로 보완되어야 하는 것이다(Jung, 1990, p. 544). 어머니 하나님을 포함하는 사위일체 하나님이야말로 현대인의 삶을 통전적으로 이해하는 데 있어 매우 중요하다.

이와 같은 융의 영향 속에서 골든버그는 여성의 일상적인 삶의 신격화를 통해 여성주의 종교 상징 재건을 시도한다. 앞에서 융은 인간 영혼의 총체적이고 자유로운 이해를 위해 어머니 하나님을 종교의 새 차원으로 추가할 것을 제안하였다. 골든버그 역시 그 한 예로 여성 하나님 발굴의 한 작업으로서 여성이 인생을 걸쳐 경험하는 삶에 기초한 세 가지 이미지를 제안한다. 즉, 처녀, 어머니, 할머니를 여신화하여 여성의 종교 상징으로 삼는 것이다(Goldenberg, 1979, pp. 97-100). 처녀 여신은 남성 애인과는 독립된 존재로 마음껏 움직이고, 모험하는 신이다. 어머니 여신은 인간의 삶에 있어 보살핌의 면을 강조하는 신으로 자녀양육 뿐 아니라 책, 음악, 사업을 창조하여 양육하는 데 관여한다. 할머니 여신은 폐경기를 끝내고, 나이에 어울리는 통찰과 지혜로 공동체에 주요한 공헌을 하는 신이다. 전통 기독교의 마리아가 아들로 인해 숭배되는 여성 이미지를 창출한 것과 달리, 이들 세 여신은 여성이 인생에서 경험하는 모든 자연스러운 삶에 기초하여 존경받는 여성의 이미지를 제공한다.

한편, 융은 진정한 종교는 인간 영혼에 대한 정직한 탐구와 발견 속에 있다고 한다. 고정된 기존의 종교 교리는 인간의 영적 자원을 고갈시키는 한편 해방을 향한 인간 무의식의 소리에 비인격적이고 통제적으로 반응하게 하였다. 뿐만 아니라 종교적 교리는 수세기에 걸쳐 형성된 인간의 독특하고 다양한 측면을 기괴하다거나 결함이 있다거나 하여 제거하고 정죄하곤 했다. 하지만 인간 심리의 깊은 경험에 근거한 진정한 종교는 물이나 바람과 같이 한 곳에 고정되어 있지 않으며 어떤 것을 판단하지도 않는다. 개인의 경험은 종교전승보다 더 영혼의 진리 추구에 믿을 만한 자료를 제공하며, 개인의 꿈은 인간의 즉각적 경험에 다다를 수 있는 좋은 방법이다. 특히 집단적인 차원에서 나누어진 즉각적 경험에 대한 이야기는 집단간 세대를 관통하는 동일한 종교적 주제를 제공하기도 한다고 한다(Jung, 1990, p. 532).

골든버그 역시 융과 마찬가지로 개인 경험에의 탐구를 여성 종교 상징 재건의 한 방법으로 제안한다. 여성신학자들도 대체로 남성중심의 사회와 종교에서 여성들은 성서를 읽거나 종교 전통으로 돌아가 보아도 여성을 위한 영적 자원을 충분히 공급받을 수 없는 상황임을 파악한다. 따라서 여성은 자신의 경험을 이야기하고 나눔을 통해 기존 종교 전승에서 간과해 온 여성의 종교 경험을 발굴하고 활성화시켜야 한다고 한다. 비슷한 맥락에서 골든버그도 특히 여성 내부의 관찰자와의 경험에 관심할 것을 강조한다. 여성 내부에 존재하는 관찰자란 여성이 스스로의 자아를 명확하게 인식하도록 할 뿐 아니라, 미래적인 예언과 자아긍정을 통해 자아인식을 발전시키도록 돕는다. 관찰자를 통한 여성의 내적 존재에 대한 인식은 여성이 자신을 긍정하고 남성중심 사회에서도 자신의 목소리를 낼 수 있도록 돕는다. 골든버그는 또한 융이 제안하는 내밀한 소망과 꿈을 함께 모여 나눌 때 여성의 해방과 자유를 이끄는 하나님 이미지와 공동체 형성의 통찰을 얻을 수 있다고 주장한다(Goldenberg, 1979, p. 121, pp. 130-133).

마지막으로, 골든버그는 여성주의 종교 상징 및 재건에 있어 대상관계이론에 주목하게 된다. 여성주의 종교 상징 재건에 있어 융의 이론이 매우 중요함에도 불구하고 골든버그는 융 이론이 가지는 한계에 직면하게 된다. 융은 종교 경험에 있어 인간 내면과 일상적 경험의 중요성을 강조하지만, 인간 영혼의 초월적 측면에 대한 여지를 항상 남긴다. 제임스 힐만이나 여성주의 원형학자들과 같이 융의 원형이론(archetype)을 움직임을 강조하는 원형적 (archetypal) 이론으로 변형시킨다 하여도 근본적인 문제는 해결될 수 없다. 그 가치와 존재론적 의미에 있어 융에 기초한 이론은 인간 영혼의 우선성을 유지하여, 왜곡되고 비인간화된 종교인식을 초래할 수 있기 때문이다. 그리하여 골든버그는 대신 프로이트가 인간 인식의 근거를 몸으로 본 점에 주목한다. 특별히 대상관계 이론가들이 인간 상상력과 사고가 육체와 불가분리의 관계에 있다고 주장함으로써, 마음과 육체의 관련성을 적극적으로 표명한 것에 관심한다(Goldenberg, 1985, pp. 56-58, p. 66; Hillman, 1983; Winnicott, 1978, p. 254; Lauter & Rupprecht, 1985). 결국 골든버그는 종교의 이원적 구조를 넘어서서 평등한 종교 인식을 제공하는 데 가장 적절한 심리학적 근거는 대상관계이론이라는 이해에 이르게 된다.

그리하여 대상관계이론에 근거하여 골든버그가 제안하는 여성 종교 인식의 기초는 결국 다음과 같다(Goldenberg, 1993, pp. 191-206). 골든버그에게 있어 여성 종교 인식이란 몸과 마음이 하나가 되고, 분리되지 않으며 인간의 통전적 삶을 지향할 수 있는 근거인데 그것은 대상관계이론과 여성 종교와의 공통점을 기초로 한다. 먼저, 여성 종교 인식론은 과거에의 회상을 강조해야 한다고 한다. 인간 발달에 영향을 주는 가장 중요한 시기로 대상관계이론은 인간의 가장 초기 발달 단계에 해당하는 전 오이디푸스 시기의 경험에 관심한다. 이에 기초하여 골든버그는 여성들이 미래에 대한 유토피아적 꿈을 가지고 막연히 현실을 인내하기보다, 과거에 집중할 때 보다 현실에 전략적이고 점진적이 해결책을 얻을 수 있을 것이라고 제안한다. 둘째, 여성의 종교인식론은 남근 숭배의 파괴와 여성의 강력한 힘을 강조해야 한다. 대상관계이론에서 유아의 생존과 복지에 가장 가공할 만한 영향력을 미치는 사람은 바로 어머니이다. 골든버그는 이와 같은 여성의 강력한 힘을 인식할 때 여성들은 남성중심의 상징적 질서를 전복시키고, 남성 전체주의의 부식을 가속화하는 사고를 할 수 있게 된다고 주장한다.

셋째로 여성 종교 인식론은 인류의 공통된 비전에 대해 강조한다. 독립된 존재로서의 인간을 강조하는 전통 서구의 사고와 달리 대상관계이론은 인간이 공동체에 속한 존재임을 강조한다. 신생아는 어머니의 지속적 보호와 관심이 있는 환경을 절대적으로 필요로 하듯이 인간은 전 우주, 흙, 물, 공기, 그 모든 것과 연결되어 있다는 것이다. 이와 같은 인식을 통해 여성들은 하늘의 아버지만 성스러운 것이 아니라, 인간에 연결된 모든 것, 땅에 속한 모든 것에 신적 의미를 부여하는 사고를 할 수 있게 된다. 마지막으로, 대상관계이론에 기초한 여성 종교 인식론은 환상을 강조한다. 대상관계이론은 환상이 모든 사고의 근원이며, 내적 세계의 경험이 결국 인생의 미래를 결정하는 청사진과 마찬가지라고 한다. 이와 같은 이해는 여성들이 자신의 의식과 이성을 넘어서서, 보다 깊은 자신의 무의식, 기대, 바람, 소망에 귀기울이며 자신의 사고와 행동에 대한 통찰을 얻을 수 있게 한다.

골든버그는 여성신학의 새로운 방법론적 기초를 심리학으로 보고, 심리학에 기초한 새로운 여성신학의 창출을 모색하였다. 그러나 그녀의 관심이 여성신학적 문제제기에서 점차 인식론적 제안으로 방향을 돌림으로서, 정신분석학과 여성신학의 구체적 관련성에 대해서는 점차적으로 모호해졌다고 할 수 있다. 반면 브락은 심층심리학, 특히 대상관계이론을 기독교 신학의 여러 주제들에 직접적으로 연결시키고, 이에 기초하여 인간 실존과 기독론 등에 대한 새로운 해석을 시도한다.

3. 대상관계이론과 신학적 주제들

골든버그와 달리 브락은 보다 단도직입적으로 신학의 여러 주제를 대상관계이론가들의 이론을 통해 해석해 낸다. 스위스의 여성 대상관계이론가인 앨리스 밀러(Alice Miller) 및 낸시 초도로우(Nancy Chodorow), 도날드 위니컷(Donald Winnicott)의 영향 속에서 상처받은 인간 실존과 치유의 문제를 신학적으로 해석해 낸다. 뿐만 아니라 이를 기초로 예수에 대한 새롭고 신선한 이해를 시도한다.

1) 대상관계이론과 인간 실존

제2차 세계대전 이후 밀러는 인류 폭력의 문제해결에 있어 가족관계의 중요성을 집중적으로 연구하였다. 그녀에 의하면, 어린아이는 태어나면서부터 아름답게 자라고 발전하며 사랑할 능력을 가지고 있다. 그러나 외부의 여러 가지 요인으로 인해 이 능력이 지속적으로 좌절되면 아이는 그 능력을 점점 상실하게 된다. 이때 아이의 불유쾌하고 나쁜 경험이 적절한 분노를 통해 표출되어야 하지만, 그렇지 못하고 억압되거나 망각될 경우가 생긴다. 그 결과 아이는 자신의 경험과 자기 사이에서 해리를 일으켜 다른 이에게 파괴적 행동을 하게 된다(Miller, 1990a, pp. 2-3). 아동기에 부모로부터 학대를 받은 아이가 그 감정을 적절하게 표현하지 못하고 부모가 되었을 때 그 무의식의 감정은 자녀에게 고스란히 반복되어 표출되는 경우가 그 한 예라고 할 수 있다.

세기의 살인자 히틀러의 폭력성 역시 바로 이와 같은 관점에서 밀러는 해석한다. 히틀러에 대한 연구가 지금까지 많이 진행되어 왔으나, 대부분 히틀러 아버지의 폭력성에 초점이 맞추어져 왔다고 한다. 그래서 밀러는 히틀러 연구에 있어 더 중요한 것은 폭력 아버지 밑에서 자란 히틀러의 심리에 축적된 경험과, 그 경험이 이후 히틀러의 대인관계에 미치는 영향이라고 한다(Miller, 1990b, pp. 196-197). 즉, 수백만의 유대인을 가스실에 집어넣은 히틀러의 만행과 폭력성은 어린 시절에 히틀러가 그의 아버지와 가족관계에서 경험한 학대와 연관되어 있으며, 이 같은 학대 경험을 표출해 낼 공간을 전혀 가지지 못한 히틀러는 결국 유대인 학살과 같은 가공할 만한 폭력적 방법으로 그의 무의식의 분노를 표출했다는 것이다. 히틀러가 만약 자신의 증오를 투사할 대상을 가졌거나, 교육을 통해 자신의 증오를 지성화하거나 통제할 방법을 배울 수 있었다면 그 같은 가공할 만한 폭력을 저지르지는 않았을 것이라고 한다.

그런데 문제는 이런 양육이 히틀러 한 개인뿐 아니라 인류 대다수가 경험한 현실이라는 데 있다. 밀러는 히틀러가 그렇게 많은 대중의 열렬한 지지를 받을 수 있었던 이유는 당시의 많은 사람들이 히틀러와 같은 경험을 가졌기 때문이라고 추정한다. 히틀러와 유사한 양육과정 속에서 폭력과 분노를 내면화하지 않았다면, 그렇게 많은 사람들이 히틀러에 동조하여 무고한 많은 사람을 학살하는 데 동조하지 않았을 것이기 때문이다. 오늘날에 이르기까지 사회는 부모와 자식의 관계를 이상화하였고, 부모를 공경하라는 십계명 등을 통해 부모에 의한 자녀학대에 비교적 관대하였다. 그러나 심한 폭력뿐 아니라 엉덩이 때리기와 같은 사소한 폭력을 통해서도 아이는 심리적인 고통과 굴욕감을 크게 내면화하고 잔인함을 기른다. 따라서 아동학대의 문제를 개인의 차원이 아니라 전 인류의 차원에서 관심가지고 대책을 모색할 때 개인의 행복뿐 아니라 핵문제와 같은 인류 말살의 근원을 뿌리째 끊을 수 있다고 한다(Miller, 1990b, xi-xvi).

마찬가지로 브락은 현재 인류가 당면한 문제의 신학적 해결 역시 전통 가족관계 문제의 재조명에서 시작해야 한다고 한다. 브락에 의하면, 현재 인류는 경제와 과학 분야에서 다른 세기와 비교할 수 없을 정도로 발전하였지만, 그에 필적하는 전쟁의 위협과 가난, 부정의, 그리고 심각한 불평등의 세기에 살고 있다. 이 시대에 인내와 복종을 강조하는 전통신학은 더 이상 유용하지 않으며 새로운 신학이 모색되어야 하는데, 새 신학은 바로 가족관계에 대한 재조명, 즉 가부장제에 대한 심도 깊은 비판과 분석 속에서 시작되어야 한다. 현재까지 전개되어 온 기독교 세계의 신학적 사고는 가족에서 남성 가부장의 위치가 가장 확고하던 시기의 사고와 이상을 반영하기 때문이다(Brock, 1993, p. 3). 기독교의 전통적인 삼위일체 교리야말로 이의 가장 극명한 예이다. 따라서 기독교 신학에 내재한 가부장적 가족중심의 사고를 철저히 비판하고, 상호관계성을 지향하는 관계 및 그에 기초한 인식의 발판을 마련해야만 한다.

상호존중과 관계성을 지향하는 신학 모색에 있어 브락은 심리학적 이해를 빌려 인간을 '마음(heart)'의 관점에서 이해한다. 밀러의 영향 속에서 브락은 마치 인간의 육체가 탄생 이후 계속 변화하고 자라는 것처럼, 인간의 자아도 탄생 이후 관계성을 통해 형성되고 자란다고 한다. 다시 말하면 한 개인의 자아란 시간과 공간을 초월하여 존재하는 것이 아니라 주어진 시간마다 관계성과 과거와의 회상을 통해 매순간 재창조된다. 따라서 자아란 감정, 관계, 그리고 기억을 통해 끊임없이 재창조되고 구조화된다. 그런데 신학적으로 이야기하자면 이 자아는 바로 마음이라고 브락은 이해한다. 브락은 인간은 마음이라는 사랑과 관계의 신적 실재를 통해 하나님의 성육하심을 경험하여, 마음을 통해 인간을 향한 하나님의 무한한 은총과 축복을 경험한다. 마음이야말로 인간을 위해 예비하신 하나님의 원은총(original grace)이라고 한다(Brock, 1993, pp. 16-17).

"내가 마음이라고 사용하는 것은 밀러의 참자아와 유사하다(Brock, 1993, p. 10)." 이와 같이 브락은 그의 마음 이해가 심리학자 밀러에게서 직접적으로 영향받았음을 밝힌다. 밀러와 같은 대상관계이론가들에게 있어 유아의 어린 시절 경험은 매우 중요하다. 유아는 특별히 오이디푸스 이전 시기에 자신을 둘러싼 환경과 상호작용을 하며 자아를 형성해 나가는데, 대부분 어머니로 이해되는 주요 양육자와의 긍정적인 관계 경험을 통해 자신과 타자, 그리고 세계 인식의 기초를 쌓는다. 어린이는 자신의 욕구에 진실되게 반응하는 어머니를 경험함으로써, 자기 자신의 필요를 외부에 감각적으로 알리고, 또 자기를 둘러싼 세상을 자발적으로 받아들이며 참자아를 형성한다. 브락은 이와 같이 인간을 관계성 속에 존재하고, 관계성 속에서 끊임없이 창조되고 사랑의 깊이를 경험하는 참자아가 바로 마음이라고 한다.

브락의 마음과 대립되는 '상처난 마음' 역시 밀러의 거짓 자아와 많은 연관성을 가진다. 브락의 견해에 따르면, 밀러는 어린아이의 자아형성에 있어 감정이나 생각은 외부세계의 반응에 의존하며, 적절한 돌봄과 보살핌이 건강한 자아로의 성숙과 발전에 필수적이라고 한다. 반면, 어린아이에게 자신의 감정보다 어른의 욕구에 의존하여 반응하도록 지속적으로 요구하면, 어린아이의 자아는 왜곡되고 거짓자아를 형성하게 된다. 다시 말해서 독립적인 한 인격체가 아닌 어른의 확장으로 어린아이가 대우될 때, 아이는 자신의 진실한 욕구와 감정을 누르게 되고, 자신의 감정과 깊이 있는 관련을 맺을 수 없게 된다. 어른이 된 후에도 다른 사람의 감정에는 예민하면서 자신의 감정에는 무관심하고, 자신의 경험을 통합하지도 못하게 되며, 자신을 인정해 주는 사랑이 없으면 고통이나 심한 고독감을 느끼게 되기도 한다고 한다. 브락은 바로 이런 거짓자아의 상태가 마음이 깨어지고 상처난 것이며, 가부장제 사회는 남성에게 이같은 경향을 더욱 강화하여 남성을 보다 지배적이고 공격적이 되게 하거나, 고통과 굴욕을 내면화하여 자기보다 약한 사람을 희생시킨다고 한다(Brock, 1993, pp. 10-14).

한편, 남녀 사이의 상처난 마음의 관계를 설명하는 데 있어 브락은 또 다른 여성주의 대상관계이론가인 초도루우의 견해에 의존한다. 초도로우에 따르면, 시대와 장소를 막론하고 가부장적 성 배열을 지속시키는 것은 남녀의 생리적 조건이나 사회적 역할 기대 때문이 아니라 여성의 양육 때문이라고 한다. 현대사회와 같이 기술이 발달하고, 여성에 대한 인식이 점차 확산되는 상황에서도 어린이의 주요 양육자는 대부분 여성인데 이것이 바로 남녀의 성격형성에 결정적이라는 것이다. 다시 말하자면, 양육의 과정에서부터 벌써 남자아이는 자신과 가장 많은 시간을 보내는 어머니가 자신과 다른 성을 가지고 있음을 인식하게 된다. 따라서 일찍부터 성취 지향적이며, 육체와 감정을 부인하는 정체성을 형성하며 자란다. 반대로 주요 양육자와 동성인 여자아이의 경우, 어머니와 같이 일상적 환경에 많은 관심을 가지며, 다른 사람의 욕구에 민감하고, 의존적이고, 관계 지향적이 된다(Chodorow, 1978). 가부장제 사회의 고정된 성역할은 이같은 자아의 초기 상처를 더욱 고정시켜, 이중적이며, 위계질서적이며, 착취적이고, 깨어진 남녀관계를 유지하게 한다고 브락은 주장한다(Brock, 1993, pp. 14-16).

여성의 깨어진 마음의 상태 이해에 있어서도 브락은 가족과 가부장제에 대한 심리학적 분석에 근거한다(Brock, 1993, pp. 30-35). 브락에 따르면, 가부장제 사회와 문화의 영향 속에서 대부분의 여성들은 가정 안에서 다른 사람을 돌보고 양육하며 자신의 힘을 느낀다. 반면, 공적 영역에서는 자신의 영향력에 대해 확신을 가질 수 없어 의존적이고, 자기 부정의 경향을 보인다. 의사소통에 있어서도 직접 의사소통을 하기보다는 조정이나 간접적인 방법을 통해 의사소통을 하거나, 때로 지나치게 남성적인 방식으로 행동하게 된다. 브락은 이와 같은 여성의 모습은 통제중심의 가정과 사회에서 착취당한 어린이의 모습과 유사하다고 본다. 즉, 두려움에 가득찬 자아의 모습이라는 것이다. 두려움에 가득찬 자아는 어떻게 여성다운 행동을 해야 하는가의 문제와 지속적으로 갈등하며, 자신의 내면과 마음을 의지적으로 억압하고 통제하여 자신있게 자기 자신을 용납할 수 없어 한다. 학대와 폭력 속에서 융합된 가족관계에서 자아가 형성되지만 가부장적 사회는 그런 모습을 더욱 강화하여 여성이 두려운 자아로 살게 한다는 것이다.

한편, 브락의 마음 이해에 있어 영향을 주는 또 하나의 심리학자로 위니컷을 들 수 있다. 위니컷은 종교나 인간이해에 있어 중간대상 혹은 중간 현상의 중요성을 강조한다. 유아의 발달 초기에 아이가 가지고 노는 곰인형이나, 천조각, 혹은 엄지손가락 등을 중간대상 혹은 중간 현상이라 부른다. 약 4개월에서 18개월 사이의 어린이에게 중간대상은 바깥 세상에 위치해 있다. 하지만 대상의 내적 정신실재와 외적 세계 사이에서 유아에게 일차성과 현실확인에 기초한 객관적 지각을 제공한다(Winnicott, 1997, pp. 15-32). 인간에게 있어 이 중간의 영역은 내적 실재와 외적 실재 사이의 분리를 유지하면서 동시에 서로를 관련시켜 주는 쉼터이다. 어린이의 경험에서 뿐 아니라 한 인간의 생애 전반에 걸쳐 예술성, 종교적 성향, 풍부한 상상력, 창조적인 사고에 중간대상은 그 위력을 발휘한다.

위니컷에 있어 중간영역의 자유로운 회복을 이끄는 심리치료란 바로 놀이라고 할 수 있다. 놀이란 그 자체 창조적인 경험이며, 삶의 연속성 안에 있고,

주관과 객관으로 지각되는 것 사이의 접경에 있다. 어린아이뿐 아니라 어른 역시 놀이를 통해 창조적이 되며, 성장하고, 건강하게 된다. 놀이의 기초 위에 인간의 경험적인 전 존재가 세워져 있으며, 인간의 전 존재를 용납하는 놀이 속에서 인격의 통합과 자유로운 자아가 발견된다고 한다. 따라서 심리치료란 환자와 치료자의 놀이의 영역이 겹치는 곳에서 발생하며, 치료자의 작업은 놀이가 가능하지 않는 상황에서 놀이할 수 있는 상황으로 내담자를 데려오는 것이다. 정신분석이란 바로 자신과 다른 사람들의 의사소통을 돕기 위해 고안된 고도의 세련된 놀이에 다름 아니다(Winnicott, 1997, p. 67, p. 88, p. 107).

위니컷의 통찰에 힘입어 브락은 마음, 혹은 에로스적 힘의 활동의 중심은 바로 놀이라고 정의한다. 외부 세계가 신뢰할 만하고 사랑이 충만하다고 느끼지 못하는 자아는 외적 세계와의 일관된 이해를 위해 내적 세계를 매우 엄격하고 고립되게 관리한다. 뿐만 아니라 내부와 외부, 객관성과 주관성을 구분할 수 있는 능력을 상실하게 된다. 그래서 모든 불행을 자신에게 책임지우며, 자신의 자유를 제한하게 된다고 브락은 주장한다. 남성의 경우 그리하여 고립된 자아를 통해 세계를 인식하고, 여성의 경우 외부세계에 대한 자아 복종을 시도한다. 그런데 이 분열된 자아와 세계를 연결하는 것은 바로 놀이라는 것이다. "놀이는 자아와 세계를 연결한다. 놀이를 통해 마음은 치유되고, 연결되고, 창조된다(Brock, 1993, p. 36)." 브락에게 있어 위니컷이 제시하는 관계적 놀이 공간은 에로스적 힘의 활동의 중심으로 그 공간은 개인과 개인 세계의 사이에 존재한다. 놀이를 통해 에로스적 힘, 즉 마음은 창조되고 유지되며, 인간 사이의 친밀함, 관대함, 상호 의존성을 증진시키게 된다.

2) 대상관계이론과 기독론

대상관계의 관점에서 마음을 중심으로 한 브락의 인간이해는 결국 기독교 전통의 구원자 예수 이해에 있어서도 몇 가지 다른 접근을 시도하게 한다. 먼저 브락은 전통 기독교 삼위일체 모형 속에 묘사된 가족관계를 새로운 시각으로 분석한다(Brock, 1993, pp. 53-57). 전통 삼위일체는 아버지 하나님, 아들 하나님, 성령 하나님으로 구성되어 있다. 그런데 이 삼위일체에서 아버지 하나님은 매우 강력한 힘을 가지고 있지만, 그의 아들 하나님을 진실하게 사랑하고, 친밀한 연관을 맺으며 양육하는 모습은 아니며, 아들에게 어머니는 없다. 대신 아들은 강력한 아버지와의 동일시를 통해 자신을 보호하고, 인류구원을 위한 사역에 있어서도 독립된 의지를 갖지 못하고 아버지의 견해에 완전히 융해된 모습이다.

브락은 삼위일체 속에 묘사된 예수는 바로 학대 가정의 아동 경험과 유사하다고 주장한다. 아동을 학대하는 가정에서는 완벽한 아버지와 무력하고 무가치한 아들의 모습을 이데올로기화한다. 그래서 항상 아버지의 벌은 정당하며, 아이는 벌받아 마땅한 모습으로 각인된다. 그런데 기독교의 예수 역시 강력하고 완벽한 아버지 앞에서 철저히 무력하여 벌이 당연한 아들 예수로 묘사된다. 그리하여 예수뿐 아니라 예수와 자신을 동일시하는 기독교인들에게 인간 실존에서 당면하는 고통을 낭만화하고, 자신을 세계와 끊임없이 분리하며, 희생양을 만들도록 하였다. 마치 학대 아동이 어른이 되어 그 무의식의 분노를 타인과 자식에게 투사하듯, 기독교인 역시 아동학대의 예수 이미지에서 배태된 분노를 여성과 이방인, 그리고 유대인들에게 전가하였다는 것이다.

한편, 많은 여성신학자들은 가부장적 교회와 신학의 문제 극복에 있어 해방신학적 하나님 이해에 동의하였었다. 남미 해방신학과 흑인 해방신학은 그들 사회의 계급과 인종차별을 신학적으로 문제삼고, 이들로부터의 해방이 참된 하나님의 뜻이라고 이해했다. 이의 영향 속에서 류터는 기독교의 기초와 예수 사명의 핵심을 예언자적-해방지향적 흐름이라 규정하고, 역사 속에서 구체적인 정의와 평화를 추구하려는 예언자적 규범을 여성에 적용해야 할 것이라 주장하였다(Ruether, 1985, p. 39). 러셀 역시 해방신학과 마찬가지로 사회적 압박을 구체적으로 경험한 여성의 경험에서 신학을 재구성해야 한다고 보았다(Russell, 1997, p. 84). 이들의 관점에서 강력하게 부각되는 예수는 해방자로서의 이미지이다. 예수는 여성과 같이 억압당한 백성의 편에 서서, 가난하고 소외된 사람들과 함께 고통 받으시고, 자유를 선포하셨다는 것이다. 또한 예수가 실현하고자 했던 구원은 역사와 사회의 구체적 장에서 일어나는 공동체의 평안과 변혁이었다는 것이다. 이와 같은 예수 이해는 한때 여성해방신학의 이론과 프락시스의 가장 강력한 기초였다.

그런데 심층심리학의 통찰을 빌어 마음의 관점에서 이해할 때, 여성해방신학적 예수는 여전히 약간의 문제를 지니고 있다. 브락은 해방신학적 접근은 전통 기독교의 속죄 교리와 비슷하게 예수의 영웅적 면모와 아버지에 대한 순종을 강조한다고 이해한다. 여성해방신학적 접근 역시 이의 영향 속에서 십자가에서 죽은 예수를 인류의 유일한 표상이며 대표적인 인간으로 보는 경향을 갖는다. 그런데 그렇게 예수 그리스도를 단일하고 추상화시킬 경우 인간의 구체적이고 특정한 경험은 부차적이 될 수 있다. 또한 신적 사랑과 죽음의 계시를 통해 예수의 유일성이 강조되면 관계적 이미지는 소원해질 수밖에 없다. 예수의 예언자적 측면을 강조하는 경우 역시 상호적이고 평등한 기독론 전개에 한계를 지닐 수밖에 없다. 예언자는 하나님과 개별적이고 독대적인 관계를 가지며, 대체로 공동체에 반대하는 메시지를 전하기 때문이라는 것이다(Brock, 1993, p. 62; Ruether, 1981; Wilson-Kastner, 1983).

그렇다면 심층심리학에 기초한 기독론은 과연 무엇인가? 브락은 크리스타 공동체(Christa community)로서의 기독론을 제안한다. 크리스타 공동체는 한 사람의 개인이나 특수한 영웅에 의지하지 않는다. 왜냐하면 크리스타 공동체란 오로지 관계성과 공동체성에 근거하기 때문이다. 크리스타 공동체는 인간 치유와 통전적 회복의 장소이며, 에로스적 힘이 나타나는 사건 안에서 묘사된다. 그리하여 소위 진정으로 기독론적인 것, 즉 신의 성육신과 인간의 삶 속에 드러나는 구원은 한 개인이 아니라 관계성 안에서 드러날 뿐이다. 성서의 인간 예수 역시 크리스타 공동체의 관점에선, 공동체 중심에 있으나, 주도적으로 조정하거나, 영웅적으로 에로스적 힘을 분배하지 않는다. 대신 다른 구성원과 마찬가지로 공동체의 공동 창조자로 참여할 뿐이다(Brock, 1993, pp. 66-67).

마가복음의 치유와 귀신 축출 이야기에 대한 브락의 해석은 심리학적 관점에서 이해한 크리스타 공동체에서의 예수의 위치가 어떠한지를 잘 설명해 준다. 전통적으로 기적과 귀신 축출의 이야기는 신학자들 사이에서 잘 논의되어 오지 않았다. 그러나 마음, 혹은 에로스적 힘의 관점에서 볼 때 마가복음의 기적과 귀신 축출 이야기는 한 개인이 아니라 공동체의 차원에서 치유가 무엇인지 이해할 수 있게 한다(Brock, 1993, pp. 72-88). 마가복음에는 게네사렛의 귀신 축출사건, 혈루증 여인의 치유, 야이루스의 딸 치유사건과 같은 여러 가지 치유 이야기가 나온다. 그런데 이들의 치유는 예수의 카리스마적 힘에 의한 일방적 치유가 아니다. 그보다는 상처받고 고통하는 귀신들린 사람이나 혈루증 여인의 치유받고자 하는 간절한 바람이 예수의 공감적 이해와 만났을 때 일어난 상호 만져 줌의 과정, 즉 에로스적 힘을 통한 치유였다. 크리스타 공동체는 바로 이와 같이 상호협력의 과정을 통한 상호해방에 대해 관심한다.

혈루증을 앓는 여인의 이야기 역시 크리스타 공동체에서의 예수의 모습을 보다 분명하게 그려 준다고 할 수 있다. 마가복음 5장 25절에서 34절에 등장하는 이 여인은 열두 해나 혈루증을 앓아 왔다. 피 흘리는 여성을 소외시키는 당시 사회 분위기에서 여인은 철저히 소외되었을 것이고, 예수뿐 아니라 그의 주변 사람들로부터도 아무런 관심을 받을 수 없는 존재였다. 그러나 이 여인은 마음 속 깊이에서 간절히 낫기를 소망하며, 두려움에도 불구하고 예수를 만짐으로써 자신의 존재를 드러낸다. 마음과 마음이 대면한 바로 그 순간, 예수는 여인을 볼 수 있게 되고 여인의 믿음이 여인을 구했다고 선포한다. 그런데 브락은 여인의 그와 같은 행동이 예수에게도 구원이 되었다고 본다. 즉,

당시 예수는 가부장적 편견과 종교적 배타주의에 둘러싸여 여인의 존재조차 감지할 수 없었다. 그러나 이 여인의 용감한 도전은 예수의 편견을 산산조각 내고, 여인과의 진정한 마음의 만남, 즉 에로스적 힘의 교류를 할 수 있는 계기를 제공했다. 그렇다면, 이 치유사건은 예수 홀로 행한 기적의 이야기가 아니라, 예수 주위를 맴돌던 타인과의 상호작용을 통해 일어난 공동작업이라 할 수 있다(Brock, 1993, p. 84). 결국 심층심리학적 관점에서 정의한 크리스타 공동체의 예수는 치유자이며 치유받는 자이다.

예수의 수난과 죽음에 관한 기사 역시 크리스타 공동체의 관점에서는 한 개인의 영웅적인 이야기라기보다 공동체를 향한 부르심으로 해석할 수 있다(Brock, 1993, pp. 94-100). 브락은 기독교 전통은 예수가 그의 수난과 죽음에 직면하여 사람들의 아무런 도움도 없이 적 앞에서 홀로 저항한 것으로 이해한다고 한다. 그러나 브락은 이처럼 예수를 지나치게 수동적이고 무력하게 묘사하는 것은 이기적이고 파괴적인 남성의 또 다른 자아의 반영일 뿐이라고 비판한다. 대신 보다 관심해야 할 것은 이 사건을 통해 많은 제자들을 부르시는 예수의 요청이라고 한다. 즉, 마가 저자가 예수의 죽음을 예수 홀로 고통해야 하는 것이 아니라 예수를 따르는 진실한 제자들 모두를 향한 초청으로 이해한 것처럼, 십자가의 그늘에도 용기를 가지고 억압을 넘어선 생명의 삶에 의탁할 것을 부르는 것이다. 예수의 죽음은 또한 우리로 하여금 절망하게 하는 것이 아니라 예수와 고통받는 자들을 기억하고, 행동으로 에로스적 힘을 추구하라는 강조라는 것이다.

마지막으로 예수의 부활 역시 에로스적 힘의 활동을 격려하는 강력한 메타포라고 할 수 있다(Brock, 1993, pp. 100-101). 비과학적인 문화 속에서 꿈이나 비전의 경험은 그것의 과학적 증명 여부에 관계없이 실제로 치유와 혁신적인 변혁을 가져오기도 한다. 꿈이나 비전이 고통하는 이들의 마음 속 깊이에서 충분히 활동할 때 이들을 치유하는 힘이 된다. 예수의 부활 역시 그 사실여부에 앞서 예수를 따르는 자들에게 예수의 죽음으로 그들이 패배하지 않았음을 인정하게 하고, 예수 현존의 기억 속에서 그들 안에 있는 신적 힘의 존재를 인정하게 한다. 예수의 부활은 억압당하는 자들에게 예수가 그들과 계속하여 살 것이며, 그들이 예수뿐 아니라 서로서로에게 연결되어 불의와 억압이 결코 가장 강력한 마지막 힘이 될 수 없음을 깨닫게 한다. 그리하여 구원과 치유를 애타게 갈망하는 사람들, 여기 그리고 지금 살면서 정의를 선택하기를 원하는 사람들, 이전에 살았던 사람들의 삶을 강력하게 긍정하는 심도 높은 확신으로서의 의미를 갖는다.

4. 나오는 말

이 장에서는 목회상담의 영역에서 가장 많은 관심을 가지는 정신분석학을 주요 기반으로 하여 여성 경험의 종교적 · 신학적 이해를 시도한 두 여성학자들의 이론을 살펴보았다. 골든버그는 여성신학과 심층심리학의 방법론적 유사성을 밝히고, 심리학에 기초한 여성 종교상징 발굴 및 여성종교인식론을 제안하였다. 브락은 골든버그보다 더욱 정신분석학을 신학의 구체적인 여러 주제 해석에 직접적으로 관련지었다. 밀러의 참자아 이론, 초도로우의 남녀 거짓자아에 관한 이론, 위니컷의 중간대상 및 놀이의 개념을 인간 실존의 분석 및 구원의 이해에 연결시켰으며, 이에 기초하여 관계성에 기초한 크리스타 공동체로서의 기독론을 제안하였다.

이들 논의는 무엇보다도 현대 여성신학논의에 있어 정신분석학의 중요성을 강조하는 한편, 정신분석학에 관심하는 목회상담이 현대 여성문제에 핵심적인 통찰을 제공할 수 있음을 보여 준다. 신학의 장에서 여성문제에 관심하는 이들은 일반적으로 목회상담은 여성주의 논의에 있어 이차적인 학문이라는 편견을 가지고 있다. 여성을 향한 하나님의 진리를 연구하는 데 있어 조직신학이나 성서신학, 혹은 역사신학의 방법론이 우선적인 반면, 목회상담이야말로 이들의 발견과 깨달음을 기초로 적용하기 때문이라고 한다. 그러나 위의 두 연구는 이와 같은 이해의 오류를 지적하며 현대 여성신학의 논의에 있어 목회상담의 위치를 보다 강조한다고 할 수 있다.

둘째, 위와 같이 심층심리학의 관점에서 여성의 신학적 · 종교적 경험을 재구성할 때, 신학적 작업은 "우리의 구원을 위한 신학"이 될 수 있다. 피오렌자는 영원불변하고, 고정적인 돌로서 성서의 메시지를 읽을 것이 아니라, 우리 여성의 삶에 구체적인 생명이 되고, 양식이 되는 빵으로서의 성서 읽기를 강조하고 있다(Fiorenza, 1994, p. 14). 유사하게, 심리학적 방법으로 탈 신화화된 신학은 종래 신학의 가부장적 배경을 명확히 드러내는 동시에, 신학에서의 삼위일체, 기독론, 실존이해가 구체적으로 여성을 위한 작업이 되도록 자극할 수 있다.

셋째, 위와 같은 작업은 인간 치유에 구체적인 도움을 줄 수 있다. 이전의 신학방법론은 죄나 구원과 같은 개념을 지나치게 추상적으로 표현하여 인간 현실의 구체적 삶과 유리되어 왔다. 앞으로 더 많은 신학적 연구와 노력이 필요하겠지만, 브락과 같이 인간 구원이나 죄된 실존의 극복을 특정 심리학과 연결시킬 때 나름대로 신학적 근거를 지니는 구체적인 치유방법을 여성에게 제시할 수 있다. 밀러나 위니컷, 초도로우의 심리학적 방법론을 여성신학의 장에서 나름대로 활발하게 사용하여 교회 여성의 치유에 확실한 도움을 줄 수 있을 것이다.

한 인간의 개인적 삶과 경험에 주로 관심하는 정신분석학의 접근은 인간을 보다 큰 사회구조, 혹은 생태계와 연결시키는 여러 가지 다른 노력들과 보충하여 하나님, 여성, 세계에 대한 보다 포괄적이고 통전적인 여성해방을 지향해야 할 필요가 있다. 그러나 기독교 신학의 여러 문제에 대한 위의 심층심리학적 접근은 그간 거대 담론화되고 추상화하고 여성들에 의해 논의될 수조차 없었던 종교와 신학의 문제에 여성의 적극적이고 자신 있는 참여를 유도하는 하나의 접근이라 할 수 있다.

참고문헌

손승희 (1989). 여성신학의 이해. 서울: 한국신학연구소.

Brock, R. (1993). *Journey by heart: A Christology of erotic power.* New York: Crossroad.

Chodorow, N. (1978). *Reproduction of mothering: Psychoanalysis and the sociology of gender.* Los Angeles: University of California Press.

Chopp, R., & Davaney, S. (Eds.). (1997). *Horizons in feminist theology: Identity, tradition, and norms.* Minneapolis: Fortress Press.

Daly, M. (1973). *Beyond God the Father: Toward a philosophy of women's liberation.* Boston: Boston Press.

Donovan, J. (1993). 페미니즘 이론 (김익두, 이월영 역). 서울: 문예출판사.

Fiorenza, E. (1994). 돌이 아니라 빵을: 여성신학적 성서해석 (김윤옥 역). 서울: 대학 독교서회.

Glaz, M., & Moessner, J. (Eds.). (1991). *Women in travail and transition: A new pastoral approach.* Minneapolis: Fortress Press.

Goldenberg, N. (1979). *Changing of the gods: Feminism and the end of traditional religion.* Boston: Beacon Press.

Goldenberg, N. (1981). *The End of God: Important directions for a feminist critique of religion in the works of Sigmund Freud and Carl Jung.* Ottawa, Ontario: University of Ottawa Press.

Goldenberg, N. (1985). Archetypal theory and the separation of mind and body. *Journal of Feminist Studies, 1*, 55-72.

Goldenberg, N. (1993). *Resurrecting the body: Feminism, religion, and psychoanalysis.* New York: Crossroad.

Hillman, J. (1983). *Archetypal psychology: A brief account.* Dallas: Spring Publications.

Jaggar, A. (1983). *Feminist politics and human nature.* New Jersey: Rowman and Allanheld.

Jung, C. (1990). *The basic writings of C. G. Jung.* R. F. C. Hull (Tr.). New Jersey: Princeton University Press.

Lauter, E., & Rupprecht, C. (Eds.). (1985). *Feminist archetypal theory.* Knoxville: University of Tennessee Press.

Miller, A. (1990a). *Banished knowledge: Facing childhood injures.* L. Vennewitz (Tr.). New York: Doubleday.

Miller, A. (1990b). *For your own good: Hidden cruelty in child-rearing and the roots of violence.* H. Hannum & H. Hannum (Trs.). New York: The Noonday Press.

Ruether, R. (Ed.). (1974). *Religion and sexism-images of women in the Jewish and Christian traditions.* New York: Simon & Schuster.

Ruether, R. (1975). *New woman/new earth: Sexist ideologies and human liberation.* New York: The Seabury Press.

Ruether, R. (1981). *To change the world: Christology and cultural criticism.* New York: Crossroad Publishing Co.

Ruether, R. (1985). **성차별과 신학** (안상님 역). 서울: 대한기독교출판사.

Russell, L. (1997). **여성해방의 신학** (안상님 역). 서울: 대한기독교출판사.

Tong, R. (1989). *Feminist thought: A comprehensive introduction.* Boulder, Colorado: Westview Press.

Tong, R. (1998). *Feminist thought: A comprehensive introduction* (2nd ed.). Boulder, Colorado: Westview Press.

Wilson-Kastner, P. (1983). *Faith, feminism, and the Christ.* Philadelphia: Fortress Press.

Winnicott, D. (1978). Mind and its relation to the psyche-soma. In *Through paediatrics to psycho-analysis.* London: Hogarth Press and the Institute of Psycho-Analysis.

Winnicott, D. (1997). **놀이와 현실** (이재훈 역). 서울: 한국심리치료연구소.

제6장

존 웨슬리의 성화론과 기독(목회)상담 방법론

최정헌
(KC대학교 상담심리학과 조교수/KCU 학생상담센터 센터장)

1. 들어가는 말

한국 기독교는 성장과정에서 부흥을 촉진하는 특별한 사건들이 있었다. 특히 1907년에 일어난 대부흥운동은 가장 주목할 만한 역사이다. 한국의 초기 기독교는 외국 선교사들의 의존도가 높았지만, 1907년 대부흥은 우리 민족의 자발적 운동에 의해 부흥의 기폭제가 되었기 때문이다. 이 부흥의 역사로 인해서 기독교는 민족의 종교로 가는 발판을 마련했으며, 세계의 유래 없는 부흥의 역사를 쓸 수 있었다. 이양호(2001)에 의하면, 1907년 한국교회의 대부흥운동이 일어났을 때, 백만 구령운동이 일어났고, 1965년에 토마스 순교 100주년 때, 제2차 부흥운동이 일어났다고 분석하면서, 1907년 대부흥 100주년을 맞아서 제3차 대부흥운동이 일어나야 한다고 강조했다. 그러나 3차 산업혁명 시대는 왔지만 3차 대부흥운동은 오지 않았다. 여전히 대부흥의 역사와 함께 성장한 한국교회는 새로운 영적각성을 고대하고 있다.

오늘날 우리는 4차 산업혁명을 앞두고 한국교회는 새로운 목회적 패러다임을 모색해야 할 시점에 와 있다. 쇠퇴의 위기감과 더불어 곳곳에서 제3차 대부흥운동을 외치고 있다. 이런 상황에서 어느 때보다 영적각성의 갈급함과 함께 상기되는 인물이 영국의 존 웨슬리(John Wesley)이다. 웨슬리는 300년 전 기독교의 중심지였던 영국 땅에서 "세계가 나의 교구다."를 모토로 부흥운동을 주도했다. 당시 영국은 산업혁명으로 인해 신흥부호들이 급부상했지만 가난한 사람들의 수가 부유한 사람보다 훨씬 많았다. 소작인들과 빈곤한 사람들이 백성의 가장 큰 계층을 형성하였고 이들의 숫자는 18세기 동안에 현저하게 증가되었다. 자연히 범죄는 늘어나고 음주와 성적인 타락도 심해져 갔다. 정치적으로도 부패했다. 수많은 관료들, 교회의 감독들, 심지어는 국왕까지도 온갖 부정과 부패로 인해 극도로 타락해 있었다. 영적으로는 세속화되어 있었다. 성서를 읽을 때 이성을 활용할 것을 옹호했고, 성서의 교리보다는 자연 종교에 나타난 진리들과 윤리를 더욱 중시하는 시대였다.

웨슬리 당시는 사회적 혼란, 도덕적 타락, 정치적 부패, 그리고 영적기갈까지 혼탁한 분위기였다. 교회는 세속화되고 민중의 삶에 영향력을 잃어버린 상태였다. 그런 상황에서 웨슬리의 등장으로 놀라운 영적 부흥운동까지 이어졌다. 부흥운동은 개인의 구원의 문에서부터 정치와 사회의 문제에 이르기까지 영향을 끼치게 되었다. 웨슬리는 가난한 사람들, 교회에 나오지 않는 사람들을 상대로 전도와 동시에 종교운동을 통한 도덕적 개혁운동을 추진했다. 웨슬리 이전에도 복음주의 운동을 한 사람은 여럿 있었다. 하지만 영국사회를 크게 변화시켜 놓은 사람은 존 웨슬리였다(이양호, 2009). 웨슬리는 단순히 설교가나 부흥사에 그치지 않는 인물이다. 그는 구제사업, 전도사업, 도덕적 개혁 등 다양한 사업과 운동을 일으켜서 당시 사회가 앓고 있는 고질적인 문제를 실제적으로 다루었다. 그래서 영국 사회학자들은 18세기 영국을 변화시킨 것은 산업혁명이 아니라 웨슬리의 부흥운동이었다고 평가하고 있다.

그렇다면 18세기 영국의 대부흥을 이끌고 영적각성을 통해서 사회적 변화를 가지고 온 힘은 어디서 왔는가? 그것은 분명 전적으로 선행하는 하나님의 역사였지만, 웨슬리 삶과 그를 움직인 핵심사상에서 찾을 수 있다. 하나님의 불가항력적인 은혜와 인간의 응답으로 점진적으로 성화해 가는 웨슬리의 삶과 성화론이 있었다. 다시 말해서, 하나님의 역사와 인간의 노력이 협력해서 세기의 부흥을 만든 것이다. 그래서 웨슬리 시대의 대부흥은 신인협동에 의한 대역사라 볼 수 있다. 이러한 구원을 위한 신인협동 모델은 신학과 심리학 관계와 기독(목회)상담 방법론에 크게 의미를 제공한다. 상담의 구조와 상담의 관계 그리고 상담의 목표에 있어서 기독(목회)상담의 정체성과 방향성을 제시해 준다. 따라서 이 장에서는 웨슬리의 성화론과 기독(목회)상담 방법론에 대해서 탐구할 것이다. 여기서는 웨슬리의 성화적 삶과 성화론 그리고 기독(목회)상담 방법론을 내용으로 다루었다.

2. 웨슬리의 성화적 삶

1) 영적 가계의 전수 과정

웨슬리의 성화론은 그의 성화적 삶에서 비롯된다. 웨슬리의 가계도는 그의 영적 자원이라는 것을 알 수 있다. 1339년경, 영국 소머셋 지방에 국회의원을 지낸 윌리엄 경이 살았다. 그의 손자 중 하나가 허벗이었는데, 후에 그가 웨스틀리로 불려졌다. 그가 바돌로매 웨스틀리의 부친이고 존 웨슬리의 고조부였다. 웨슬리 가문에서 처음으로 옥스퍼드에서 학업을 닦은 이는 바돌로매이다. 그는 후에 목사가 되어 차마우드에서 비국교도 목사로 시무하였다. 바돌로매는 1636년에 그의 부인 앤에게서 웨슬리의 조부 요한 웨스틀리를 낳았다. 그 또한 옥스포드에서 교육을 받고 휫 교회에서 교역을 시작했다. 웨스틀리는 청교도 목사 중에서 명성이 높은 도체스터의 요한 화잇의 딸과 결혼하여 1662년에 웨슬리의 아버지 사무엘을 낳았다. 웨스틀리는 목사직에 있으면서 비국교도라는 이유로 일생 동안 불운한 생활을 하다가 42세의 일기로 세상을 떠났다.

웨슬리의 부친 사무엘 웨슬리(Sammuel Wesley)는 엡워드의 목사였다. 1662년에 태어나 8세에 부친을 잃고 어려운 환경에서 자랐다. 어렵게 고학으로 옥스퍼드를 졸업하고 목사안수를 받았다. 그는 고교회주의자였고 비국교에 반대하면서도 비국교회가 가지고 있는 가톨릭성, 또는 전 교회의 내적 일치에 의미가 있다고 생각했다. 때문에 국왕에 대한 충성은 신앙적으로 옳은 태도라 생각했다. 그의 아내 수산나를 만나게 된 것은 자신의 친구 결혼식에 참석했다가 거기서 당시 유명한 비국교회 목사인 안네슬리를 알게 되었는데, 그가 수산나의 아버지이다(서형선, 1992, p. 221). 1662년, 그가 나기 4개월 전 그의 조부와 부친이 국교 반대자라는 이유로 출교를 당하였다. 그래서 그의 가정 형편은 어려서부터 어려움이 시작된 것이다. 그가 가정을 꾸렸을 때, 적은 생활비에다 많은 자녀까지 두어 여러 상황은 더욱 어려워졌다. 이로 인해 빚으로 시달리는 일도 많았으나, 그로 인해 궁색해하지 않았고 오히려 당당함을 잃지 않았다. 분명 그 또한 당대의 하나의 우뚝 솟은 신앙의 인물이며 훌륭한 목회자 중에 한 사람임이 틀림없다. 사무엘 자신도 여러 권의 책을 저술한 적이 있다. 그의 책은 그의 아들이 너무나 유명했기 때문에 아들의 저서에 가려져 크게 빛을 보지 못했다(Miller, 2005).

어머니, 수산나는 기질적으로 직접적인 영향을 끼친 인물이다. 수산나 웨슬리는 1669년에 당시 청교도 목사인 안네슬리의 25명의 자녀 중 막내로 태어났다. 그녀는 영적 자질과 재기에 넘쳐 막내둥이에서 볼 수 있듯이 의지가 굳세었고 독립심이 강했다. 여성 신학자이기도 한 그녀는 1709년 목사관의 화재만 아니었다면, 원고와 문학 작품이 소실되지 않아서 여성신학에서도 많이 알려졌을 것이다. 수산나는 10세에 이미 희랍어, 라틴어, 불어를 알았고 여러 교부들의 서적과 형이상학 등을 두루 섭렵하였다. 이러한 능력은 "비국교도들의 성 바울"이라고 불려진 그녀의 부친 안네슬리 박사로부터 물려받은 것이다. 그녀는 19세에 사무엘과 결혼하여 21년 동안 19명의 자녀를 낳았다. 급속도로 늘어난 가족 때문에 남편의 박봉은 더욱 어려운 상황으로 만들었다. 그럼에도 불구하고 그녀는 부끄럼 없이 가정을 꾸려 갔다. 그런 가운데 아이들의 교육은 자신이 다 도맡아 철저하게 가르쳤다. 그녀는 갓 출생한 때부터 아이들을 규칙적인 생활방식에 길들여지도록 하였고 자녀 교육에 관하여는 자신의 모든 노력을 아끼지 않았다. 한때는 사무엘이 교회를 비우고 있을 때 그녀가 직접 집회를 인도할 만큼 당찬 열의를 보이기도 했다. 존 웨슬리는 아버지의 원만한 성품보다는 이와 같은 그의 어머니 수산나의 단호하고 철저한 기질을 이어받았다고 할 것이다(Miller, 2005, p. 15). 웨슬리의 가계도를 보면, 가문에서 전수되어지는 영성을 엿볼 수 있다. 국회의원 출신, 4대째 목사 가문, 그리고 어머니 수산나의 영성, 어려운 형편이었지만 영국인 특유의 기품을 잃지 않았던 그의 선조들의 신앙과 영성은 4대를 이어서 웨슬리에게 전수되었다.

2) 배움과 노력의 과정

웨슬리의 유년 시절은 많은 어려움이 따랐다. 아버지가 빚을 갚지 못해 감옥에 투옥되는 일도 어린 웨슬리는 보고 자랐다. 하찮은 일용품 하나가 사치품으로 여겨질 정도였다. 이러한 환경에서부터 풍성한 영의 경지에 이르기까지 수많은 경험을 어렸을 때부터 했던 것이다. 그는 가정 규율이 매우 엄한 가정에서 자랐다. 그의 어머니 수산나의 가정교육으로부터 그의 교육은 시작되었는데, 그녀의 신조는 한마디로 규칙과 질서였다. 웨슬리는 그때부터 규칙적인 생활에 길들여졌고 기도문, 교리문답, 성경암송을 비롯해 나아가서 기초수학, 문법, 역사 등을 배웠다. 그가 깊이 있는 학문적인 기초를 닦을 수 있었던 때가 바로 이때이다. 그의 나이 6세 때 일생에 있어서 잊혀질 수 없는 사건이 있었다. 그가 살고 있던 목사관에 화재가 발생한 것이다. 그때 다른 형제들과 어머니는 모두 무사히 탈출했으나 웨슬리는 화염에 휩싸인 채 창틀에 끼여 울고 있었다. 뒤늦게 그의 모습이 발견되어 어떤 농부에 의해 구사일생으로 구출되었다. 후일에 그는 자신을 가리켜 “타다 남은 나무토막”이라고 표현하면서 이 사건이 자신의 일생에 있어서 큰 의미가 있었음을 회고하였다. 그의 형제 중에 누구보다 총명했던 웨슬리는 그의 나이 11세 때 서튼 재단의 도움으로 런던에 있는 차터하우스에 입학하였다(Miller, 2005, pp. 9-16).

웨슬리는 11세에 차터하우스 학교에 입학하여 17세 때까지 학교 기숙사에서 장학생으로 생활했다. 그는 이 시절에 자신에게 닥쳐온 여러 가지 일들을 지혜롭게 잘 이겨 나갔고 누구보다 부지런하게 생활하였다. 엄격한 가정교육의 테두리를 벗어나 자유스러운 환경으로 인해 많은 갈등과 번민이 있었으나 그는 이 시기에도 아침저녁으로 성경읽기와 기도생활을 게을리하지 않으려고 부단히 노력했다. 그는 무엇보다 공부하는 것을 게을리하지 않아 열심을 내어 빠른 속도로 고전문학, 라틴어, 히브리어 등을 익혔다. 자기의 생활을 규모 있게 하기 위해서 자기만의 규칙을 세웠다. 첫째, 불량한 사람이 되지 말 것. 둘째, 종교에 대해 호의를 가질 것. 셋째, 성경, 교회 출석, 기도할 것. 가정교사였던 수산나의 교육이 기초 과정이었다면 여기서의 교육은 중등 과정이었다. 그는 여기서 우수한 성적으로 졸업하였고 우수 학생에게 수여하는 장학금으로 옥스퍼드의 인문 계열 학교인 크라이스트처치 대학에 1720년에 입학하였다.

옥스퍼드에 입학한 웨슬리는 그 곳에서 보다 폭넓은 공부를 하였고 헬라어 성경연구와 다양한 신학서적 그리고 많은 깊이 있는 문학작품을 읽었다. 그는 지성과 함께 활동적이었고 능란한 말솜씨, 풍부한 유머로 뛰어난 학생으로 학창시절을 보냈다. 그가 진로에 대해 고심하고 있었을 때 자신의 미래와 신앙에 영향을 주는 책을 읽고 감명을 받아 자신의 생활에 큰 변화를 갖게 되었다. 토마스 아켐퍼스의『그리스도를 본받아』, 제레미 테일러의『거룩한 삶』, 윌리엄 로우의『그리스도의 완전』,『경건한 부름』 같은 서적이다. 이 책을 읽고 새로운 다짐과 보다 완전한 삶을 추구하려 하였다. 1725년은 웨슬리의 신앙의 각성의 해라고 해서 이후에 있는 올더스게이트의 회심과 구별하여 학자들은 '제1의 회심' 또는 '옥스퍼드의 회심'이라 한다. 그가 일기를 처음으로 쓰게 된 것이 이때부터인데, 제레미의 책을 읽고부터다. 안수를 받고 그는 대학에 남아 있기를 원하였기 때문에 엡워드 교구로 와 달라는 아버지의 요청에 바로 수락하지 못하고 학교에 남아 있었다. 마침 링컨 대학에 자리가 나 소정의 절차를 거쳐 특별 연구원으로 선출되었다. 이듬해 사무엘이 건강이 좋지 않게 되자 웨슬리에게 다시 우릇 교구로 와 줄 것을 요청하여 아버지의 부름에 응하는 것이 하나님의 뜻이라고 생각해 2년 반 동안 부목사로 사역하였다. 여기에서 그는 포터 감독에 의해 사제 안수를 받았다(서형선, 1992, p. 98). 마침내 그의 가문에 4대째 목회자가 된 셈이다.

웨슬리의 성장기를 보면, 그의 영성은 단숨에 형성된 것이 아니라 수많은 배움과 노력의 결과라는 것을 알 수 있다. 그는 가난했지만 훌륭한 가정교육, 명문학교, 최고의 학부인 옥스퍼드에서의 삶은 누구보다도 우수한 배움의 길을 걸었다. 그 과정에서 웨슬리는 수많은 양서와 함께한 학문적 노력으로 새로운 삶을 개척해 가는 영적 거탑을 쌓을 수 있었다. 따라서 그의 성장기의 영성은 배움의 영성이다. 그의 사상에서 성화론이 중요한 위치를 차지하고 있는데, 그 바탕이 바로 배움의 영성이다. 완전함에로 끊임없이 나가는 과정이었다.

3) 실패경험과 회심의 과정

웨슬리가 부목사로 일하고 있는 동안 옥스퍼드에서는 그의 동생 찰스를 중심으로 신앙과 경건훈련을 위한 정기적인 모임(신성클럽)이 생겨났다. 1729년에 웨슬리는 링컨 대학의 부름을 받아 다시 옥스퍼드로 돌아왔다. 그는 자연스럽게 신성클럽에 합류하게 되었고, 그 모임에 지도자가 되었다. 그가 모임을 하나님을 경외하고 겸손함으로 회원들을 이끌어 갔다. 그들의 가장 첫 번째 일은 성경연구였는데, 열심히 한 나머지 '성경벌레'라고까지 불렀다. 또한 그들은 죄수들을 돌아보고, 그 자녀들을 가르치고, 어두운 곳에 찾아가서 영적으로 육적으로 그들의 필요를 도와주는 등 신학을 연구하며 성만찬과 금식기도, 이러한 경건훈련에 전념하였다. 이들의 규칙적인 생활을 비꼬아서 사람들은 "규칙주의자들(Methodist)"이라 하였는데, 여러 가지 별명들이 있었지만 이 별명만 최후로 남게 되었다. 이들이 처음 모임을 시작했을 때는 4명에 불과했지만, 웨슬리가 조지아 선교사로 떠날 무렵에는 30여 명의 회원으로 늘어났다. 이때 같이 모임을 이끌었던 사람은 그의 동생 찰스 그리고 모간과 커크햄이었고 나중에 조지 휘트필드가 동참하게 되었다. 1735년 그의 부친 사무엘의 죽음으로 웨슬리와 신성클럽은 새로운 전기를 맞았다. 부친의 장례식 이후로 부친의 사업을 이어받을 상황에 있었으나 여의치 않아 다시 옥스퍼드로 돌아왔다. 그 후로 신성클럽 회원들은 이리 저리로 흩어지게 되었고, 웨슬리는 정확한 동기는 알 수 없지만 북미 선교의 꿈을 키우게 되었다.

1736년 1월 25일, 조지아로 항해하는 도중에 심한 폭풍우를 만나 배가 침몰하는 위기를 맞았을 때 웨슬리는 충격적인 광경을 보았다. 자신은 죽음의 공포에 떨고 있었는데 함께 여행하던 모라비안 교도들은 조금도 두려워하지 않고 그 큰 위험 중에서도 평온한 모습으로 하나님께 기도하고 있지 않은가? 웨슬리는 이들의 모습을 보고 자신의 믿음을 다시 한 번 돌아보게 되었고 큰 감동을 받았다. 그때 일을 이렇게 진술했다. "마치 큰 바다 깊은 물이 우리를 다 삼켜 버릴 것 같았다. 영국사람 사이에서는 귀를 찢는 듯한 비명이 터져 나왔다. 그러나 독일 사람들은 조용히 계속하여 시편을 낭독하였다(Wesley, 2010). 그날을 일러 "내가 지금까지 겪어 온 날 중 가장 영광스러운 모습을 본

날"이라 했다. 그 해 2월 6일에 그는 조지아에 도착했다. 거기서 독일교회 목사인 스팬겐베르그와 대화를 나누었는데 그는 거기서 자신의 신앙에 대해 아주 중요한 검증을 할 수 있었다. 그것은 자신과 그리스도와의 관계이며 또한 '내가 누구인가' 하는 것이었다. 이 대화에서 깨달은 고민은 진정한 회심에 대한 관심으로 이어지게 했다.

그는 당시 복음전도단의 후원으로 그곳에서 의욕적으로 선교활동을 시작했다. 영국의 고교회주의(high church)에 입각하여 엄하게 신앙을 지도하였고, 자세하게 정해 놓은 규칙을 충실히 지키도록 하였다. 그의 열심과 엄격함은 다른 사람에게 도움을 주기도 했으나 동시에 일부의 적을 만드는 일도 있었다. 그래서 그는 일부에게 교황주의자라고까지 비난을 받기도 했다. 더욱이 조지아에서의 2년을 좌절로 이끈 결정적인 역할을 한 사건이 있었다. 그것은 실패로 돌아간 연애사건이었는데, 모든 상황은 더욱 복잡하게 되어 법정고소에까지 가게 되었다. 결국 이 사건과 함께 그의 조지아시대는 끝나고야 말았다. 그리하여 1737년 12월 22에 영국으로 다시 귀국길에 올랐다. 그는 자신의 실패를 인정하고 깊이 반성하면서 이렇게 기록했다. "나는 인디언을 회개시키러 갔다. 나는 아직도 어설픈 종교 생활을 하고 있구나, 죽는 것이 이득이 된다고 말할 수가 없구나, 누가 나를 이 죽음의 공포에서 건져낼까?(Wesley, 2010)."

1738년 2월 1일, 다시 영국으로 돌아온 그는 지쳐 버린 심신과 함께 절박한 심정에 계속 압도당하고 있었다. 그 가운데서도 그는 자신을 새롭게 다지기 위해서 몇 가지 규칙을 정하였다. 그리고 이것을 실천하기 위해 매일 기도하고 성경 읽고 규칙적으로 독서를 했다. 그뿐 아니라 금식과 극기를 통해 답답한 마음을 극복하려 했으나 그의 영혼에는 참 평안이 찾아오지 않았다. 그러던 중 그는 모라비안 교도인 피터뵐러 목사를 만나 대화를 나누었다. 뵐러는 믿음으로 말미암아 의롭다 함을 얻는 것과 온전한 구원의 체험, 믿음을 통한 성령의 내적 증거를 강조하면서 웨슬리에게 믿음에 관한 설교를 하도록 권면

하였다. 그러나 그의 불신앙은 그의 마음속에서 계속해서 사라지지 않았다. 그는 "주님! 나의 불신앙을 도와주소서."라고 절규했지만 그 무거운 짐은 여전히 남아 있었다. 1738년 5월 19일의 일기를 보면 그가 얼마나 심한 영적 우울증을 겪고 있었는지를 알 수 있다(Wesley, 2010).

그해 5월 24일, 드디어 긴 어두운 터널을 통과하는 순간이 그에게 찾아왔다. 그는 그날도 별로 내키지 않는 마음으로 올더스게이트 가에 있는 어느 집회에 참석했다. 한 사람이 루터의 로마서 주석 서문을 읽고 있었다. 그때 그리스도를 믿는 믿음을 통하여 하나님께서 마음에 변화를 일으킨다는 설명을 듣고 그는 마음이 이상하게 뜨거워지는 것을 체험했다. 그는 그때 일을 "나는 구원을 받기 위하여 그리스도를, 오로지 그리스도만을 믿는다고 나는 느꼈다. 뿐만 아니라 주께서 나의 모든 죄를 씻으시고 나를 죄와 사망의 법에서 구원하셨다는 확신이 생겼다."라고 진술했다(Wesley, 2010). 그것은 그의 자신의 무거운 짐이 해결된 것이었고 나아가서 그의 사역의 새로운 출발을 맞이하게 한 것이다. 이 사건으로 웨슬리는 생애의 방향 전체의 변화를 경험했고, 학자들은 바울, 어거스틴과 함께 기독교 역사에 있어서 삼대 회심 중의 하나라고 평가했다, 그리고 이전의 회심은 윤리적인 회심이고. 올더스게이트의 체험은 진정한 기독교의 영적 회심이라고도 한다.

웨슬리는 본격적으로 활동하기 전에 여러 가지 영적 사건을 경험했다. 이는 영적 준비기라고 볼 수 있다. 신성클럽을 통한 경건의 연습, 조지아에서의 실패, 그리고 회심의 사건은 부흥운동의 전조현상이었다. 그 점에서 조지아에서의 실패는 단순한 실패가 아닌 과정이었다. 그리고 웨슬리의 영적 회심은 일회적으로 그것도 우연히 일어난 것이 아니다. 올더스게이트의 경험은 신성클럽의 노력과 조지아에서의 실패의 과정이 있었기에 가능했다. 규칙적인 훈련과 실패의 경험으로 만든 진정한 회심의 사례이다. 회심은 영적 준비의 완성이다.

4) 끊임없는 행진-"세계가 나의 교구"

1739년 4월 2일 브리스톨에서 그의 첫 야외설교가 시작되었다. 이것은 휘트필드의 주선에 의한 것이었는데, 처음에는 망설였다. 왜냐하면 그 당시는 설교를 밖에서 한다는 것은 거의 죄가 된다는 것으로 생각하였고, 영국교회에서 공식적으로는 금하고 있었기 때문이다. 그렇게 시작한 구원의 선포는 좋은 결실을 맺게 되었다. 이 야외설교에서 많은 사람들이 회개하고 거듭나는 체험을 하기에 이른 것이다. 그의 사역이 성공리에 이어져 갈 즈음에 영국교회 감독이 웨슬리에게 옥외에서 설교하지 못할 뿐더러 다른 교구에서는 활동할 수 없게 되어 있는데 왜 법을 어기는가라고 했다. 웨슬리는 이때 "세계는 나의 교구다."라는 유명한 말을 남겼다. 이는 예수님께서 갈릴리 바다와 산간에 두루 다니면서 복음을 전파한 것처럼 어디서든지 설교할 수 있음을 말하는 것이다. 그는 건물을 구입하여 교회를 세우고 다시 런던으로 돌아와 옥내든 옥외든 어디서든 기회가 되는대로 설교했다. 그곳에서도 매우 추운 날씨로 인해 주물 공장으로 쓰던 건물을 구입해 새 교회당을 세웠다. 이로써 웨슬리는 자신이 소유한 믿음의 교리와 함께 브리스톨과 런던에 있는 두 예배당을 거점으로 적극적인 전도자로 거듭날 만반의 준비를 갖추게 되었다.

웨슬리 공동체는 처음에는 피터 레인 신도회로 출발해 1740년에 정식으로 신도회(Society)가되었다. 그는 영국교회와 분리되지 않으려는 노력으로 신도회를 하나의 신앙운동 모임의 개념으로 사용하였다. 신도회 회원이 증가하자 신도회를 속회(Classes)라고 알려진 여러 개의 작은 활동 단위로 세분화하였고 이것을 다시 소회(Bands)로 나누어 관리하였다. 바실 밀러는 웨슬리의 이런 조직에 대한 재능이 휘트필드와의 차이라고 지적하면서 휘트필드의 사역은 곧 사라졌으나 웨슬리의 그것은 남아 있다고 했다(Miller, 2005, p. 99). 그 이유는 작은 조직체에 잠재하고 있는 능력을 이해하며 그 인력을 잘 활용했기 때문이다.

웨슬리는 복음 전도를 효과적으로 하기 위해서 평신도를 세웠다. 특히, 신도회의 신앙운동이 빠르게 전개해 나가는 데 중요한 역할을 한 것 중에 하나가 이들 평신도 전도자들의 활약이다. 이들은 사회적으로, 지적으로 낮은 층에 속했기 때문에 성서 읽기와 기도 생활에 주력할 뿐 아니라 하루에 최소한 5, 6시간 책을 읽도록 하였다. 그의 사역에는 환영과 찬사도 많았지만 핍박 또한 말할 수 없이 많았다. 초기에는 영국교회의 감독과 목사들의 비난과 공격이 강하게 있었다. 그러나 그것은 뒤에 겪는 핍박에 비하면 아무것도 아니었다. 그가 당한 무서운 핍박은 당시 무법으로 살아가고 있던 폭도들에 의해서 일어났다. 수많은 폭도들의 테러를 당하고 집회 때마다 폭도와 부딪혔는데 웨슬리는 그때마다 당당하게 맞섰고 오히려 그들을 감화시켜 성도로 만드는 일도 많았다. 그들을 대하는 웨슬리의 표어가 있다. “폭도는 정면으로 대하라!” 이뿐 아니라 그와 교도들은 직접 폭행을 당하는 이외에 여론과 비평으로도 가혹한 공격을 받았다. 이단자니 매국노니 반역자니 하는 모욕적인 칭호를 다 들었다. 위로는 정부로부터 아래로는 민중에 이르기까지 엄청난 박해였다. 그러나 이러한 비난과 핍박 중에서도 끝까지 참고 나갔다. 그 결과로 1757년 이후로는 모든 박해는 그치고 그들 앞에는 자유로운 전도의 문이 열렸다. 이양호(2009)는 칼빈의 말을 인용했다. “우리가 하나님의 진리를 위해서 박해를 받을 때 하나님이 우리를 버렸다고 생각하지 맙시다. 오히려 하나님이 우리의 더 큰 유익을 위해 그렇게 하신다고 생각합니다(Calvin, 1559; 이양호, 2009 재인용).” 웨슬리의 사역이 박해를 받은 것은 결과적으로 또 다른 은총이었다. 웨슬리의 인격과 능숙한 통솔력과 조직력 그리고 박해당하는 중에서도 상대에게 감동을 주는 그의 모범이 있었기 때문에 가능했다.

웨슬리가 1739년부터 5년간 순회 전도를 하는 동안에 4명의 목사, 45인의 전도인이 동참했고 회원들은 런던에만 2000명이 되었다. 모임의 규모가 점차 방대해지자 여러 가지 제반 사항이 따랐고 눈부신 성장을 계속하는 가운데

1744년에 첫 연회를 시작했다. 그의 일기를 보면 "8월 25일 월요일부터 5일 동안 각자의 영과 또는 일반 신도들의 영을 구하려는 것밖에 다른 무엇은 바라지 않았다."라고 기록되어 있다. 이것은 회의를 제도화하려는 의도가 아니라 다만 일시적인 필요에 의해서 모였던 것을 말한다. 이 모임에 참가한 사람은 웨슬리 형제와 목사 4인과 전도인 4명 합하여 10인이었는데 이 역사적인 집회가 감리교회의 최초의 연회였던 것이다. 이 연회는 설교자들로 구성된 이들 신앙운동의 최고 행정 조직체가 되었다. 웨슬리의 생전에 메도디스트 운동은 스코틀랜드 북쪽에 있는 쉐틀런드 군도를 제외하고는 영국 전역 어느 섬에나 미치지 않은 곳이 없었다. 웨슬리는 도시에서 도시로, 아인랜드 전역을 누비며 복음으로 포위하였다. 민중들은 처음에는 폭행으로, 다음에는 두려움으로, 그리고 마지막에는 사랑으로 그를 대하여 얼마 가지 않아 생명력 넘치는 많은 신도회를 이루는 축복을 받았다. 애란 지역이 그랬고, 스코틀랜드, 그리고 웨일즈에 이르기까지 그의 행진은 쉼이 없었다. 그는 40년간 40만 킬로미터를 말을 타고 다녔고, 하루에 32킬로미터의 거리를 달렸으며, 50년 동안 연평균 500회 이상의 설교를 했다. 이를 보면 그는 전도에 관하여는 지칠 줄 모르는 사역자였다는 것을 알 수 있다.

그는 전도자이자 교육자로서의 사명뿐 아니라 사회사업가로서도 선구자 역할을 했다. 광부들의 자녀를 교육하기 위해 학교를 세우고, 고아원을 설립하고, 의류를 모아 가난한 사람들에게 나누어 주고, 일자리를 만들고, 감찰원을 통해 병자와 빈민들을 돌보게 했으며, 의료원을 설치해 병자를 치료하는 등 수많은 사회사업을 추진했다. 그의 사회 관심을 구체적으로 보여 주는 사례가 바로 노예해방에 대한 주장이다. 그의 임종이 있기 약 일주일 전에 당시 유명한 정치인인 윌리엄 윌버포스에게 편지해 노예폐지 운동을 적극적으로 실천하도록 권면하였다. 그는 마지막까지 인류를 위해 그가 할 수 있는 모든 노력을 아끼지 않았음을 볼 수 있다. 이러한 모든 사역은 웨슬리의 구령의 열정에 비롯된 것이며, "세계가 나의 교구"라는 의식이 없었다면 불가능한 것이다. 비록 한 나라 안에서 보여 준 열정이었지만 이러한 다양한 사업은 새로운 선교적 전략의 하나의 모형이 되었다. 우리나라도 교육사업, 의료사업, 그리고 각종 사회사업은 초기 선교사들의 선교의 도구였다. 웨슬리는 세계화(Globalization)의 모형을 실천적으로 보여 주었다.

5) 불행 속의 성화적 삶

태양이 밝을수록 그림자는 선명하다. 현대 교회사에 찬란한 빛을 비춘 웨슬리도 예외는 아니었다. 웨슬리에게 있어서도 평생에 풀지 못한 과제가 있었다. 그것은 사랑과 결혼의 문제이다. 그는 젊었을 때 사랑했던 여인들과 여러 번 사랑에 실패하고 말았다. 1667년 2월 18일 그의 나이 49세 때, 미망인 바제일과 결혼하였다. 하지만 그의 30년 결혼생활은 한마디로 불행했다고 한다. 그렇게 하나님의 도구로 쓰임받는 존재임에도 불구하고 그의 부인 바제일은 남편의 전도사업을 이해하지 못하고 도리어 방해하는 일을 많이 했다. 그녀는 화를 내면서 난폭하게 대했고, 심지어는 머리카락을 뽑는 일도 있었다. 웨슬리는 이러한 가정적인 시련과 교회지도자들의 비난 속에서도 늘 기쁨과 평안은 잃지 않았다.

불행한 가정생활에도 불구하고, 웨슬리는 80세가 넘도록 비교적 건장한 신체를 유지하여 그의 긴 인생이 끝날 때까지 열정적으로 사역을 계속하였다. 85세가 되어서야 비로소 "이전 만큼 원기가 왕성하지 못하다."는 느낌과 시력이 쇠퇴한다는 것을 알게 되었다. 그러나 이때도 그는 잠시도 쉬지 않고 활동하였다. 80세의 고령의 나이에도 불구하고 웨일즈와 브리스톨과 그 밖의 영국 각지를 다녔고 와잇섬에까지 갔다. 처음에는 자기를 배척하던 곳에서 이제는 가는 곳마다 환영을 받으며 마치 개선하는 장군과 같이 그를 맞이하는 데도 있었다. 그러다가 1790년 웨슬리는 최후의 연회를 브리스톨에서 보았다. 이듬해, 그의 신체가 날로 쇠약해 가므로 그는 모든 일을 중지하고

1791년 2월 28일에 그의 집 시티로드에 돌아와 병석에 누웠다. 3월 2일 수요일 아침, 임종이 다가왔을 때 그의 방에는 열한 사람이 기도하고 있었다. 존 웨슬리가 나직하게 '안녕' 하며 고별의 인사를 하자 그의 간호자이자 반려자인 조셉 브래드포드가 이렇게 노래했다. "오 문이여, 네 머리 들어 영원의 문빗장 열어 놓으라. 영광의 왕이 들어가신다(Miller, 2005, p. 159)." 이 소리를 들으며 그는 고요히 잠들었다.

위대한 업적을 남기며 살았던 웨슬리, 그도 한 인간이었다. 그도 해결할 수 없는 문제는 결혼생활이었다. 악처로 소문난 아내의 문제로 그의 가정생활은 순탄하지 않았을 것이다. 그럼에도 불구하는 그는 자신에게 주어진 일을 훌륭하게 소화해 냈고, 엄청난 영향을 끼치는 삶을 살았다. 뿐만 아니라 그는 85세까지 살았다. 당시 의료수준을 감안하면, 그는 상당히 장수한 셈이다. 인간적으로 어둡고 불행한 환경 속에서도 그는 평온하고 기쁘게 그리고 오래 살았다. 빛나는 생애라 할지라도 거기에는 화려한 면만 있는 것이 아니라 어두운 그림자도 함께한다. 웨슬리는 그곳에서 성화의 꽃을 피웠다.

지금까지 웨슬리의 생애를 성화적 삶의 관점에서 보았다. 출생기의 가계도를 보면 초기성화의 은총을 입은 웨슬리의 생애 시작을 볼 수 있고, 성장과정에서 배움과 노력의 과정을 통해서 점진적인 성화의 기초를 닦고, 준비과정에서 실패와 회심을 통한 2차적인 성화를 경험하고, 세계가 나의 교구라고 선언하고 확장해 나가는 전도의 삶, 그리고 불행한 개인의 삶을 극복하고 죽음 직전까지 희망과 빛을 잃지 않은 삶을 보았다. 이러한 웨슬리의 삶을 보노라면 그의 삶 자체가 점진적이라는 것을 알 수 있다. 그는 성화적 삶을 살았다.

3. 웨슬리의 성화론

1) 성화의 개념과 근거

성화는 그리스도인의 완전을 닮아 가기 위해 지속적으로 나아가는 것을 말한다. 이를 수행하는 주체는 성령이다. 우리들에게 하나님의 영의 끊임없는 감화를 주고 그에 대한 인간의 응답으로 이루어진다. 이것은 하나님과 인간의 소통과도 같다. 은총과 응답 간의 상호작용이 있어야 한다. 우리가 성령의 역사에 응답하지 않는다면 성령도 우리를 성화시키는 일을 멈춘다(Wesley, 1980).

〈웨슬리 성화론의 성경적 근거〉

그러므로 하늘에 계신 너희 아버지의 온전하심과 같이 너희도 온전하라(마 5:48).

모든 성경은 하나님의 감동으로 된 것으로 교훈과 책망과 바르게 함과 의로 교육하기에 유익하니 이는 하나님의 사람으로 온전하게 하며 모든 선한 일을 행할 능력을 갖추게 하려 함이라(딤후 3:16-17).

네가 보거니와 믿음이 그의 행함과 함께 일하고 행함으로 믿음이 온전하게 되었느니라(약 2:22).

우리가 다 하나님의 아들을 믿는 것과 아는 일에 하나가 되어 온전한 사람을 이루어 그리스도의 장성한 분량이 충만한 데까지 이르리니(엡 4:13).

내가 율법이나 선지자를 폐하러 온 줄로 생각하지 말라 폐하러 온 것이 아니요 완전하게 하려 함이라(마 5:17).

세례들과 안수와 죽은 자의 부활과 영원한 심판에 관한 교훈의 터를 다시 닦지 말고 완전한 데로 나아갈지니라(히 6:2).

우리가 그를 전파하여 각 사람을 권하고 모든 지혜로 각 사람을 가르침은 각 사람을 그리스도 안에서 완전한 자로 세우려 함이니(골 1:28).
우리가 약할 때에 너희의 강한 것을 기뻐하고 또 이것을 위하여 구하니 곧 너희의 온전하게 되는 것이라(고후 13:9).
너희도 그 안에서 충만하여졌으니 그는 모든 통치자와 권세의 머리시라(골 2:10).
그런즉 사랑하는 자들아 이 약속을 가진 우리는 하나님을 두려워하는 가운데서 거룩함을 온전히 이루어 육과 영의 온갖 더러운 것에서 자신을 깨끗하게 하자(고후 7:1).
하나님 아버지 앞에서 정결하고 더러움이 없는 경건은 곧 고아와 과부를 그 환난 중에 돌보고 또 자기를 지켜 세속에 물들지 아니하는 그것이니라(약 1:27).
기록하였으되 내가 거룩하니 너희도 거룩할지어다 하셨느니라(벧전 1:16).
그들을 진리로 거룩하게 하옵소서 아버지의 말씀은 진리니이다(요한 17:17).
하나님이 미리 아신 자들을 또한 아들의 형상을 본받게 하기 위하여 미리 정하셨으니 이는 그로 많은 형제 중에서 맏아들이 되게 하려 하심이니라. 또 미리 정하신 그들을 또한 부르시고 부르신 그들을 또한 의롭다 하시고, 의롭다 하신 이들을 또한 영화롭게 하셨느니라(롬 8:29-30).

2) 의인화와 성화

성화와 의인화의 관계를 보면 웨슬리의 성화론을 정확하게 이해할 수 있다. 김홍기(2008)는 다섯 가지 차이로 설명했다. 첫째, 의인화는 인간을 위한 객관적인 그리스도의 십자가의 은총에서 주어지는 은총이지만, 성화는 우리 안에서 주관적으로 새롭게 하는 성령의 은총으로 인간의 본성이 변화를 받은 것이다(Wesley, 1980, Ⅳ. 56.). 의인화가 밖에서 주어지는 은총이라면, 성화는 우리 안에서 본성적으로 변화를 가져다주는 은총이다. 의인화는 법적으로 인정받은 것이고 성화는 의인이 되어 가는 것이다. 둘째, 의인화가 용서를 받는 것이라면 성화는 사랑이 우리 마음에 성령으로 부어지는 것이다(Wesley, 1980, p. 26). 인간은 죄성을 가지고 있어서 스스로 의롭게 되는 것은 불가능하다. 그래서 의롭다 하심을 입어야 한다. 의롭게 되는 것은 죄에 대한 사함과 용서가 있는 것이다. 하나님의 값없이 주시는 은혜와 사랑으로 나타나는 사건을 인하여 우리는 의인화될 수 있다. 반면 성화는 우리가 의로움을 입는 순간부터 시작되어 성령을 힘입어 지속적으로 성장해 나가는 과정이며 하나님의 형상과 완전한 사랑에 닿기까지 나아가는 것이다. 셋째, 의인화가 하나님과 관계를 회복하는 것이라면, 성화는 하나님의 형상을 회복하는 것이다(김홍기, 2008, p. 98). 인간은 죄를 인하여 하나님과의 관계가 멀어졌고 하나님과의 친밀함이 깨어졌다. 의인화 사건은 깨어진 관계를 다시 복구하는 것이다. 죄로 인해 깨어진 관계는 동시에 하나님의 형상을 잃어버리게 했다. 이렇게 잃게 된 하나님의 형상은 인간 내면에서 단숨에 회복되지 않는다. 점진적으로 단계적 과정을 거친다. 이 점에서 웨슬리의 성화적 삶과 연결된다. 넷째, 의인화가 행위의 죄들을 사함받은 것이라면, 성화는 내면적 죄를 사함받는 것이다. 의인화 순간 과거에 지은 모든 행위의 죄들은 사함받지만, 죄의 뿌리 혹은 원죄라고 하는 내면적 죄는 여전히 남아서 괴롭힌다. 따라서 모든 교만, 분노, 불신앙, 욕망 등의 내적인 죄악들이 근원적으로 해결되어야 한다. 웨슬리는 죽기 전에 모든 내적 죄악이 뿌리 뽑힐 수 있고, 제거될 수 있다고 믿었다(Wesley, 1980, p. 279). 다섯째, 의인화는 오직 믿음으로만 가능하고, 성화는 믿음과 선행으로 가능하다.

3) 성화와 단계

웨슬리의 성화론의 특징은 목표와 과정이 있다. 즉, '완전을 이루는 것'과 '점진적으로 이루어 가는 것'이다. 다른 신학자들보다 낙관적으로 웨슬리는 이 땅에서 성화가 분명히 가능하다고 보았다. 그것은 우리가 완성의 단계에 이르고자 점진적인 과정을 통해서 이루어진다. 웨슬리는 성화의 단계는 4단계로 초기의 성화, 점진적 성화, 온전한 성화, 그리고 영화의 단계로 구분했다.

(1) 초기 성화(initial sanctification)

웨슬리는 인간이 죄사함을 받고 중생될 때부터 성화가 시작된다고 보았다. 이것을 초기 성화라고 한다. 중생의 경험은 하나님과의 관계의 회복을 의미하기 때문에 관계적 성화이기도 하다. 관계회복은 칭의 역사로 인한 것이다. 하나님의 전적인 역사하심으로 순간적인 사건이다. 하지만 인간은 의롭다 함을 받은 후에도 죄는 계속 남아 있으므로 지속적인 회개의 과정이 필요하다. 우리가 의롭다고 인정받는 순간 모든 죄가 없어지고 다시는 죄를 지을 것 같지 않게 보인다. 그러나 얼마 후에 잠시 죄가 정지된 상태였지 멸망된 것이 아니라는 것을 알게 된다. 따라서 초기 성화는 인간이 자신의 죄를 확인하고 구원에 대한 믿음을 가짐으로써 의롭다 함을 받고 거듭나는 단계이다. 중생은 칭의와 동시에 일어나며, 세상과 정욕에 빠져 죄와 가까운 마음이 예수 그리스도의 안에 있는 마음으로 바뀌는 변화가 일어난다. 웨슬리는 칭의와 중생의 시점을 분리하는 것은 어렵지만 양자는 쉽게 구별할 수 있다고 보았다. 칭의는 외적인 관계를 변화시키고, 중생으로 말미암아 영혼의 깊은 속인이 변화되어 죄인이 성도가 된다고 했다(Wesley, 1976). 인간이 하나님의 형상대로 지음을 받았으나, 타락함으로 말미암아 하나님의 사랑에서 벗어나 하나님의 거룩한 형상을 잃어버렸다고 보았다. 따라서 초기 성화는 하나님의 형상을 찾는 과정의 시작이다. 그리고 계속해서 성장과정을 통하여 성장하게 되며 중생은 성화의 필수조건이라 할 수 있다.

(2) 점진적 성화(gradual sanctification)

중생이 성화의 문이라고 한다면, 이 단계는 완전을 지향하기 위한 점진적 과정이다. 기독교는 구원이 목적이다. 웨슬리는 이 구원이 순간적으로 일어나는 역사라고 보았다. 그러면서도 점진적으로 성장하는 것이다. 중생을 성화의 시작으로 보는 이유가 여기에 있다. 완전한 성화에 이르기 위해서는 어느 한 곳에 머물러 있어서는 안 된다. 완전에 이르기까지 성장해 나가야 한다. 웨슬리는 설교 'New Birth'에서 이렇게 말했다.

"어린아이가 엄마로부터 태어나 성인이 될 때까지 점차적으로 자라게 되듯이, 인간은 어린이처럼 하나님으로부터 태어나 그리스도의 장성한 분량에 이르기까지 점진적으로 성장하게 됩니다. 이와 같이 우리의 신생과 성화에 있어서도 계속적인 성장이 일어나는 것입니다(Wesley, 1976, p. 214)."

점진적 성화, 여기서 웨슬리에게 있어서 가장 특징적으로 드러나는 단계이자 과정을 볼 수 있다. 이는 모라비안 교도의 순간적으로 성립되는 성화와 차별화된다. 순간적으로 주어지는 단계에서 시작해 보다 높은 수준으로 끌어올리기 위해 필요한 과정이 있다는 것이다. 순간성과 점진성이 만나서 완전으로 나아간다. 웨슬리는 이때 필요한 것이 '회개'라고 보았다. 회개의 열매는 그리스도의 대속의 피에 대한 믿음과 연계된다. 중생한 이후에 의인화가 되었다 하더라도 죄를 지을 수 있기 때문이다. 이 단계에서 인간은 성령의 힘을 입어 죄스러운 행위를 억제할 수 있으며 더욱 하나님께 나아갈 수 있게 된다. 또한 웨슬리는 이 단계에서 선행의 필요성을 강조했다. 온전한 성화를 이루어 가기 위해서는 하나님의 은혜가 선행되지만 인간의 참여와 응답이 있어야 가능하다. 그리고 하나님이 주신 성화를 위한 훈련의 채찍질로서 율법의 역할을 강조하고 있다(구금섭, 2007, p. 64). 이로써 웨슬리의 성화론은 인간의 적극적 행위와 책임에 대해서 간과하지 않고 있음을 보여 준다.

(3) **온전한 성화**(entire sanctification)

온전한 성화는 그리스도인이 자신에게 여전히 남아 있는 죄를 깨닫고 믿음으로 받는 신앙적 체험이다. 웨슬리는 그리스도인이 경험하는 순간적인 체험에는 두 가지가 있다고 했다. 하나는 중생과 동시에 일어나는 초기 성화이고, 다른 하나는 이차적으로 오는 순간적 체험인 '온전한 성화'이다. 이 체험을 웨슬리는 '제2의 축복' '두 번째 변화' '온전한 구원' '그리스도의 완전'이라고 불렀다(조종남, 1984, pp. 135-136). 따라서 온전한 성화는 마음과 육체에서 비롯되는 모든 죄로부터 깨끗함을 강조한다. 하나님께 완전한 복종, 완전한 일치, 하나님과 이웃에 대한 완전한 사랑으로 표현된다. 웨슬리는 그리스도인의 완전에 대해 이렇게 말했다. "이 땅에서는 절대적인 완전이란 없으며, 계속적인 성장을 허용할 여지가 없는 그런 완전은 있을 수 없습니다. 그런 까닭에 아직도 은혜 안에서 자라 가야 할 필요가 있는 것입니다(Wesley, 1976, p. 144)."

온전한 성화의 의미는 3가지 의미가 있다. 첫째, 죄의 극복이다. 웨슬리의 관점에서 그리스도인의 완전은 죄가 완전히 없어진 것이 아니다. 다만 죄를 극복할 수 있다는 것을 말한다. 둘째, 동기에서의 완전이다. 이는 그리스도인의 의도를 말한다. 웨슬리는 의도의 순수성(purity of intention)이라고 표현하는데, 생애를 하나님께 바치는 것이라고 했다. "온갖 더러운 내적, 외적 불결을 벗고자 하는 마음의 할례", 곧 하나님을 사랑하고 이웃을 사랑하는 것이다(Wesley, 1981, p. 27). 사랑은 완전 성화의 본질적 요소이다. 웨슬리는 사랑이 동기가 되어 움직이는 믿음이 하나님께서 현재 요구하시는 것의 전부라고 보았다. 셋째, 인간으로서 가지는 제한적 완전이다. 그리스도인의 완전은 하나님이 인간에게 기대하는 상대적 의미에서의 완전이지 절대적 완전은 아니다. 왜냐하면 인간은 결코 하나님의 완전에 이를 수 없이 때문이다. 웨슬리는 성결한 신자라 할지라도 그의 삶의 과정에서 발생하는 무의식적 죄 때문에 그리스도의 대속의 보혈을 순간순간 필요로 하는 것이라고 주장한다. 아무리 완전한 자라도 '우리의 죄를 사하여 주옵소서.'라는 기도가 요청된다는 것이다. 대제사장이신 그리스도를 순간순간 의존함으로써 성결된 상태는 계속하여 유지되며 성장되어 나아가는 것이다(조종남, 1984).

(4) 영화(glorification)

이것은 최종적인 완전(final stage of perfection)의 단계이다. 웨슬리는 제아무리 완전한 자라도 은혜 안에서 성장해야 한다고 보았다. 하나님을 대면할 때, 그리스도인은 최종적인 의인을 얻어야 한다. 이 단계가 '영화'이다. 완전한 성화를 극복하는 과정이라면, 영화는 최종적 결과로서 선언과도 같다. 하나님 나라의 시민으로 살 수 있는 완전하고도 흠이 없는 거룩한 영적 인격의 완성 내지는 성취를 말한다. 이 최종단계는 하늘에서, 또는 죽음 후에 오는 것이었다. 웨슬리는 어느 정도의 완전을 현세에서도 성취할 수 있다고 인정했지만, 그는 언제나 최종적인 완전은 죽음과 함께 이룰 수 있는 것이라고 주장했다(김영선, 2002). 그러므로 완전에는 시기적인 차이가 있다. 즉, 현세에서 이루는 완전과 내세에서 이루는 완전으로 구별된다. 완전에 관한 최후 목표는 그리스도를 온전히 닮는 일인데 그것은 그리스도께서 재림하실 때에 주어지는 하나님의 선물이다. 이 땅에서 온전히 성화되어도 연약성을 지니며, 무지나 실수로부터 해방될 수는 없다. 우리가 육체 안에 있는 동안은 죄의 가능성은 언제나 상존한다. 완전의 최종단계는 '부활'로 말미암아 성취된다. 왜냐하면 육체는 병들고, 죽고, 썩기 때문이다. 다시 살아난 몸은 결코 썩지 않는다. 이 타락하고 부패한 연약한 인간성이 영화의 단계에 도달해야 진정한 의미에서의 완전함을 얻을 수 있다(김영선, 2002). 성화의 과정에서 완전한 성화로 계속 성장하여 끝내 영화로 연결된다. 그것은 죽음에서 부활로, 죄와 실수와 무지, 그리고 모든 유혹에서 자유로워지는 진정한 해방을 말한다.

웨슬리에게 있어서 성화의 과정은 구원의 과정이며, 완전을 향해 성장해 가는 과정이다. 구원의 과정은 은총에 대한 회개, 믿음에 의한 의인, 중생에 의한 초기성화, 점진적 성화를 거쳐서 온전한 성화, 즉 온전한 구원까지 이른다(구금섭, 2007). 웨슬리의 성화의 과정은 하나님의 완전에 도달하는 것이다. 한 지점에 도달해서 완전한 결과를 얻는 것보다는 과정에 집중한다. 웨슬리는 완전은 정착된 상태가 아니고 계속적인 과정(continuous process) 속에 있다고 보는 것이다(Wesley, 1985). 그 점에서 하나님의 완전과는 차이가 존재한다. 다만 우리는 완전한 하나님의 형상을 회복하기 위해 나아가는 은혜를 받는다. 하나님의 은총이 선행될 뿐만 아니라 인간인 우리의 역할을 동시에 강조한다. 우리의 적극적 참여와 윤리적 책임이 영화로운 자리에 나아가게 한다.

4. 성화론과 기독(목회)상담 방법론

1) 복음적 신인협동설

웨슬리 성화론은 구원론의 핵심이다. 핵심은 하나님께서 먼저 은혜로 다가오시면(선행 은총) 인간이 자유의지로 응답할 수 있는 능력과 책임이 있다는 것이다. 그의 성화론은 루터의 의인론을 기반으로 칼빈의 성화론을 더욱 발전시킨 것이다. 루터는 자동적 결과로 선행의 열매를 맺는다고 했고, 칼빈은 이 땅에서는 그리스도인의 완전을 이루어질 수 없는 것으로 보았다. 하지만 웨슬리는 자유의지적 참여와 죽기 전에 체험할 수 있다고 보았다. 그래서 그의 성화론은 '복음적 신인협동설(evangelical synergism)'이라고 한다. 웨슬리의 신인협력의 관점은 다음과 같이 정리된다.

하나님은 모든 사람에게 선행 은총을 베푸신다. 은총이 강조되면 인간의 자발성은 문제가 된다. 따라서 선행 은총을 강조했다. 인간은 죄로 가득하지만 하나님이 먼저 찾아오셔서 양심으로 통해 역사하심으로 누구든지 그분께 응답할 수 있다. 여기서 '자연적 양심(Wesley, 1732)'이 선행 은혜이다. 죄를 짓는 것은 은혜가 부족해서가 아니라 은혜 활용이 안 되어서이다.

> "계속 죄에 거하는 자들은 핑계할 수 없습니다. '우리가 우리 자신의 영혼을 살릴 수 없으니, 오직 하나님께서 우리를 살리셔야 한다.'라고 말하면서 그들의 창조주를 비난할 수는 없습니다. …… 인간이 성령을 소멸시키지 않는 한, 하나님의 은혜의 역사 밖에 홀로 있는 사람은 아무도 없기 때문입니다. 사람들 중에 보통 말하는 '자연적 양심'을 갖고 있지 않는 사람은 아무도 없습니다. 그러나 양심이란 것은 자연적인 것이 아닙니다. 이것을 좀 더 정확히 말하면, 그것은 '선행적 은혜'입니다. 모든 사람들은 많든 적든 간에 이 선행적 은혜를 지니고 있습니다. …… 그리고 인간은, 그가 만일 양심이 화인 맞은 극소수의 사람들에 속하지 않는다면, 양심의 빛에 반대되는 행동을 했을 때 다소 불안을 느끼게 됩니다. 그러므로 사람은 누구나 은총이 없어서 범죄하는 것이 아니라 그가 가지고 있는 은혜를 활용하지 않는 까닭에 범죄하는 것입니다."

하나님의 은총이 없이는 인간의 독립적인 자유의지는 없다. 하나님의 도움 없는 구원은 없다. 모든 힘이 하나님의 영의 도움으로 된다. 인간은 자력으로 구원에 도달할 수 없다. 그럼에도 불구하고 모든 사람은 은총으로 회복되는 자유의지라는 수단이 있다. 이때 인간을 도우시는 은혜를 인하여 악과 선을 택하고 행할 수 있는 능력이 있다. 하나님의 은총을 강조하면서 인간의 선택과 자유, 그리고 자발적 응답도 강조한다.

> "하나님께서는 당신의 자유를 조금도 빼앗지 않으셨습니다. 즉, 당신의 선이나 악을 선택할 수 있는 능력 중의 가장 작은 것이라도 거두어 가시지 않았습니다. 그분은 당신을 강요하지 않으셨습니다. …… 예외적인 경우들이 있다는 것을 부인하는 것은 아닙니다. 그것은 구원하는 은혜의 압도

적인 능력이 한순간 하늘로부터 떨어지는 번개처럼 불가항력적으로 역사하는 경우입니다. 그러나 지금 내가 말하는 것은 하나님께서 일반적으로 일하시는 방법에 관하여 말하는 것입니다. 그런 것에 대해서는 나는 수많은 예를 알고 있습니다. 지난 50년간 영국이나 유럽에 있는 어떤 사람보다 아마 내가 많이 다녔을 것입니다. 그런데 예외적인 경우에서조차, 비록 하나님께서 어떤 때에(for the time) 불가항력적으로 역사하신다 해도, 하나님께서 시종일관(at all times) 계속적으로 불가항력적으로 역사하시는 그런 인간의 영혼이 있다는 것을 나는 믿지 않습니다. 그렇습니다. 그런 사람은 없다고 나는 전적으로 확신합니다. …… 그리하여 성 어거스틴의 유명한 말은 진리입니다. (그것은 그가 말한 것 중 가장 고상한 말들 중의 하나입니다.) Qui fecit nos sine nobis, non salvabit nos sine nobis: '우리 없이 우리를 지으신 그분은 우리 없이 우리를 구원하지 않으실 것이다'(Wesley, 1954)."

웨슬리의 신인협동설은 신학적 설명이지만 상담학적 설명도 가능하다. 그것은 상담에서 내담자의 변화와 성장을 설명하는 데 유사한 구조를 가지고 있기 때문이다. 상담이란 무엇인가? 많은 학자들이 이에 대해 다양한 정의를 말하고 있지만, 명확한 정의를 내리는 데는 많은 시간이 걸렸다. 최근 미국상담협회는 29개의 상담기관의 승인을 받아서 다음과 같이 정의하고 있다.

다양한 개인, 가족, 집단을 도와 정신건강, 건강한 삶, 교육적 그리고 직업적 목표에 도달할 수 있도록 하는 전문적 관계(ACA, 2010)

Counseling is a professional relationship that empowers diverse individuals, families, and groups to accomplish mental health, wellness, education, and career goals. (ACA, 2010)

우리나라의 경우도 통일된 상담의 정의는 아직 연구된 바 없다. 따라서 문화적 차이를 고려해서 연구 또는 승인의 절차를 거쳐 상담의 정의를 통일할 필요가 있다. 이는 상담관련된 법이 제정되지 않았기 때문이기도 하다. 상담의 정의가 학자마다 다르게 표현이 되는 것은 상담을 접근하는 관점에 따라 이론적 입장이 다르기 때문이다. 하지만 분명한 것은 상담이란 상담자와 내담자가 치료적 동맹을 맺고 양자의 상호작용 과정에서 변화를 추구하는 것이다. 다음은 상담의 구조를 보여 주는 그림이다.

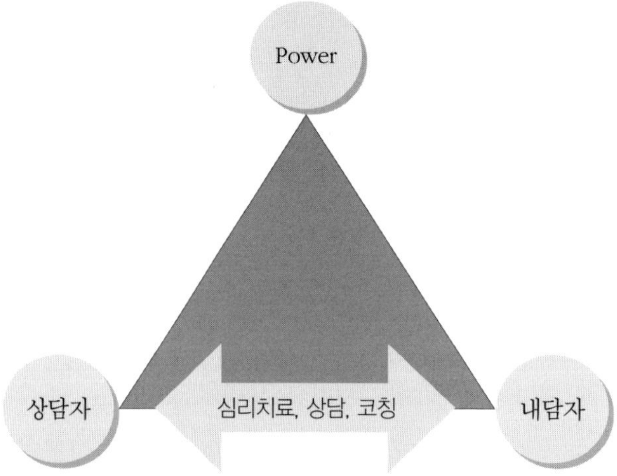

[그림 6-1] 상담의 구조

상담에서 변화의 주체는 상담자인가? 내담자인가? 아니면 제3의 힘에 의해서인가? 여기서 비신앙적 사고를 가진 상담자는 내담자가 변화의 주체라고 주장할 것이다. 어떤 경우는 상담자나 치료자가 내담자를 치료해 준다고 믿는 전문가도 있을 것이다. 하지만 정확하게 말하자면, 변화를 일으키는 주체는 내담자 자신이다. 내담자 스스로 인지, 정서, 행동이 변해야 회복이든 성장이든 일어난다. 의사의 대부 히포크라테스가 '치료자는 자연이고, 의사는 다만 조력자일 뿐이다.'라고 했듯이 상담자는 내담자의 조력자일 뿐이다. 변화의 힘은 밖에 있는 것이 아니라 내담자 내부에 있다. 치유의 힘은 스스로 내부에서 나온다. 기독교의 신앙의 관점에서 보면, 치유의 힘은 하나님의 능력에 달려 있다. 하나님으로부터 치유의 힘이 나와서 내담자의 육체와 마음에 역사함으로 치유가 된다. 위의 그림에서 'The Power'는 성령이다. 성령의 내면에 역사를 함으로 새로운 변화가 일어난다. 여기서 상담자는 내담자와 협력관계이지만 성령과 협력한다. 웨슬리의 신인협동설의 구조와 같다. 이는 프로이트 연구에서도 발견된다. 프로이트는 정신분석가를 '영혼의 산파(Bettelheim, 2001)'라고 했다. 한 엄마가 아이를 낳을 때, 산파가 낳아 주는 것이 아니라 엄마가 아이를 낳는다. 상담과정은 혼의 아이를 낳는 과정으로 비유할 수 있다. 상담자가 조력자의 역할을 하면 혼의 아이는 탄생하는 것이다. 역시 성화론에서 강조하는 신인협력의 상호관계 과정이다. 관계에서 비롯된다는 측면에서 심리치료이든, 상담(Counseling)이든, 더 나아가 코칭(Coaching)이든 연장선상에 있다. 이는 내담자의 정도의 차이에서 구분되겠지만 관계와 상호작용에서 변화가 일어난다. 이때 변화는 긍정적인 변화를 목표로 삼는다. 치료이든, 회복이든, 성장이든, 상담 장면에서 변화는 일어난다. 결국, 상담은 조력과정이다. 상담은 성화론처럼 과정을 강조하는 활동이다. 과정은 완전을 이끌어 낸다. Counseling이란 단어가 진행형으로 되어 있는 것처럼 상담은 진행되는 과정에 초점을 둔다.

2) 사중복음과 기독(목회)상담

웨슬리의 신학방법론은 성화론에서 두드러진 특징을 가진다. 그는 성경에서 출발하여 전통과, 경험, 그리고 이성의 자료들을 주된 자료로 삼았다. 웨슬리는 그의 경험과 다른 교리를 발견하면 그것을 성경과 이성에 따라서 교정하려고 했다. 매덕스(1994)는 웨슬리의 방법론을 그의 신학의 특징이 구원, 경험, 그리고 그 둘의 창조적 종합일 수 있다는 의미에서 '나선형 구조의 해석학(hermeneutic spiral)'이라고 불렀다. 이런 구성은 역시 칭의와 초기 성화, 그리고 완전한 성화로 이어지는 배열이다. 마크 맥민과 클락 캠벨(2016)도 '통합적 심리치료'에서 웨슬리의 가르침에서 도출된 사중복음의 4가지 정보 원천들에 의해 결정된다고 제안한 점을 언급했다.

(1) 성경

웨슬리가 신성클럽의 지도자로 참여하면서 가장 먼저 시작한 것이 성경공부이다. 웨슬리는 그리스도인의 최고의 진리기준은 성경구절들에서 발견된다는 것을 확신했다. 성경을 인간의 생각들, 관념들, 가치관들, 그리고 상정 내용들의 타당성을 결정하기 위한 가장 위대한 원천으로 보는 것이다. 하지만 기독(목회)상담자라 해도 성경을 왜곡된 관점으로 해석할 수 있기 때문에 전통과 경험, 그리고 이성이 필요하다.

(2) 전통

기독교의 역사와 전통은 기독교의 진리관에 우리들을 견고히 붙들어 주는 중요한 닻을 제공한다. 특히 현대와 같이 절대적 가치를 부정하는 상황일수록 전통은 기능을 발휘한다. 교리적 문제와 이단의 문제, 수많은 영적인 책자들을 통해서 어려운 문제들을 해결할 수 있는 지혜를 얻을 수 있다.

(3) 경험

성경과 전통에 대한 연구는 주로 개념적이고 이데올로기적인 방법들로만 접근될 수 있다. 그래서 교리적으로는 옳으나 관계적으로는 무능한 목회적 기능을 수행할 수 있다. 경험은 하나님과의 인격적인 만남을 제공한다. 경험을 통해서 지성화된 접근을 유용하게 수정하고 조정하는 기능을 한다. 기독(목회)상담은 교리적 내용과 경험을 동시에 활용하는 과정이다. 웨슬리의 성화론이 강조하는 차원과 연결된다. 따라서 협력적 경험주의(collaborative empiricism)의 개념이다. 예를 들어, 일반적 상담심리사가 구사하는 CBT와 같은 상담기법은 근거-기반을 가진 과학적 관찰과 경험을 강조한다. 반면에 성경 중심 상담자나 목회자들은 성서와 교리(전통)을 강조한다. 웨슬리의 방법은 성경을 원천으로 보지만 경험을 강조한다는 측면에서 협력적 경험주의이다.

(4) 이성

마지막으로 이성의 능력이다. 성경, 전통, 그리고 경험에서부터 모든 정보를 가지고 와서 의미 있게 만드는 인간의 능력을 말한다. 우리가 공부하는 행동, 무언가 조사를 하며, 질적으로 탐구하고, 다양한 견해들을 수렴해서 판단하는 것이다. 그러나 웨슬리의 말대로 인간은 제한된 성화적 능력을 가지고 있기 때문에 이성적 능력에도 어리석음이나 자기-기만으로 왜곡되게 정당화 또는 합리화할 수 있다. 따라서 사중복음의 지혜가 필요하다. 무엇보다 성경을 원천적으로 하여 전통과 경험 안에서 이루어져야 한다.

마크 맥민과 클락 캠밸(2016)은 상담자에게 사중복음의 윤곽을 그리기를 제안했다. 웨슬리안 신학의 사중복음은 우리들이 명쾌한 해결책이 없는 어려운 상황들에 대한 기독교적 관점을 이해하는 것을 도와준다는 것이다. 그리고 우리의 사고를 형성하는 데 도움이 되는 질문을 소개했다(p. 300).

상담 조언: 사중복음 윤곽 그리기

웨슬리안 신학의 사중복음 사용의 주안점은, 치료자가 성경, 전통, 경험, 그리고 이성을 숙고한 후에 내담자의 사고가 정상적인가 혹은 아닌가 선언해야 한다는 것이 아니다. 오히려, 신학의 4가지는 협력적으로 사용된다. 즉, 내담자와 치료자는 함께 진료활동을 하면서 각 차원을 쭉 생각해 보아야 하는 것이다. 때때로 신학의 사중복음을 화가용 도화지철 위에 대략적 윤곽을 그려 놓고 체계적으로 신학의 사중복음에 대해 토론하는 것은 훨씬 더 유용하다. 이것은 문제가 되는 그 문제를 내담자가 평가하는 것을 돕는 데 있어서 즉각적인 유익을 제공한다. 또한 한편으로는 내담자를 위한 균형 있고 사려 깊은 유형의 결정하기 모델만들기에도 유익한 효과를 제공한다.

〈상담할 때 활용할 수 있는 질문들〉

① 성경은 이런 상황에 대해 무엇이라 말하는가?

② 기독교 전통은 이런 상황을 어떻게 다루어 왔는가(공동체)?

③ 이러한 유사한 상황에서 하나님의 인도하심에 대한 지금까지 나의 경험은 무엇인가?

④ 연루된 모든 것들에 대한 합리적이고 논리적인 결론은 무엇인가?

앞에서 제시된 성경, 전통, 경험, 그리고 이성은 성화론의 관점에서 은총과 성화로 축약할 수 있다. 은총은 인간에게 부여된 것이며, 성화는 인간이 기능하는 것이기 때문이다. 이러한 사중복음을 활용하여 기독(목회)상담에서는 다음과 같이 구조화할 수 있다.

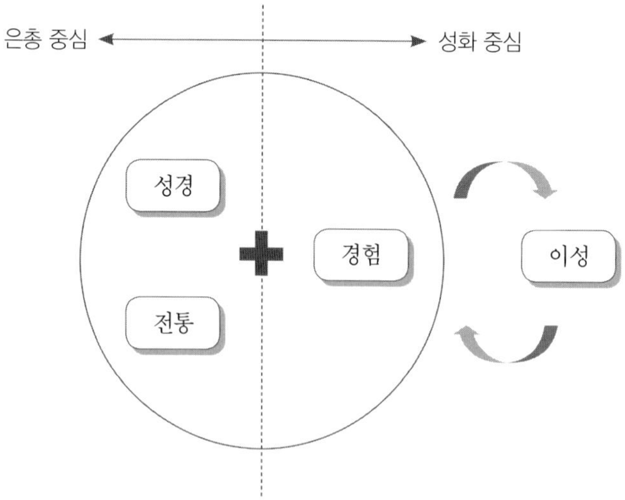

[그림 6-2] 사중복음과 기독(목회)상담

웨슬리에게 있어서 그리스도인을 돕는 데 가장 중요한 원천은 무엇보다 성경이었다. 그러나 상담과정에서 "성경에서는 이렇게 말씀하십니다."라고 하면서 단순히 지시적으로만 개입할 수는 없다. 심리적으로 힘든 상황에 놓여 있는 내담자에게 성경을 읽어 주었을 때 믿음으로만 아멘, 하고 받아들일 수 있는 내담자는 아무도 없다. 만약 있다면 그 내담자는 이미 문제해결이 되었거나 이미 완전한 성화의 단계에 이른 사람일 것이다. 초기 상담관계일수록 신뢰관계(Rapport)을 형성하는 것이 중요한데 성경의 잣대를 활용할 경우 관계형성에 얼마나 도움이 될지는 미지수이다. 또한 성경을 해석하는 과정에서 오류가 생길 수 있기 때문에 그에 따른 위험도 감수해야 한다. 따라서 공동체는 내담자의 문제를 어떻게 보아 왔는지에 대한 교리적 판단과 전통의 관점이 필요하다. 내담자가 처해 있는 신앙과 공동체적 상황을 고려하여 내담자의 문제가 어떻게 이해되고 있는지, 어떤 위험에 빠지게 되었는지, 어떻게 보호를 받아 왔는지에 대한 정보를 활용하는 것이다. 그리고 내담자가 문제를 해결하는 데 필요한 경험을 관찰할 필요가 있다. 이러한 경험은 점진적인 성화의 과정과 같다. 여기서 경험은 일반상담의 영역이라고 할 수 있다. 정신분석적으로는 무의식적 경험을 의식적 통찰의 과정을 훈습함으로써 점진적 변화를 일으키거나, 행동주의적으로 조건화 작업을 통해서 행동을 수정하고 새로운 학습이 일어나도록 하거나, 인본주의적으로 공감과 수용하는 작업을 통해서 가치의 조건화로 인해 멀어진 자아와 경험 간을 불일치를 회복함으로써 새로운 변화를 일으키는 것이다. 그 외에도 인지적 전략, 현실요법, 형태요법, 동기강화, 수렴전념 등 다양한 경험을 바탕으로 내담자의 변화를 이끌어 내고자 한다. 관찰을 강조하는 현대과학은 경험에서 비롯되는 근거-기반(evidence-based) 접근을 선호한다. 하지만 경험에 치중하고 있는 일반상담사들은 정신건강 이데올로기에 깊이 빠져 있다. 마크 맥민과 클락 캠벨(2016)은 정신건강 이데올로기에 빠져 있는 치료사나 상담사를 기능적 상대주의에 심취한 나머지 기독교적 세계관과 상충하는 특별한 가치관의 방향으로 내담자를 밀어넣을 수 있다는 점을 경계했다. 예를 들면, 이혼이나 자살의 문제로 괴로워하는 내담자와 같은 사례에서 볼 수 있다. 그래서 내담자가 가지고 있는 고유의 신앙적 사고와 신념을 상담과정에서 반영하기에는 어려움이 있다. 기독(목회)상담 방법론은 여기서 차별화된다. 비기독교상담 전문가들은 경험은 강조할 수 있어도 사중복음 관점에서 성경과 전통을 활용할 수 없기 때문이다. 뿐만 아니라 성화론적 방법은 인간의 자유의지와 종합적인 이성의 기능을 활용하여 균형을 이룰 것을 강조한다. 가요한(2014)에 의하면, 웨슬리의 이성에 대한 관점이 전기와 후기로 구분하여 3가지 점진적인 변화를 가져왔다고 분석했다. 첫째, 개인적(personal)인 것에서 관계적(relational)인 것으로의 전환이고, 둘째, 인간의 이성적 동의(rational assent) 보다는 하나님의 은혜의 능력(power of grace)을 통한 전인적 발달이며, 셋째, 인지(이성) 중심에서 인지, 정서, 행동의 종합적인 변화이다. 사중복음에서 이성의 기능이 모든 정보를 수렴해서 의미 있게 만드는 작업이라면 여기서 이성은 초기의 웨슬리의 관점이라기보다는 인지, 정서, 행동을 종합적으로 반영하는 이성의 기능을 말한다. 이렇듯 후기 웨슬리 신학에 의하면, 신앙(faith)의 선제조건은 하나님의 선행하시는 은혜(grace)이고, 신앙의 생성은 이성의 결과물이 아닌 하나님의 초대에 대한 응답이며, 신앙의 성장은 하나님의 은혜가 촉진시키는 하나님-인간 간의 역동적인 관계에 의해서 경험되는 이성이다. 이 이성의 능력으로 성경과 전통과 경험을 종합하고 성경과 전통과 경험 안에서 이성을 활용하는 방법론이 된다.

3) 상담 관계

상담이 효과가 있으려면 내담자의 준비가 가장 중요하다. 상담이 어려운 내담자는 비자발적 특성 때문이다. 내담자의 능동적인 참여가 없으면 신뢰관계 형성도 어렵고 상담의 기술 활용 또한 쉽지 않다. 그 점에서 상담의 주체는 상담자가 아닌 내담자여야 한다. 상담이란 내담자가 불편한 상황이나 관계를 초래한 데 기여한 자신의 일부를 변화시키거나 대처방식을 자신 속에서 끌어내어 원하는 결과를 도달하도록 하는 방법을 취한다(신경진, 2009). 내담자를 위한 문제해결이 '회복'이라고 했을 때, 회복할 수 있는 힘은 이미 내담자에게 부여된 상태이다. 웨슬리가 말한 선행하는 은총과도 같다. 초기 성화 때 부여되는 의인화 순간 선행 은총이 작용한다. 선행 은총은 관계가 형성될 때나 그 이전에 이미 가지고 있다. 그럼에도 불구하고 내담자는 발견하지 못할 뿐이다. 따라서 상담자는 선행 은총과도 같은 내담자의 변화능력을 발견할 수 있도록 돕는 역할을 하면 된다.

웨슬리의 초기 성화를 다른 표현으로 관계적 성화라고 했다. 인간이 죄로 인해서 하나님과 멀어지게 되었고 그 결과, 하나님의 형상(Imago Dei)을 잃어버리게 되었다. 중생으로 인한 의인화와 초기 성화의 선행 은총으로 인간은 하나님과의 관계가 회복되는 사건을 경험하게 된다. 초기 성화는 성화의 과정이 준비되는 자리이자 시작되는 단계이다. 상담적 관점으로 해석하면, 중생의 순간, 하나님과 인간은 상담적 구조화 작업을 시행한다. 하나님과 인간과의 역동적 관계가 새롭게 형성되는 순간이다. 기독(목회)상담 전문가의 역할은 이러한 관계가 형성이 될 수 있도록 조력하는 것이다. 그것은 하나님과 상담자가 협력관계를 형성하는 것, 하나님과 내담자가 협력관계를 형성하는 것, 그리고 상담자와 내담자가 협력관계를 형성하는 것이다. 비로소 완전한 협력관계(성령–내담자–상담자)가 형성된다. 이는 상담 장면에서 삼위일체 관계를 형성하게 되는 것이고, 웨슬리의 관점으로 볼 때, '3자 연합 신인협동설'을 실천하는 의미를 가진다. 우리가 상담을 할 때, 특히 신앙적 가치관이나 영적인 대화를 시도하거나 목회적 자원을 활용하여 상담을 위해서 기도하는 환경이 만들어졌을 때, 우리는 종종 상담장면에서 뜨거워짐을 경험하게 된다. 마치 상담실에 보이지는 않지만 누군가가 함께하고 있다는 느낌을 강하게 받을 때가 있다. 심리학적으로 대인관계 심리학자 설리반이 이런 현상에 대해 '관계왜곡'이라고 설명한 바가 있다. 하지만 신앙적으로 분별을 전제할 때, 이것은 성령이 함께하는 상담이다. 내담자와 상담자 그리고 하나님이 협력하는 역동적 관계가 형성이 된 것이다. 가요한(2014)에 의하면, 웨슬리의 관점에서는 완전함을 향해 지속적으로 나아가는 영성발달의 가장 중요한 토대는 역동적인 하나님-인간의 관계이고, 그 관계역동을 통해서 발달을 촉진하는 에너지원인 은혜가 서서히, 지속적으로 전달이 된다. 웨슬리의 설교에서 묘사되는 하나님-인간의 관계는 수직적이고 완전히 분리된 주체-객체의 이분법적인 관계가 아니고, 수평적이고 친밀하며 상호의존적인 상생의 관계였다.

상담현장에서 대부분의 내담자들은 관계적 어려움을 가지고 있다. 우울이나 불안과 같은 심리적 문제와 대인관계 어려움의 문제들은 연결되어 있다. 각각 삶의 자리에서 가족이나 주변의 사람들과의 관계에서 비롯되거나 아니면 이전의 트라우마의 경험이 현재의 관계에 부적적으로 작용을 해서 어려움을 호소하는 경우가 많다. 이럴 때 상담자와 관계형성만 잘 되어도 상담의 효과를 발휘한다. 상담자와 관계형성은 치료의 시작이다. 그 차원에서 웨슬리의 성화적 상담관계는 기독(목회)상담에서 핵심적 가치를 가지는 방법론을 제공해 준다.

4) 상담의 목표

웨슬리는 루터의 〈로마서강해〉를 읽고 가슴이 뜨거워지는 체험을 한 적이 있다. 하지만 3년 뒤에는 〈갈라디아서강해〉를 읽고 비판적 관점으로 돌아섰다. 웨슬리는 루터가 선행과 하나님의 율법을 모독했다고 본 것이다. 즉, "율법을 끊임없이 죄, 죽음, 악마와 같은 것으로 결부시킨다. 그리고 그리스도가 우리를 그것들로부터 똑같이 구원하신다고 가르친다. 그리스도가 우리를 거룩함으로부터 혹은 하늘로부터 구원하신다고 할 수 없듯이, 그리스도가 우리를 하나님의 율법으로부터 구원하신다는 것을 성경에 의해 증명할 수 없다 (Wesley, 1872 재인용).” 이양호(1996)는 이에 대해 “루터의 영성이 죄인을 값없이 의롭다 인정해 주시는 하나님의 은총론에서 나온 것이라고 한다면, 웨슬리의 영성은 ‘나도 거룩해질 수 있다.’ 혹은 ‘나도 완전해질 수 있다.’는 성화 사상에서 나온 것이라고 할 수 있다.”고 했다. 루터의 영성은 전적인 하나님의 은총에 의한 것이며, 웨슬리의 영성은 인간의 노력에 따라서 가능한 것으로 보는 것이다. 웨슬리는 다음과 같이 강조하고 있다.

> 이것이 ‘완전한 사람’이 되는 것이며 ‘완전히 성화’되는 것이다. (어셔 대주교의 말을 빌리자면) “하나님의 사랑으로 활활 타오르는 마음을 갖는 것”이며 “모든 생각과 말과 행동을 그리스도를 통해 하나님께서 받으실 만한 영적 제사로 끊임없이 드리는 것”이다. 우리 마음의 모든 생각에서 우리 혀의 모든 말에서 우리 손의 모든 일에서 “우리를 어두움으로부터 그의 놀라운 빛으로 불러내신 분의 영광을 나타내는 것”이다. 오, 우리와 그리고 주 예수를 진지하게 찾는 모든 사람이 이처럼 “한 분 안에서 완전해지기”를 빈다!(Burtner & Chiles, 1954 재인용)

웨슬리는 그리스도인으로 되어 가는 완전성을 강조하고 있다. 한 개인의 완전성은 ‘되어지는 것’이기보다는 ‘되는 것’, 더 나아가서 ‘하는 것’으로서 그 주체가 위에 있기보다는 아래에 있고 밖에 있기 보다는 안에 있는 것이다. 가요한(2104)은 영성발달의 관점에서 완전함을 향해 지속적으로 나아가는 가장 중요한 토대는 역동적인 하나님–인간의 관계이고, 그 관계역동을 통해서 발달을 촉진하는 에너지원인 은혜가 서서히, 지속적으로 전달이 된다고 했다. 그러면서 하나님–인간관계에서 인간은 자기성(selfhood)을 잃지 않으면서도 역동적 관계를 통한 하나님과의 합일(union)을 경험하며, 그 관계에서 전달되는 하나님의 은혜를 체험함으로 인지, 정서, 행동의 변화를 경험하게 된다. 웨슬리는 이러한 관계를 통한 영성발달의 과정을 "신이 되는 과정(becoming a god)"이 아닌, 오히려 "더 완전히 인간이 되는 과정(becoming more fully human)"으로 보았다(Runyon, 1998 재인용)

웨슬리의 이러한 성화적 방법론은 인본주의 심리학과 연계성을 가진다. 인간은 자기실현의 욕구를 가지고 동기화되며 단계적으로 욕구를 실현하는 과정으로 성장한다. 특히 칼 로저스는 건강한 삶 또는 이상적인 삶을 사는 사람을 '충분히 기능하는 인간(the Fully functioning person)'이라고 했다. 건강한 삶은 힘들고 어렵고 때로는 고통스럽더라도 자아실현을 위해 긍정적이고 적극적으로 극복해 나갈 수 있는 삶이다. 또 자신에 대해 가식이나 숨김없이 말할 수 있는 사람은 충분히 기능하는 인간이다. 따라서 충분히 기능하는 인간은 스스로를 인정하고 자신의 잠재력과 능력, 재능을 발휘하며 더 나은 방향으로 개발해 가는 사람을 가리킨다(Rogers, 2012). 이런 사람의 특성은 ① 경험에 대한 개방성, ② 실존적인 삶, ③ 자신의 유기체에 대한 신뢰, ④ 자유의식, ⑤ 창조성을 가진다. 로저스가 웨슬리의 영향을 받았는지는 알 수 없으나 인간으로서 완전함에 도달하는 목표 의식과 이것을 이루고자 하는 과정적인 면에서 기능적인 방법론적인 연계성을 가진다. 토마스 오든은 웨슬리의 관점을 직접 다룬 것은 아니지만 고전적 신학과 심리학적 구조를 유비적으로 설명하려 했다.

고전적 신학(바르트) 구조	심리학(로저스) 구조
인간의 곤경(죄)	내사된 가치들에 의한 부조화, 또는 갈등
구원의 사건(구속)	(상담자의) 공감, 조화, 무조건적 적극적 배려를 통한 자기 수용
은혜 안에서의 성장(본래성)	경험에의 개방, 조화, 완전히 기능하는 인간

출처: 박노권, 1999.

오든은 로저스가 인간이 하나님에 의해 창조되었으며 인정을 받았다고 하는 깊은 차원에서 인간을 보지 못하고 있다는 한계를 갖고 있으며, 구속에 대한 그의 교리는 개인적인 자기–화해로서 사회적 화해라든지 우주 전체에 대한 구속의 폭넓은 희망에 대해서는 언급하지 않는다는 비판을 한다(Oden: 박노권, 1999 재인용). 이렇듯, 로저스의 방법론에는 하나님의 선행 은총이 드러나지 않을 뿐이지 완전히 기능하는 인간으로 가는 길목을 통해 성화론에서 추구하는 점진적 변화와 성장은 충분히 담아내고 있다.

5. 나오는 말

3차 산업혁명은 지금도 진행 중인데, 한국교회의 3차 대부흥운동은 아직 오지 않았다. 성화론을 살펴보면서 우리는 무엇이 부족하다는 것을 깨닫는다. 웨슬리 시대의 대부흥, 하나님의 강력한 힘이면 충분한데, 하나님은 한 인간, 웨슬리를 사용해서 역사를 일으키셨다. 무엇이 웨슬리로 하여금 하나님의 도구가 되게 하였고 하나님은 어떻게 감동받아서 한 세기를 움직이게 했는가? 거기에는 하나님의 역사에 응답한 웨슬리의 성화적 삶과 사상이 있었다. 웨슬리도 루터와 칼빈 같은 종교개혁자들과 마찬가지로 구원론이 핵심이었다. 하지만 그의 구원론은 특별했다. 웨슬리의 구원은 일방적인 의사소통 방법이 아니라 하나님과 인간 사이의 역동적인 상호관계에서 쌍방의 의사소통의 구조를 가지고 있었다.

이러한 하나님과 인간의 관계는 신학과 심리학이 어떻게 연계해서 새로운 부흥을 위한 도구가 될 것인지에 대한 고민을 해소시켜 준다. 성화론적 사고로 볼 때, 신학이 은총이라면, 심리학은 성화의 도구로 볼 수 있다. 하지만 오늘날 우리의 문제는 신학이 세상에 실제적 해답을 제공하지 못하고 있고, 심리학은 상대적 기능주의와 세속적으로 빠져서 하나님의 형상을 부정하고 있다. 신학과 심리학에서 신인협동 모델을 실천할 수 있어야 한다. 임경수(2004)는 심리학과 신학의 연계성을 언급하면서 상호보완적이어야 한다고 했다. 어느 하나가 우위를 차지해서는 안 되며, 끊임없이 인간을 이해하는 관점을 습득, 평가, 비평을 하면서 상호보완해 나가야 한다고 했다. 이러한 방법론이 성화론적 사고와 맥락을 함께한다. 그뿐 아니라 많은 영역의 학문분야에서 신학과 심리학을 통합적으로 접근해 나가야 할 것을 강조하고 있고, 심지어 과학자들까지 한목소리를 내고 있다. 정도의 차이는 있지만 이러한 방법론들은 웨슬리의 성화론적 방법에서 이미 실현되었고 그 결과로 대부흥이라는 사회적 변혁까지 경험을 했다. 그러므로 우리는 웨슬리의 점진적 성화력을 높이기 위한 전략과 실행력이 필요하다.

끝으로, 이 장에서는 다루지 못했지만, 웨슬리는 구원을 위한 개인적 성화뿐만아니라 사회적 성화까지 강조했다. 그는 실제로 회심운동과 더불어 성화사상은 사회적 실천으로 나타났다. 빈민을 구제하고 제도를 개혁하는 운동을 했다. 그리고 경제적 성화까지 주장했다. 특히 돈에 대한 설교(Wesley, 1771)에서 '할 수 있는 대로 많이 벌어라.' '할 수 있는 대로 모든 것을 저축하라.' 그리고 '할 수 있는 대로 모든 것을 주라.'고 했다. 고아와 죄수 가난한 사람들을 위한 기관을 세우고 신용조합까지 만들어 무이자로 빌려 주며 일자리 창출까지, 지금 와서 볼 때, 한 설교자가 이런 것까지 관심을 가지고 실천을 했나? 의문이 들 정도로 실행력을 보였다. 웨슬리의 성화론은 말에서 끝나는 단순한 사상이 아니었다. 오늘날, 기독(목회)상담이 상처 입은 현대인을 치유하는 데 도구가 되고, 3차 대부흥에 기여하기 위해서는 개인적 성화를 돕는 상담은 물론 사회적 성화를 위한 실천을 공동으로 기울여야 한다. 하나님의 은총은 저절로 있지만 구원은—회복, 치유, 부흥, 성장 등을 포함해서—저절로 일어나는 것이 아니라 인간의 점진적 노력에 의한 성화의 과정을 거치기 때문이다. 더 나아가 제도를 개혁하고 경제적 성화에 이르기까지 회심과 선행을 지속적으로 실행해야 한다. 지금까지 상담이 상담실에 머물러 있었다면, 이제는 상담실 밖으로 나가서 상담의 환경과 문화를 만들어야 한다. 그

점에서 상담사 제도와 법 마련을 위해 우리 기독(목회)상담이 선제적으로 대응할 필요가 있다. 이것이 웨슬리가 오늘날 우리에게 던져 주는 기독(목회)상담 방법론이자 희망의 메시지일 것이다.

참고문헌

가요한 (2014). 집단상담과 영성훈련의 조화: 존 웨슬리 신학과 집단모델에 근거한 한국적 CD 집단모델 제안. 목회와 상담, 23, 9-57.

구금섭 (2007). 요한 웨슬레의 교회사회복지 신학. 서울: 한국학술정보(주).

김영선 (2002). 존 웨슬리와 감리교신학. 서울: 대한기독교서회.

김홍기 (1993). 존 웨슬리 신학의 재발견. 서울: 대한기독교서회.

김홍기 (2008). 웨슬리의 성화론. 서울: 한들출판사.

박노권 (1999). 토마스 오든에 있어서 신학과 심리학의 관계. 기독교사상, 482, 125-138.

서형선 (1992). 웨슬리 복음주의 총서(1). 서울: 웨슬리복음주의협의회.

신경진 (2009). 상담의 과정과 대화 기법. 서울: 학지사.

이양호 (1996). 에큐메니칼 시대의 기독교 영성운동. 기독교사상.

이양호 (2001). 생명을 주는 교회. 기독교사상.

이양호 (2005). 칼빈 생애와 사상. 서울: 한국신학연구소.

이양호 (2009). 루터, 칼빈, 웨슬리, 제1기 기독교사상학교 강의자료.

임경수 (2004). 신학과 심리학의 연계적 학문을 통한 기독교 상담의 정체성. 한국기독교상담학회지, 7, 231-257.

조종남 (1984). 요한 웨슬레의 신학. 서울: 대한기독교서회.

홍영택 (2006). 웨슬리의 구원 이해와 목회상담. 신학과 세계, 55, 74-106.

Bettelheim, B. (2001). 프로이드와 인간의 영혼 (김종주 외 역). 서울: 하나의학사.

Burtner, R. W., & Chiles, R. E. (Eds.). (1954). *Compend of Wesley's theology*. New York: Abingdon Press.

Kaplan, D. M., Tarvydas, V. M., & Gladding, S. T. (2010). 20/20: A vision for the future of counseling: The new consensus definition of counseling.

Macquarrie, J. (1989). 20세기 종교사상 (한숭홍 역). 서울: 나눔사.

Maddox, R. L. (1994). *Responsible grace: John Wesley's practical theology*. Nashville: Kingwood Books.

Miller, B. (2005). 요한 웨슬리 (김지홍 역). 서울: 기독신문사.

Rogers, C. (2012). *On becoming a person: A therapist's view of psychotherapy*. New York: Houghton Mifflin Company.

Runyon, T. (1998). *The new creation: John Wesley's theology today*. Nashville: Abingdon Press.

Erdmann, W. C. (1951). 믿음으로 산 위인들 (곽안전 역). 서울: 대한기독교서회.

Wesley, "The General Spread of the Gospel," in The Works of the Rev. John Wesley, A. M., 14 vols., ed. Thomas Jackson, 3rd ed. (London: Wesleyan-Methodist Book-Room, 1829-31), 6: 280-281, quoted in Robert Wallace Burtner and Robert Eugene Chiles, A Compend of Wesley's Theology (Nashville: Abingdon Press, 1954), 145-146.

Wesley, J. (1732). On working out our own salvation. In WJW, 3, 207.

Wesley, J. (1771). Sermons on several occasions. "Use of money. works." Grand Rapids, MI: Christian Classics Ethereal Library.

Wesley, J. (1872). *The Works of John Wesley 10*. T. Jackson (Ed.). Grand Rapids: Zondervan.

Wesley, J. (1976). *Explanatory notes upon the New Testament*. London: The Epworth Press.

Wesley, J. (1980). *The works of John Wesley. 25 Vols*. F. Baker (Ed.). Oxford edition. Oxford: Oxford University Press.

Wesley, J. (1981). 그리스도인의 완전 (정행덕 역). 서울: 기감교육국.

Wesley, J. (1985). *A plan account of Christian perfection*. London: The Epworth Press.

Wesley, J. (2010). 존 웨슬리의 일기 (김영운 역). 서울: 크리스천다이제스트.

제 7 장

하인즈 코헛의 자기심리학을 통해 본 인간의 자기 이해, 신인관계 그리고 신학의 실천적 과제

권수영
(연세대학교 신과대학/연합신학대학원 목회신학 교수)

1. 들어가는 말

상담이나 심리치료에 있어서 가장 중요한 임상적 과제 중 하나를 꼽으라고 한다면, 내담자가 가지고 있는 자기(self) 개념과 그 형성과정에 대해 탐색하고 건강한 변화와 성장을 도모하는 일이라고 답변할 임상전문가들이 적지 않을 것이다. 예컨대, 청소년 상담을 진행하는 상담자라면 내방한 청소년이 가지고 있는 자기 정체성(self-identity) 이슈가 매우 중요하다고 여길 것이고, 부부상담의 경우라면 각기 내담자의 낮은 자존감(self-esteem)이 과거 가족력과 초기 대상관계와 어떠한 연관이 있었는지 살펴보려 할 수 있다. 자신에 대한 왜곡된 인지와 표상이 타인에 대한 부정적인 인간관계로 나타나는 경우가 많고, 그러한 자기(self) 이해는 결국 자신의 인식의 벽 안에 스스로를 가두어 심각한 정서적 혹은 대인관계의 어려움을 초래하는 경우가 비일비재하기 때문이다.

자기(self)라는 주제는 그저 심리학적인 연구의 주요 분야만은 아니었다. 자기(self)에 대한 학문적인 이해는 서구 지성사에 있어서 철학과 심리학, 그리고 정신분석학에 있어서 가장 중요한 주제로 연구되어 왔다. 이 장에서는 먼저 자기(self) 연구의 대표적인 철학적 전통을 고찰하고, 철학적 전통에 심리학적인 도전을 제시한 윌리엄 제임스(W. James)의 이분법적 자기 이론을 살펴본다. 나(I)라는 인식 안에는 얼마나 많은 나(me)를 포함하고 있는 것일까? 특정 물건에 집착하는 강박증 환자는 그 물건 자체가 자기 자신의 일부라고 여길 수 있다. 과연 내 안에 있는 수많은 나를 통일시키는 기능이 가능한 것일까?

이어 철학적 자기 이해를 비판하면서 등장한 정신분석학의 자기 이해가 갖는 함의를 검토하고자 한다. 프로이트(S. Freud)는 철학자 칸트가 제시하는 이성의 통일적인 기능을 부정하면서, 본능의 역동을 강조했던 정신분석의 창시자이다. 하지만, 이후 그가 신경증의 핵심적인 이유라고 이해한 성적인 본능과 공격성의 본능의 범주 밖에 있는 인간의 기본적인 욕구(needs)에 대한 폭넓은 후속 연구가 이어졌다. 개인의 자기(self)가 발달하는 데 있어서는 반드시 대상(object)이 필요하고, 특정한 욕구가 그 대상으로부터 충족될 때 건강하게 자기 자신을 만들어 갈 수 있다는 것이다. 만약 대상이 신적인 대상(divine object)의 경우에는 어떻게 설명될 수 있을까? 과연 유한한 인간이 절대자인 신과의 관계에서 공포 불안이나 강박과 같은 병리적인 틀을 벗어나 만날 수 있을까? 이러한 정신분석적인 연구는 인간의 자기 이해와 신과 인간의 관계, 즉 신인관계(神人關係)를 신학적으로, 그리고 실천적으로 이해하려는 시도에도 매우 유의미한 공헌을 하리라 본다.

이 장에서는 주체(subject)와 대상(object)을 이분법적으로 구분하려 했던 기존의 철학적, 정신분석학적인 접근을 새롭게 재해석하려고 노력한 코헛(H. Kohut, 1923–1981)의 자기심리학(self psychology)의 기본적인 개념들을 살펴볼 것이다. 코헛이 이해한 내적 성찰, 즉 내성(introspection)은 기존 철학적 전통이 강조해 온 합리적인 이성의 통일성의 의미와는 현저한 차이가 있다. 그가 자기애적 성격장애(narcissistic personality disorder)를 가진 환자들을 분석하고 치료하면서 발전시킨 "내성-공감적인 접근(introspective-empathetic approach)"이 기독(목회)상담과 돌봄을 제공하는 임상가들에게 어떠한 실제적인 틀을 제공할 수 있을지, 그리고 기독교신학과 목회(실천)신학의 방법론의 발전에는 어떠한 발견법적인(heuristic) 의미를 줄 수 있는지 살펴보려고 한다.

2. 철학과 심리학의 중심주제로서의 자기

오랜 기간 동안 서양철학과 심리학의 공통주제였던 자기(self)에 대한 탐색을 진행하기 전에, 영어권에서 단어 '셀프'(self)가 처음 어떠한 의미로 사용되어 왔을지 의문을 가질 필요가 있다. 그 기원을 거슬러가면, 놀랍게도 그 최초의 용례에는 종교적인 색채가 확연히 드러난다. 어원학자들은 영어단어 'self'가 사용된 1680년의 기록을 추적하곤 한다: "우리 자신의 자기(self)는 하나님을 부인할 것이지만, 전지전능하신 우리 주 하나님을 따르자(Simpson, 1989, p. 906)."[1] 이때 'self'라는 단어의 초창기 용례를 살펴보면, 종교적으로 하나님을 거부하고 부인하는 인간의 죄된 본성을 의미하는 내적 상태를 반영하는 듯하다.

이미 수백 년이 지난 지금도 영어권의 일반인에게 여전히 'self'가 죄적인(sinful) 본성이나 인간의 부정적인 속성과 연관지으려는 용례로서 지속적으로 쓰이는 것을 보면 최초의 의미구성을 무시할 수 없다. 예컨대, 'selfish(이기적인)' 'self-indulgent(자기탐닉적인)' 'self-serving' 혹은 'cult of the self(자

1) 원문은 다음과 같다. "Oure awn self we sal deny, And follow oure lord god al-myghty."

기숭배)' 등의 단어들이 가지는 함의는 다분히 부정적인 속성을 내포한다.

서양 문화권에서의 자기(self) 개념은 17세기부터 그 종교적 용례에 대한 중대한 도전을 받아 왔다. 자기(self)를 '죄'나 '종교'의 굴레에서 독립시켜 정의하려는 로크(J. Locke)와 같은 철학자들의 새로운 개념정의가 시작되었기 때문이다. 로크는 인간 이해에 관한 에세이(An essay concerning human understanding)에서 인간의 내적인 핵심은 영원한 영혼(eternal soul)이 아니라, 인식하는 자기(perceiving self)라고 선언한다. 그는 "어느 누구나 자신이 인식한다는 것을 인식하는 그 기능 자체가 없이 인식할 수 없으며, 인식(consciousness) 그 자체가 늘 사고를 동반하고 이것이 자신을 다른 모든 생각하는 존재들과 구별시켜 자신을 자기(self)로 부를 수 있도록 만든다."고 설명한다(Locke, 1694/1994, p. 449).

유명한 철학자 데카르트의 '나는 생각한다. 고로 존재한다.(Cogito ergo sum)'라는 명제 또한 나(self)의 중심에는 개인의 인식하는 기능이 자리한다. 철학자 칸트 역시 인간의 모든 경험들은 사고하는 기능을 지닌 자기(thinking self)와 연관되어 있다고 믿었다. 칸트에게 있어서 사고하는 자기는 모든 인식을 하나로 묶는 기능을 한다. 결국 자기(self)는 인식(consciousness) 그 자체가 된다(Kant, 1929, p. 153). 후대 학자들은 한 개인의 자기(self)가 가지는 외부세계와의 다양한 상호작용과 복잡한 관계마저도 사고하는 자기(thinking self) 안에서 모두 의식적으로(consciously) 연결될 수 있다는 칸트의 주장을 의심하기 시작했다(Modell, 1993, p. 3). 과연 인간은 칸트의 주장대로 인식적인 기능을 통해 모든 감정과 상호적 관계의 경험을 묶을 수 있는 '통일적 자기'(unifying self)를 경험할 수 있을까?

우리는 무엇보다 서양지성사의 오랜 흐름 가운데 이러한 철학적 전통을 바탕으로 자기(self)가 인식적인 기능을 총체적으로 감당할 수 있는 부동의 주체(subject)로 평가되어 온 점을 기억해야 한다. 자기(self)에 대한 다양한 학문적 연구 역시 이러한 철학적 전통 아래 진행되어 왔다. '통일적 자기'에 기초한 내적 성찰(introspection)은 자기(self)에 대하여 우리 자신의 사고과정(thinking)을 통하여 연구한다는 것이다. 인간의 개별적인 사고과정에 대한 통일성을 굳게 믿어야만, 두 명의 연구자가 한 개인의 자기(self)에 대하여 내적성찰을 통하여 도출한 연구결과에 대한 타당성을 의심치 않을 수 있다.

상담이나 심리치료의 임상현장을 예로 들어 보자. 상담자가 내담자의 자기(self)를 탐색하고 연구한다면, 일단 자신의 통일적 자기에 기초한 내적성찰적 과정을 전제해야 한다. 그리고 연구대상인 한 개인(내담자)의 내면을 들여다보는 방법을 통하여 관찰된 내담자의 자기(self) 또한 그 개인의 모든 감정과 관계적 상호작용을 묶어 내는 자기의 통일적 기능을 전제하여야 그 연구의 타당성이 입증된다. 그러한 대전제하에 '통일적 자기'라는 주체(subject)가 인식(consciousness) 그 자체로서 연구의 대상(object)이 될 수 있다.

이러한 철학적 전통에서 보면, 한 내담자의 자기(self)를 내적 성찰(introspection)의 방법으로 탐색한다는 것은 내담자가 구술하는 자기(self)가 그의 내면세계를 통일시키는 인식(consciousness) 그 자체라는 전제가 있어야 한다. 내담자의 자기(self)라는 주체가 철저한 자기인식(self-consciousness)이 가능한 상태로 전제되지 않고는 객관화(objectification)될 수 없기 때문이다. 이에 내담자의 주체(subject)로서의 자기를 다시 객체화할 수 있는 자기에 대한 새로운 임상적인 이해가 필요하게 된다. 코헛의 자기심리학을 고찰하기 전에, 철학자 로크의 자기 이해에 새로운 도전을 제기한 철학자이자 심리학자인 제임스(1842~1910)의 자기 이해를 살펴본다.

3. 주체와 객체화를 위한 자기 이해: 제임스의 이분법적 시도

제임스는 로크의 자기(self) 이론에 논리적 난점을 표명한 최초의 심리학자였다. 우선 로크가 말하는 부동의 인식적 자기(unchanging, perceiving self)에 대하여 제임스는 회의하기 시작했다. 그는 자기(self)는 고정적이고 일관성을 추구하는 주체일 뿐만 아니라, 시간과 상황에 따라 변모하는 동적이고 순응성 있는 주체로서 기능하기도 한다고 보았기 때문이다. 이에 제임스는 어떻게 하나의 주체가 일관성과 순응성을 동시에 기능적으로 수행할 수 있을지에 대한 문제를 놓고 고민하기 시작했다. 그가 제안한 그의 새로운 자기(self) 이해에는 바로 이러한 역설을 해결하기 위한 해석학적 노력이 담겨 있다.

그는 자기(self)가 두 가지의 기능적인 하부체계로 구성된다고 보았다. 이를 그는 "주격 나(the "I")"와 "목적격 나(the "Me")"로 구별하였다(James, 1910, p. 177). 하나의 자기 체계 내에서 "주격 나"는 의지적인 자기(volitional self)로서 로크의 인식자(perceiver)와 같은 기능을 하는 자기의 내부적 주체(internal subject)로 이해되었다. 반면, "목적격 나"는 사회적으로 타인과 상호작용하는 객체적 기능을 담당하는 부분으로 이해한 것이다. 그래서 자기(self)는 주격으로 쓰이는 '나(I)'와 목적격으로 쓰이는 '나(me)'의 두 가지 기능을 함께 수행한다는 것이다. 인식자로서의 나(knower)와 인식되는 나(known)이다. 로크와 같은 철학자가 정의하는 인식적 주체(perceiving subject)로서의 자기(self) 안에서 외부세계와 타인에 의하여 객체(object)로 인식되는 "목적격 나"를 구별해 낸 것이다.

"나는 오늘 아침 일찍 일어났다. 엄마가 나를 안아 주었다."라는 한국어 문장에서 "나"는 두 번 등장한다. 첫 번째 등장하는 "나"는 생물학적으로, 물리적으로 지속성을 가진 부동의 주체(subject)이다. 그러나 두 번째 나오는 "나"는 타인과 상호작용하는 가운데 타인과의 관계와 인식의 틀 가운데서 의미가 생성되는 객체(object)가 된다. 엄마가 안아 주었기 때문에 나는 '사랑스러운 나'라는 객체(object)가 된다. 엄마가 "나"를 아침부터 혼내시고 매까지 들었다면, "나"라는 객체의 성격은 바뀌어진다. '못난 나' 혹은 '천덕꾸러기 나'로 상황에 따라, 혹은 관계를 맺는 대상과의 과거 경험의 질에 따라 다양성을 띠게 된다. 결국 이 "목적격 나"는 결코 변하지 않고, 유일무이한 절대적 성격이기보다는, 지극히 상대적이고 상황에 따라 변화무쌍한 모습을 가지게 마련이다.

과거의 철학적 전통이 가지고 있는 정적(靜的)이고 고정적인 자기 이해의 틀에서 새로운 인식의 전환을 가져왔다는 점에서 제임스의 이론은 자기(self)의 철학적 기반을 새롭게 공고히해 갔다. 제임스는 "목적격 나(the "Me")"를 세 가지 요소들로 구성되어 있다고 분석했다. ① "물질적인 목적격 나"(the material me), ② "사회적인 목적격 나"(the social me), 그리고 ③ "영적인 목적격 나(the spiritual me)"가 그것이다(James, 1910, pp. 177-183). "물질적인 목적격 나"는 무엇보다 나의 육체이다. 누군가 나를 건드리면, 나의 어깨를 건드렸거나, 나의 엉덩이를 걷어찼거나 '나(self)'를 구성하는 "물질적 목적격 나"라는 객체에 상호작용한 것으로 인식한다. 내가 입고 다니는 옷도 '나(self)'의 일부이다. 물론 명품을 몸에 두르는 일은 바로 타인이 나를 보는 객체로서의 "물질적 목적격 나"에 대한 외부적 인식을 위한 것이다. 좋은 자가용을 타고 다니는 것도 같은 이치이고, 자가용은 단순히 운송수단이 아니라, '나(self)'의 일부이다. 주체인 '나(self)'는 자동차일 수 없지만, 자동차는 "물질적 나"로 객체화되는 자기의 일부이다.

제임스가 말하는 "영적인 목적격 나"는 종교에서 말하는 초월적이고 영적인 세계를 지시하는 것이 아니다. 인간의 의식에 관여하여 사고하고, 도덕적 결단과 행위를 이끌어 내는 총체적 기능을 말한다. 그는 이러한 "영적인 목적격 나"의 기능을 "나의 심리적 기제와 기질이 바르게 취하여질 때 나의 모든 의식의 총합"이라고 정의한다(James, 1910, p. 181). 이는 여전히 주격(subject)으로서의 자기(self)가 주도하여야 할 의지적 측면을 반영한다고 볼 수 있다. 무엇보다 심리학이나 사회학, 혹은 후대 사회과학적인 자기 이론 전반에 영향을 미친 제임스의 공헌은 그의 "사회적인 목적격 나(the social me)"에 대한 연구이다.

"사회적인 목적격 나"는 타인의 인식 가운데 받아들여지는 것을 인식하는 주체의 인식 그 자체에서 발생한다. 여기에서 다양한 타인들이 한 개인을 받아들이고 상호작용하는 방식이 다양한 만큼, 한 개인에게 하나의 "사회적인 목적격 나"가 아닌 여러 개의 '나(self)'가 존재하는 것을 발견할 수 있다. 당연히 제임스는 "목적격 나(the "Me")"의 관점에서 자기(self)가 사회적 상호작용(social interaction)의 구조와 밀접하게 관련 있음을 발견한다. 제임스의 제자인 James M. Baldwin이나 미시간 대학교의 Charles H. Cooley, 시카고대학교의 George Herbert Mead와 같은 초창기 사회학자나 실용주의 철학자들에 의하여 제임스의 "목적격 나"로서의 자기(self)의 사회적 기능에 대한 연구가 지속되었다.

여기서, 서구 철학적 전통에서의 새로운 전기를 마련한 제임스의 자기(self) 이론이 이전의 로크의 철학적 전통과 과연 얼마나 다른지를 면밀하게 고찰할 필요가 있다. 제임스의 이론에서 두 가지 기능적 하부시스템(functional subsystem)이 어떻게 서로에게 아무런 영향을 미치지 않고 독립적으로 기능하는 이분법적 관계를 유지할 수 있는가의 문제가 등장한다. 제임스는 "주격 나"와 "목적격 나"와의 관계를 "목장주인(herdsman)"과 "젖소 떼(cattle herd)"로 비유하여 설명한다.

제임스는 여전히 주인(owner)격인 주체(subject)로서의 자기(self)의 역할에 주안점을 두고 있다. "주격 나"가 일상생활에서의 다양한 역할과 관계 안에 있는 "목적격 나"를 관리하고 움직이기를 원한다. 분명히 "주격 나(the "I")"는 스스로 인식되기 위하여 객체화될 필요가 없다. 제임스의 이론에서도 "주격 나"는 여전히 인식자(perceiver)로 처음부터 존재하고, 객체인 "목적격 나" 위에 존재한다. 인식자로서의 "주격 나(the "I")"가 부동의 자리를 확립하고 있는 한, 로크의 철학적 전통을 나름대로 유지하고 있는 것으로 볼 수밖에 없다.

서양적 자기 인식론 연구의 틀을 벗어나기 위해서는 부동의 인식적 주체로서의 자기(self)가 객체화(objectification)되는 방법을 강구하지 않으면 안 된다. 주체적 자기가 객체적 자기와 이분법적으로 존재한다고 가정하고서는 특히 상담과 심리치료 분야에서는 총체적인 자기 연구를 수행하는 일이 요원하여진다. 주체적 자기에 무조건적인 부동의 무게를 두는 철학적 전통에서는 주체(subject)로서의 자기는 객체로서의 자기가 받는 어떠한 사회적 상호작용으로부터 자유롭다고 믿고 있는 까닭에 결국 제임스가 이해한 자기 이해에 있어서도 객체화가 가능한 자기(self)의 반쪽 부분만을 탐구할 수밖에 없게 된다(권수영, 2006a).

4. 주체-대상 이분법을 극복하다: 코헛의 자기대상 모형

로크나 칸트가 가지고 있는 자기(self)의 통일적 기능에 대하여 커다란 도전을 가져온 것은 다중인격(multiple personality) 개념이 등장하면서부터이다. 19세기부터 프랑켄슈타인(Frankenstein)이나 지킬박사와 하이드(Doctor Jekyll and Mr. Hyde)와 같은 소설에 등장하는 다중인격의 모습은 다분히 충격적인 것이었다. 무엇보다 18세기의 철학적 이성주의자들이 주장하였던 의식적 자기의 통일성에 대한 중대한 도전을 주기에 충분했다. 프로이트의 정신분석적 자기(self) 이해는 난공불락처럼 여겨져 왔던 "주격 나(the "I")"에 대한 새로운 인식의 전환을 가져왔다.

1) 프로이트의 정신분석적 자기 모형

스탠퍼드대학교의 저명한 철학자 Richard Rorty(1991)는 프로이트의 저작을 읽는 열쇠를 간단하게 "중심을 해체하는 구조적 이야기(story of decentering-as-mechanism)"로 풀어낸다(p. 145). Rorty는 서구 지성사에서 중심을 해체하는 사상가 세 명을 소개한다. 지동설을 주장한 코페르니쿠스와 진화설을 주장한 다윈이 그간 믿어 왔던 지구 중심 세계관과 인간 중심 세계관의 해체를 선언한 사상가로 본 Rorty는 프로이트를 이들 무리에 합류시킨다. 즉, 프로이트는 자기 인식(self-consciousness) 중심 세계관을 해체했다는 점에서다. 프로이트는 칸트의 "하나의 통일적 자기(one unifying self)"를 거부한다. 내가 자기(self)의 주인이 아니다. 주체(subject)로서의 나, 혹은 자아(ego)가 자기의 다양한 기능을 통일적으로 지배하는 주격으로 기능한다는 철학적 전통을 믿지 않았다.

프로이트가 이해한 자기(self)는 늘 갈등 가운데 있는 분열된 모습이다. 그가 본능(Id)의 힘을 지적한 것은 숨겨져 있는 무의식의 힘을 애써 억누르면서 고통받는 총체적 자기(self)의 숨통을 트는 데에 그 목적이 있다. 이전 철학자들이 던지는 명제에 프로이트는 숨막혀 했다. "네 자신을 아는 것"이 중요한 것이 아니라, 무의식의 심층에서 갈등하는 "수많은 네 자신들을 아는 것"이 인간을 자유롭게 할 것이라고 굳게 믿었다. 무의식을 들여다보려는 프로이트의 관점은 단순하고 명확하다. 무엇보다 이것이 진실을 좀 더 많이 고려한다는 이점이 있다는 것이다. 또한 프로이트 자신은 그의 무의식에 대한 연구가 삶을 좀 더 견딜 만한 것으로 만들어 준다고 보았다(Freud, 1997, pp. 173-238). 그의 심리학 이론을 구조적으로 평가한다면, 인간의 심리를 늘 묶여 있는 그 무엇으로부터 자유케 하려는 구조를 가지고 있다. 그의 이론이 단순히 해체주의적이라는 견해는 그가 추구한 연구의 목적성과는 일치하지 않는다. 그는 무의식을 억압하도록 짜여진 자기(self) 구조 내에서 조여진 삶의 숨통을 틔우는 일에 관심하는 인간주의자였다(Kwon, 2004a).

제임스의 이분법적 "주격-목적격" 자기 이론(the "I-Me" self theory)과 프로이트의 "다중적" 자기 이론이 다른 점은 무엇일까? 정신분석적인 자기(self) 이해에 있어서는 주체(subject)와 객체(object)로서의 자기의 역할이 뚜렷하게 구별되지 않는다. 예컨대, 칸트와 같은 철학자에게 주체의 불변하는 내재적 기질로 인식되어 온 양심도 프로이트에게는 하나의 주체(subject)로서의 자기

(self)를 구성하는 기능의 일부(superego)가 된다. 하지만 이는 동시에 부모와 같은 중요한 타자와의 관계로부터 내재화된 객체(object)로 이해된다(Kwon, 2004b).

주체(subject)로서의 나(the "I")는 부동의 하나의 실재가 아니고, 다양한 관계적 대상(object)과의 경험 속에서 변화를 거듭한다. 한 개인의 다중적 자기 구조에서 자기(self)는 늘 행위의 결정력을 행사하는 주체(subject)임과 동시에 진정한 자기의 부분을 방어하기 위한 심리기제(defense mechanism)로서 기능하는 관계적 객체(object)이다. 반사회적 본능을 행사하려는 나(Id as subject)를 제어하는 또 다른 나(superego as subject)는 아버지와 같은 권위적 대상과의 관계적 경험의 산물(object)인 것처럼 말이다.

2) 두 몸의 대상관계의 자기 모형

다중성격장애(Multiple Personality Disorder)와 같은 정신 병리적 장애를 가지고 있는 환자들의 대부분이 아주 오랜 기간 동안 지속적인 심리적 학대를 받은 경험을 갖고 있는 경우가 적지 않다. 아이들은 학대를 피하기 위하여 거짓된 자기(self)를 만들어 낸다. 이는 자신의 "진정한 자기(true self)"를 감추고 방어하기 위한 수단으로 만들어지지만, 주체(subject)로서의 기능을 감당한다. 결국 이러한 방어기제로 등장한 "거짓 자기(false self)"의 실체를 탐구하는 일이 정신분석적인 심리치료의 과정이 된다.

프로이트로부터 시작된 "하나의 자기(one self)"의 환상에 대한 정신분석적인 해체작업이 후대학자들에 의해서 다시금 서구의 철학적 전통 속으로 회귀한다. 특별히 영국의 대상관계이론가들에 의한 "하나의 진정한 자기(one true self)"를 찾는 작업은 사실상 로크가 주장한 철학적 전통과 매우 흡사하다. 대상관계이론가들 중에서 자기(self)의 주체성(subjectivity)에 대한 명확한 주장을 제기했던 학자로 영국의 소아과의사이자 정신분석가였던 위니컷(D. W.

Winnicott, 1896-1971)을 들 수 있다.

위니컷은 정신분석적 전통 아래 자기(self)의 기능적 통일성(unity)을 부정한다. 40년 이상 소아들을 치료한 의사였던 위니컷은 주체성(subjectivity)에 대한 철학적 전통에 보다 명확한 도전을 한다. 위니컷에게 태어난 주체(inborn subject)는 없다. 갓난아이의 주체성(subjectivity)이란 출생과 함께 생겨나지 않는다. 아이의 주체성은 아이가 최초의 타자인 엄마라는 대상(object)을 창조적으로 사용하면서 서서히 자기 구조(self structure)를 구성하여 간다는 것이다. 한마디로, 이 세상에 태어난 모든 아이들은 "자신만의 단일적인 존재방식을 가질 수 없다."는 것이다(Summers, 1999, p. 42).

위니컷(1958)은 그의 논문에서 자기(self)가 출생 이전부터 자리를 잡고 있으나, 외부세계로부터 자신을 분리하기 전에는 자기로서 존재(being)할 수는 없다고 주장한다. 유아와 엄마가 연합되어 있는 이때의 단계를 그는 엄마라는 "껍질(shell)"에 쌓여 있는 "알곡(kernel)"으로 비유하기도 한다: "존재라는 중력의 중심은 개인에게서 시작하는 것이 아니다. 이는 전체적인 조성 가운데 있다가 충분히 좋은 돌봄과 기술, 안아 줌에 의해서 껍질은 서서히 벗겨지고, 알곡은 한 명의 개인으로 될 수 있는 것이다(Winiccott, 1958, p. 99)." 위니컷에게 주관성이란 하나의 주체에서 시작되지 않고, 한 타인과의 이원적 구조(the mother-infant dyad)에서 시작되는 "두 몸의 대상관계(two-body object relationship)"로부터 비롯된다는 것이다.

이러한 자기(self)의 초기 대상 관계적 상호작용은 그 이후 여러 이론가들에 의해서 다양한 용어로 재편성되기도 한다. 예를 든다면, Stephen A. Mitchell(1988)의 "관계적 기반(relational matrix)", Arnold H. Modell(1984)의 "이중인격 심리학(two person psychology)", George Atwood와 Robert D. Stolorow의 "상호주관적 맥락(intersubjective context)" 등을 들 수 있겠다. 하지만, 정신분석학에서의 자기(self) 연구에 가장 큰 획을 그었던 업적은 역시 코헛(1971)이 제시한 "자기-자기대상(self-selfobject) 모형"을 빼놓을 수 없다.

코헛은 프로이트의 전통적인 정신분석학, 이후 대상관계이론들은 물론 인본주의 심리학 등의 영향을 받아 그의 독창적인 치료모형을 개발하고, 자기심리학(self psychology)이라고 이름붙였다. 그의 모형의 이름에서 잘 알 수 있듯이 그는 그의 방대한 정신분석 저작의 대부분을 자기(self)에 대한 분석과 해석에 지속적인 노력을 기울였다. 자기(self)에 대한 코헛의 대부분의 통찰들은 자기애적 성격장애(narcissistic personality disorder)를 가진 환자들에 대한 자신의 최초의 연구로부터 비롯되었다.

3) 코헛의 새로운 자기애와 대상관계 이해

코헛의 새로운 치료 모형은 자기애적 장애를 가진 환자에 대한 분석에 있어서 자주 발견되었던, 프로이트의 전통적인 분석으로는 해결되지 않는 딜레마 지점에서 출발했다. 프로이트는 강박증과 히스테리와 같이 분석이 가능한 종류의 신경증을 "전이 신경증"이라고 불렀고, 전이가 어려워 분석하기가 어려운 정신분열증이나 심한 우울증 같은 신경증을 "자기애적 신경증"으로 구별했다. 전통적인 정신분석에서 자기애(narcissism)는 리비도(libido)가 대상(object)이 아닌 자기(self)에게 집중되어 있는 상태를 말한다.

프로이트에게 전이(transference)는 정신분석 치료의 핵심이었다. 환자가 어린 시절 경험한 억압의 경험을 분석가와의 관계에서 정서적으로 재경험함으로써 훈습을 통해 통찰하는 것이 분석치료의 주요 과정이기 때문이다. 프로이트가 이해한 전이는 다섯 가지 구조적인 특성으로 구성된다. 다시 말해, ① 어린 시절 억압된(repressed) ② 성적 혹은 공격적인(sexual or aggressive) ③ 강력한 원망(wish)을 ④ 대상(object)과의 경험을 통하여 ⑤ 그 불쾌감을 해소하려는 쾌락원칙(seeking pleasure)을 추구한다는 점이다(Schlauch, 1993).

이런 관점에서 볼 때, 자기애적 성격장애를 가진 환자는 자기애적인 리비도를 대상(object)이 아닌, 자기 자신(self)에게 집중하면서, 성적 혹은 공격적인

(sexual or aggressive) 강력한 원망(wish)을 전이하지도 않는다는 측면에서 볼 때, 자기애적 신경증은 애초부터 전이(transference) 자체가 불가능한 것처럼 여겨졌다. 하지만 코헛은 자기애적 장애를 가진 환자에게도 소위 "자기애적 전이(narcissistic transference)"가 가능하다는 점에 주목하였다. 이는 위의 5가지 요소로 구성된 전통적인 전이와는 확연히 구분되는 것이었다. 먼저 억압(repression)은 자기애적 전이의 필수적인 요소가 아니다. 또한 성적이거나 공격적인 원망과도 무관할 수 있다. 오히려 자기애적 전이는 내면 깊숙이 자존감(self-esteem)을 유지하고자 하는 욕구(needs)와 깊이 관련 있기 때문이다.

처음부터 코헛이 프로이트가 이해한 정신분석적 전이에 대한 이해를 반대한 것은 결코 아니다. 그 역시 누구나 불쾌감을 벗어나고 쾌감을 추구하는 원리에 따라 성적 혹은 공격적인 원망(wish)을 대상을 통해 전이하고자 하는 전통적인 입장에서 전이를 이해했다. 하지만, 자기애적 성격장애를 가진 환자와의 집중적인 분석을 통하여, 이들이 상처 입은 자기애를 지속적으로 "재인정(reassurance)" 받고자 하는 욕구(needs)를 추구한다는 점을 발견하게 되었다(Kohut, 1977). 코헛이 후기 저작에서는 무의식의 원망(wish)이란 용어 대신 개인마다의 발달적인 욕구(needs)라는 명칭으로 바꾸어 기술하게 된 것도 이런 이유에서다(Kohut, 1984).

자기애적 성격장애를 가진 환자는 자신의 위대함과 과대주의(grandiosity)에 사로잡혀 분석가와 정서적 교감을 나누는 것은 애초에 불가능해 보였다. 당연히 환자에게 분석가가 환자 자신과는 분리된 대상(object)으로 여겨지면, 치료 자체가 가능치 않았던 것이다. 코헛 역시 전통적인 전이(transference)에 대한 이해를 가지고서는 환자와의 분석과 치료가 불가능하다는 점을 정확하게 인식했음에 틀림없다. 전통적인 정신분석의 입장에서는 자기애가 강하면 대상에 대한 전이가 덜하여지고, 대상과의 관계가 강해질수록 자기애는 미미해진다고 볼 수 있다. 전통적인 정신분석에서는 대상관계(object relations)와 자기애(narcissism)는 배타적인 위치에 있었고, 적어도 정반대로 길항 작용하는 심리적인 기제로 이해되었다. 이 문제를 푸는 길을 찾아가는 작업이 바로 코헛의 자기심리학(self psychology)이 탄생하게 된 배경이다.

지나친 자기애를 가진 환자를 이해하는 전통적인 방식은 그가 유아기로 퇴행하려는 심리기제로 보고 냉정한 직면(confrontation)을 통한 접근을 강조하였다. 구조적으로 전이가 불가능해 보이는 자기애적 장애를 가진 환자는 자칫 분석가와 분석현장에서 심한 갈등을 일으키고 분석을 중단하는 일이 비일비재했다. 코헛은 전통적인 방식으로는 이러한 환자들과의 "자기애적 전이"가 불가능하다는 점을 깨닫고 새로운 반전을 시도하게 된 것이다. 간단한 예시를 위해 1997년에 개봉한 영화 〈굿 윌 헌팅(Good Will Hunting)〉의 주인공 Will과 그를 치료한 정신과의사 Sean McGuire 교수의 예를 들어 보자.

4) 코헛의 새로운 치료적 접근: 내성과 공감

영화 초반부터 주인공 Will은 거친 행동과 패싸움을 일삼는 건달처럼 등장한다. 직업은 MIT대학의 청소부로 나오지만, 자기애는 실로 대단하다. 근처 하버드 대학의 대학생들의 코를 납작하게 만들어 줄 정도로 학식과 배짱이 하늘을 찌른다. 우연히 그의 수학적 천재성을 발견한 MIT대학의 수학과 Rambo 교수는 폭행죄로 기소된 Will을 보석으로 석방시키게 된다. 그의 공격성을 위한 심리치료를 병행한다는 조건이 붙어 있었다. 자기애가 높은 Will은 만나는 치료자마다 농락하기 시작한다. 한 회기를 버티지 못하고 모든 치료자가 백기를 든다. 급기야 수학과 교수는 자신의 대학 친구인 Sean McGuire 교수를 찾아가 Will을 부탁한다. Rambo 교수는 옛 친구 Sean과 이전부터 불편한 관계에 있었지만, 매우 남다른 방식의 치료를 고집한다는 점에서 은근히 기대감도 있었던 것처럼 보인다.

치료 장면에서 교만하기 그지없는 Will은 또다시 치료자 Sean과 여러 차례 부딪힌다. 그때마다 Sean은 Will을 저버리지 않고 Will에게 그의 학식이나 잘난 척하는 허식 뒤에 숨겨져 있는 Will의 참 모습을 보고자 노력한다. 치료자 Sean은 지속적으로 Will 스스로 내면을 살펴볼 것을 주문하고, 자신의 상실감이나 상처를 Will에게 노출하는 등 회기를 거듭할수록 치료관계는 점점 공고해진다. 치료의 마지막 회기 장면은 이 영화의 유명한 하이라이트다. 마지막 치료자 Sean의 손에 들려진 것은 Will이 어린 시절 의붓아버지에게 심하게 구타당했던 가정폭력 당시 현장사진과 관련 자료였다.

묘하게도 치료자 Sean 역시 가정폭력의 피해를 입은 생존자였다. 이 사실을 Will과 나눈 Sean은 Will에게 다가가 유명한 대사를 전한다. "네 잘못이 아니야!" 알고 있다고 답하는 Will의 눈길이 웬일인지 자꾸만 아래로 향한다. 자신의 눈을 보라면서, Sean은 계속해서 같은 말을 되풀이한다. "네 잘못이 아니야!" 영화를 본 사람들은 다음 장면을 잊지 못한다. 자꾸만 같은 말을 되뇌면서 Will에게 다가오는 Sean을 Will이 크게 화를 내면서 밀쳐내다가 갑자기 Sean에게 매달려 울기 시작하는 장면이다. 결국 Will은 Sean의 품에서 한참 동안 소리를 내면서 울기 시작한다. 오랜 동안 그가 가슴에 품었던 모멸감과 수치심을 공감받는 순간이다.

치료자 Sean이 남달랐던 점은 무엇일까? 무엇보다 그는 영화에서의 다른 치료자들처럼 그에게 농락당했다고 느끼는 즉시 그를 떨쳐내지 않았다. 그는 심한 자기애와 자기의 과대주의를 즐기는 Will의 겉모습을 보고 판단하지 않았다. 결국 청소부에 불과한 Will의 현실을 똑바로 직시시켜 준다든지, 아니면 그의 수학적인 재능을 개발시키라는 충고도 하지 않았다. Sean은 Will의 내면의 심정을 그의 내면으로부터 알고 싶어 했다. 겉으로 보면(extrospection), 지극히 교만하고 건방진 건달이지만, 그의 내면에서부터 보면(introspection), 진짜 자신의 모습은 끝까지 숨기고 싶어 하는 부끄러운 아이가 보였을 수 있다.

코헛이 발견한 자기애에 대한 접근방식은 바로 대리통찰(vicarious introspection)과 공감(empathy)이었다(Kohut, 1959/1978). 치료자가 환자의 마음

안으로 들어가 스스로 느끼고자 하는 마음이 없으면 환자와는 결코 공감할 수 없다. 바깥에서 보면, 자기애적 환자가 지나치게 과도한 자기(too much self)라고 보일 수 있지만, 그 안으로 들어가서 느끼면 그는 지나치게 부실한 자기(too little self)를 접하게 된다. 영화에서 치료자 Sean이 아무리 Will이 잘난 척하면서 치료자를 공격해도 그를 떠나지 않고 그의 심중을 그의 입장에서 이해하려고 했던 자세가 바로 이러한 대리통찰과 공감의 태도라고 할 수 있지 않을까? 내면 깊숙이 수치심이 자리 잡고 있는 Will이 자신을 학식과 공격성으로 과대하게 부풀리는 동안, Sean 이전의 어느 치료자들도 Will 내면으로부터 그를 통찰하고 느끼려고 하지 못했던 것이다. 오히려 Will의 과대주의(grandiosity)에만 직면하고 격하게 반응했는지 모른다. 이는 코헛이 제시한 내성(introspection)과는 정반대 입장인 외견관찰(extrospection)에 머물렀던 임상적 태도라 할 수 있겠다.

코헛의 내성-공감적 접근(introspective-empathic approach)는 분석가(치료자)를 환자와 독립된 개인으로서의 자기(self) 혹은 외부 대상(object)로 상정하지 않는다. 오히려 분석가(치료자)의 자기를 환자의 자기(self) 혹은 환자 자기의 일부거나 연장으로 이해하는 방식이다. 영화에서 여러 차례 치료자 Sean이 아내를 잃은 아픔의 경험을 공유하면서 Will의 외로움과 교감하려는 장면이 등장한다. 마지막 회기 장면에서 치료자 Sean이 가정폭력을 직접 경험한 사실도 치료자가 가정폭력 생존자 Will의 자기(self)나 그의 자기의 일부가 되는 공감경험이 가능했던 배경이 된 것으로 보인다.

5) 코헛의 교차적-중복적 자기

Arnold Goldberg(1990)는 인간이 가진 내적 이분법을 다음과 같이 지적하고 있다. "우리 대부분은 이분법적인 가정을 가지고 이 땅에 태어났다: 내면-외부, 주체-대상, 위-아래…. 우리는 사물을 선형적으로, 무심하게 이해하면서 세상은 서로 그렇게 움직이는 사물들로 가득 차 있다고 본다(p. 113).” 코헛은 이렇게 주체와 대상을 선형적(linear)으로 무심하게(casual) 보는 이분법적인 방식을 거부했다. 이전의 대상관계이론에서는 주체(subject)와 대상(object)의 관계를 자기(self)와 비자기(not-self), 즉 대상들(objects)로 구별하여 보았다. 이에 대상관계이론에서 자기(self)는 대상과 관계를 맺는 “관계적 자기(relational self)”로 이해할 수 있다(Jones, 1991).

코헛은 자기(self)와 비자기(not-self), 즉 대상들(objects)이 뚜렷이 구별될 수 없었다. 오히려 놀라우리만큼 투과성이 있고, 유동적임(fluid)을 지적하면서, 새로운 융합 개념인 “자기대상(selfobject)”을 소개하기에 이르렀다. 이는 ‘대상관계’와 ‘자기애’를 서로 배타적으로 이해하고, 자기에 대한 심리적 에너지와 대상에 쏟는 심리적 에너지를 서로 다른 심리적 기제로 이해한 전통적인 주체-대상 모형(subject-object model)과는 결별을 의미하는 것이기도 했다(Kohut, 1984). 이에 대상관계이론에 기초한 “관계적 자기”와는 구별되게, 코헛의 자기(self)는 주체(subject)와 대상(object)이 치료 현장에서 교차적으로 기능하고 상호적인 역할이 뚜렷이 구분되지 않고 겹쳐질 수 있는 “교차적-중복적 자기”(intersecting-overlapping self)라고 특징 짓을 수 있다(Schlauch, 1993).

코헛의 “교차적-중복적 자기”는 외견관찰(extrospection)에 의한 주체가 아니다. 내성과 공감을 시도하는 분석가(치료자)는 환자의 자기의 일부나 연장으로 기능해야 한다. 즉, 분석가(치료자)는 환자를 위한 자기대상(selfobject)의 역할을 한다. 외견상 한 개인의 신체를 구성하는 주체와 타인을 모두 대상으로 나누어 보는 이분법으로는 코헛의 자기대상을 제대로 이해할 수 없다. 실은 코헛 자신도 자기(self)의 핵심을 이해하는 것의 난점을 논하면서, “오직 내성과 공감의 방법으로 인식된 징후(introspectively and empathically perceived manifestations)”만이 우리에게 열려 있다고 주장하고 있다(Kohut, 1977, pp. 310-311).

이런 의미에서, 코헛이 말하는 “자기애적 전이”는 바로 “자기대상 전이”

(selfobject transference)이다. 대상(object)이 아닌 자기(self)에만 심리적 에너지를 집중하는 자기애적 장애가 대상을 향한 전이가 구조적으로 불가능하다고 본 입장에서 선회하여, 코헛의 교차적-중복적 자기(intersecting-overlapping self)는 자기(self) 안에 자기대상(selfobject)을 추구하는 심리적인 욕구(needs)를 상정하게 된 것이다. 자기(self)는 외부에 있는 대상으로부터 이러한 기본적인 욕구를 충족 받아야 하는 동시에, 이 욕구가 충족될 때 자기(self)의 필수적인 요소로 구성된다. 이러한 자기대상 욕구가 충분히 충족되지 못하면, 누구나 "응집력 있는 자기(cohesive self)"를 이룰 수 없다는 것이다.

코헛은 세 가지 종류의 자기대상 전이를 논하고 있다. 첫째로는 대상이 자신을 거울처럼 반영해 주는 기능을 필요로 한다. 코헛은 이를 "거울 자기대상 전이(mirroring selfobject transference)"라고 불렀다. 두 번째로는 자신이 강력하고 선한 대상과 연결되고 싶어 하는 욕구를 가지고, 그 연결을 통해 자신을 더욱 강하고 중요하다고 느끼게 되는 전이다. 이는 "이상화 자기대상 전이(idealizing selfobject transference)"라고 칭했다. 마지막으로 코헛이 정의한 전이는 대상으로 하여금 기본적인 경험과 가치를 공유하고 의미나 기능에 있어서 서로 같아지려고 하는 욕구로부터 만들어지는 전이다. 이를 "자아변형 혹은 쌍둥이 자기대상 전이(alter-ego or twinship selfobject transference)"라고 불렀다. 이때 자기대상 전이를 충족시키는 대상(object)은 단순한 외부대상이 아니라, 자기(self)에게 지속적으로 감탄과 존경, 공감과 위로, 인정과 동질감을 제공하는 내적 자원으로 존재한다. 점차 코헛은 정상적인 유아발달에 있어서도 초기 돌봄 제공자들이 유아의 과대주의(grandiosity)를 반영해 주고, 적절한 만큼의 좌절과 함께 스스로 충분히 이상화되도록 허용해 주는 역할이 중요하다고 보았다. 이때 정상적인 발달을 하게 된 유아는 "변형적 내재화(transmuting internalization)"를 거쳐 유아 초기의 과대한 자기(archaic grandiose self)는 서서히 폐기되고, 보다 현실적인 유연성과 자존감을 가지게 된다는 것이다. 이때, 코헛이 이름붙인 "이중적 자기(bipolar self)", 즉 이상화 부모 표상(idealized parent imago)과 과대 자기(grandiose self)의 자기애적인 전이과정은 심리발달의 핵심적인 역할을 한다: "핵심적 자기(nuclear self)에 자리잡은 초기 경험은 평생토록 자신의 행동의 청사진 역할(blueprint for life)을 한다(Kohut, 1977, p. 133)."

전통적인 정신분석학에서는 자기애적 장애를 가진 환자와의 분석과정에서 이러한 자기대상 욕구들을 치료자가 충족시킨다면 어떤 결과를 예측할까? 치료자와의 자기애적 전이가 환자들의 유아적이고 자기 몰두적인 환상에 동조하고 오히려 강화시킴으로 인해 고착이나 퇴행이 심해질 것이라고 우려할 수 있다. 하지만 코헛은 이러한 자기애적 전이 혹은 자기대상 전이를 통하여 그의 환자들이 점차 좀 더 안정적인 생명력과 건강한 자기애로 회복되어 가는 현상을 발견하게 되었다.

어린 시절 학대나 가족폭력 등으로 이상화 대상의 부재를 경험한 환자를 예를 들어 본다면, 그는 강력한 대상으로부터 보호받고 수용받는 자기대상 욕구가 충족되지 못한 상태라는 것이다. 이런 경우 대부분의 경우 자존감은 지극히 낮아져서 쉽게 좌절하거나, 만사를 흑백 논리(all-good or all-bad)로 단죄하면서 극단적으로 반응할 수 있다. 혹은 생애 내내 자기를 지켜 줄 이상화 대상을 찾아 전전할 수도 있다. 자기애적 장애를 가진 환자가 선택한 방식은 바로 자신의 과대주의(grandiosity)로 무장하여 병리적인 자기애를 유지하는 방식이다. 앞서 살펴본 영화에서 주인공 Will이 가진 깊은 수치심은 바로 발달 초기 부모가 자기대상(selfobject)으로 아이의 과대자기를 반영해 주는 전이가 실패했을 때 생겨나는 대표적인 정서라고 할 수 있다. 분석가나 치료자가 이러한 자기대상 욕구를 내성으로 통찰하고, 충분히 공감하여 그 욕구가 지금이라도 충족되도록 돕는 분석과정이 마침내 치료적 효과를 거두었던 것이다.

5. 자기심리학과 현대 기독교신학의 만남, 어떻게 가능할까?

프로이트의 정신분석은 북미 종교와 심리학 연구에 큰 전환을 가져왔다. 제임스의 지도하에 하버드대학교에서 심리학 전공자 최초로 철학박사(Ph.D.)를 취득한 G. Stanley Hall은 미국심리학회(American Psychological Association)를 창시하고, 초대회장을 지낸 인물로 심리학이 미국 내 독립적인 학문체계를 갖추도록 하는 데 결정적인 역할을 하였다. 뿐만 아니라, 미국 매사추세츠주 클라크대학교(Clark University)의 초대총장으로 클라크 종교심리학 대학원을 만들고, 1909년 프로이트를 개교 20주년 기념 강좌에 초청하여 정신분석학을 미국 내에 소개하는 데 기여하기도 했다. 하지만 프로이트의 정신분석이 처음으로 북미에 소개되는 시점은 종교현상에 대한 심리학적 연구가 병리적인 틀을 가지게 한 시발점이 되기도 했다. 종교를 집단신경증으로 이해한 프로이트의 시각이 인간의 종교현상을 적극적으로 연구하여 왔던 심리학자들에게 적잖은 영향을 미쳤다(권수영, 2006b).

정신분석학 연구가 종교현상에 대해 반드시 병리적인 틀 안에서 이해하는 관점만을 제공했던 것은 아니다. 프로이트의 정신분석의 영향을 받아 소아과에서 소아정신의학과로 연구 분야마저 바꾸었던 위니캇은 문화경험(cultural experience)에 대한 새로운 이해를 통해 종교현상에 대한 개정을 시도했던 대표적인 인물로 꼽힌다. 코헛 역시 종교현상을 신경증이나 강박증과 같은 병리적인 틀 안에서 해석하지 않고, 인간의 긍정적인 자기(self) 발달의 과정으로 이해할 수 있는 틀을 마련한 정신분석 이론가라고 할 수 있다(Mason, 1980; Scharfenberg, 1980; Gay, 1981; Homans, 1981; Fitchett, 1982; Randall, 1984; Greenlee, 1986; Jones, 1991; Son, 2006; 황영훈, 2006; 하재성, 2009; 홍이화, 2010; 장정은, 2017).

코헛은 종교를 환상으로 보지 않을 수 있는 근거를 다음과 같이 소개한다: "자기(self)는 공감(empathy)의 모체(matrix)에서 발생하고, 자기를 유지하기 위해 공감 반응의 범위 내에서 살기 위해 노력하며, 인간의 특정 욕구(needs)를 설명하고 문화의 특정한 차원의 기능을 잘 보여 준다는 인식은 우리로 하여금 종교를 그저 환상으로만 보는 시각을 감소시켜 준다. 이러한 자기심리학의 통찰은 우리로 하여금 종교에 대한 편협한 태도를 벗어나게 도와준다(Kohut, 1978, p. 752)."

코헛은 종교적인 집착에 사로잡힌 환자와의 사례를 소개하기도 했다. 코헛은 자신의 자기심리학의 이론을 충분히 발전시키기 전에, 분석과정 중에 한 종교적인 여성 환자의 이상화(idealization)를 지속적으로 거부한 적이 있다고 밝혔다. 그 여성은 점점 더 종교적이 되어 갔고, "해결되지 않은 이상화 전이(unresolved idealizing transference)를 보다 강력한 종교적 경험 가운데서 지속해갔다"는 것이다(Kohut, 1987, p. 77). 결국 코헛은 그 여성의 이상화 자기대상 욕구를 충분히 내성(introspection)하여 공감하지 못하고 분석은 끝이 났다. 결과는 어떻게 되었을까?

분석 과정 중 분석가(치료자)와의 경험에서 이상화 자기대상 전이가 충분치 않았던 여성환자는 훨씬 더 자주 종교에 집착하였고, "광범위한 종교적 태도"(broad religious attitude)를 가지게 되었다고 보고하고 있다. 이에 코헛은 자신은 종교에 대한 반감은 전혀 없었으며, 종종 일부 환자들에게는 종교적 관심에 빠지는 것이 심리적으로 거의 의무적(obligatory)이고, 스스로 선택할 수 없는(not freely chosen) 경우가 있다는 점을 지적했다. 어떤 경우에는 종교적 관심을 지속적으로 유지하면서 현실을 지나치게 낙천적으로 보고 싶어 하는 "극단적 낙천주의 태도(pollyannaish attitude)"를 가지게 한다고 경고했다. 이러한 태도는 모든 사람들을 좋은 사람이라 여기고, 현실을 직시해야 하는 고통을 완화하는 기능을 하는 것이었다(Kohut, 1987, p. 287).

그러나 코헛은 종교를 환상 혹은 분석이나 치료가 필요한 집단 신경증으로 이해하지는 않았다. 오히려 환자와 종교의 절대자와의 관계는 분석가(치료자)와 환자의 관계와 유사하게 진행되는 자기대상(selfobject) 관계로 이해했다. 환자(subject)와 절대자라는 대상(object)과의 관계를 단순히 주체-대상(subject-object)의 이분법으로 보지 않고, 환자의 자기대상 욕구를 충족시켜주는 자기애적인 전이(narcissistic transference) 과정으로 보았기 때문이다. 코헛 자신도 생애 후반기부터 종교와 자기심리학이 자기(self)가 의미와 가치를 찾아가는 과정에서 서로 긍정적인 영향을 줄 수 있다고 믿었다(Randall, 1984).

코헛은 건강한 성인도 지속적으로 자기대상으로부터 반영 욕구를 충족받기를 원하고 자신의 이상화를 위한 목표대상(targets)을 필요로 한다고 말하고 있다(Kohut, 1977, p. 188). 이러한 자기대상 욕구에 대한 지속적인 필요성은 종교가 제공하는 절대적 대상과의 관계가 주는 긍정적인 기능을 기대할 수 있도록 한다. 특히 초기 대상관계에서 자기애적 전이에 실패한 이들에게 자기대상 욕구를 충족시킬 수 있는 종교의 신적인 대상의 역할은 어느 치료관계보다도 유익할 수 있다. 하지만, 항시 신적인 대상을 통하여 이상화 욕구를 충족하고, 공감 반응이 가능할 것이라 기대할 수는 없다. 병리적인 자기애를 가진 이들은 신적인 대상의 분리와 부재감을 느끼게 되면, 얼마든지 냉담한 저항과 분노감을 표출할 가능성도 충분히 가능하다(Greenlee, 1986).

여기에서 또 다시 코헛이 제시한 치료적 해법인 내성-공감적 접근(introspective-empathetic approach)이 내담자와 절대적 타자와의 관계, 혹은 인간과 하나님과의 일반적인 관계(神人關係)에 주는 암시점을 제고할 필요가 있다. 기독교의 하나님이 인간 구원을 위해 사용한 방식도 내성적, 공감적 접근에 가깝기 때문이다. 권수영(2005)은 기독(목회)상담 현장에서의 공감(empathy)의 자세가 기독교 신학의 정수인 성육신(成肉身) 신학을 압축적으로 드러내는 태도라고 상정한다. 기독교 역사에 있어서 많은 신학자들은 "하나님이 왜 육체를 취하여 인간이 되셨는가?" 하는 근본적인 의미를 추구하는 일에 매진하여 왔다. 예컨대, 중세 스콜라주의 철학의 아버지로 불리는 캔터베리대주교 출신 St. Anselm(1033-1109)은 하나님의 성육신을 철저하게 이성으로만 분석 설명하려고 시도하였다.

St. Anselm(2001)은 책의 서두에서 비합리적인 신앙을 경계하며 탄식한다: “만일 우리가 기독교 신앙의 깊이를 이성으로써 설명하려고 감행하기도 전에 먼저 믿어 버리고 나서, 우리가 믿는 바를 이해하려고 노력하지도 않는 무관심이 발생한다면 도대체 무엇이 올바른 순서란 말인가(p. 12).” 이에 St. Anselm은 인간의 죄와 타락으로 상처 입으신 하나님을 집중적으로 조명하고, 인간은 그 상처와 불명예를 회복할 능력이 결여되어 있으므로, 논리적으로 하나님의 성육신이 필요하다는 것이다. 하나님의 명예를 손상시킨 죄에 대한 속죄는 정의와 희생의 결합에 의해서만 가능하므로 하나님의 인간되심은 필연적이며, 인간 예수의 고난과 죽음은 정당한 것이다. 신이 성육신하게 되는 논리적 설명으로는 완벽하다. 그러나 하나님과 인간의 관계가 채무 중심적이다. 인간이 진 빚을 청산할 수 없어 파산 신고하니, 결국 신이 대신 갚아 주는 격이다. 논리는 인간의 삶을 삼키고 만다. 결국 성육신은 논리와 이성에 의거한 교리의 성곽 안으로 매몰되고, 우리의 삶과 고난, 그리고 죽음을 함께 나눈 한 인간으로서의 예수의 모습은 빛을 잃고 만다.

그저 인간의 죄의 빚을 갚아주러 오신 하나님이 아니라, 인간의 자리까지 내려와 인간의 가장 수치스런 삶을 고스란히 살아내신 공감자로서의 인간 예수의 모습이 치료현장에서 회복되어야 한다. 기독교의 하나님이야말로 인간을 외견으로 관찰(extrospection)하여 하늘 위에서 사랑하신 것이 아니라, 내면으로부터 이해하고 공감하기 위해 인간 예수의 모습으로 오셨던, 인간을 위한 가장 완벽한 자기대상(perfect selfobject)이었던 것이다(안인숙 외, 2014).

기독교신학은 하나님과 인간의 관계, 즉 신인관계(神人關係)를 매우 밀접하게 여기면서도 질적인 차이가 있는 관계로 기술하고 있다. 인간에 대한 신학적 이해도 모호하다. 창세기에 기술되어 있는 대로 “하나님의 형상대로”

지음받은 특별한 피조물인데도 불구하고, 타락 이후 하나님과 멀어지는 운명을 떠안고 사는 죄인으로 평생을 살아간다. 상담현장에서 만나는 기독교인 내담자의 자기 이해도 크게 다르지 않다. 사랑받을 만한 하나님의 자녀인 동시에, 죽을 수밖에 없는 죄인으로 자신을 인식한다.

이러한 인간 이해와 신인관계(神人關係)는 주체와 대상을 이분법적으로 이해하는 철학적 전통과 맞닿아 있다. 여전히 자기(self)의 이성적이고 인식적 기능을 중요시하고, 내 안에 있는 목적격 자기(the Me)에 대한 다양성을 포함하되, 이를 통일시킬 수 있는 통찰이 필요하다. 성도로서의 나(sacred Me)와 죄인으로서 나(sinful Me)의 모습이 모두 자기(self)를 구성하지만, 결국 이를 인식하고 통일하는 기능적인 자기(unifying self)가 신학을 구성하게 된다. 신학은 경직되고, 따뜻한 가슴보다는 냉정한 머리를 추구한다. 결국 삶을 신(神)나게 하고, 회복시키는 공감은 자취를 감춘다.

아이러니하게도 코헛은 이런 기성 교리적 종교의 경직성을 지적한 바 있다: "교리적 종교의 세계, 즉 절대적인 가치의 세계는 진지하다. 또한 그러한 세계 안에 사는 사람들 역시 진지하다. 이유는 진리의 수호자가 되려고 하면서, 그들에게 기쁨을 주는 탐구(joyful search)가 끝나버렸기 때문이다(Kohut, 1977, p. 207)." 이에 코헛은 오히려 종교인들이 절대 진리에는 결코 이를 수 없고, 오직 가장 근사치를 유추하는 것(analogizing approximations)만 가능하다는 점을 깨닫는다면, 보다 다양한 관점에서 다양한 측면을 보면서 기술하는 것에 만족할 수 있으리라고 강조하고 있다.

코헛의 제안대로 하나님과 인간의 관계를 자기대상(selfobject) 모형으로 유추하여 본다면 어떨까? 하나님은 인간에게 따로 하늘 위에나 우주 어디인가에 존재하는 타자(object)만이 아니라, 인간의 자기(self)의 일부 혹은 연장으로 존재하는 자기대상(selfobject)이라는 설명으로 신인관계(神人關係)를 새롭게 이해하자는 것이다. 이는 코헛(1977)이 앞서 말한 것처럼 전혀 알려진 바 없는 종교적인 현실을 다룰 때 필요한 다소 "장난기 넘치는(playful)" 시도일 수 있다(p. 207). 하지만, 상담 현장에서 하늘로부터 구원이 필요하다고 굳게 믿는 내담자가 지독한 죄책감에 시달리면서 하나님의 부재를 경험한다면 하나님은 반드시 내담자의 자기대상으로 기능해야 한다. 하나님은 내담자가 가진 깊은 수치심 안에 이미 들어와 계시다. 인간의 모습으로 오신 성자 하나님은 우리를 안으로부터(from within) 이해하고 공감하며, 연합하여 우리와 하나되기 원하시는 분명한 대상욕구(needs)를 가지셨다. 그런 의미에서 우리 인간은 하나님의 자기대상이기도 하다.

6. 나오는 말

목회적 돌봄과 상담을 실천하는 방법론을 연구해 온 목회신학(pastoral theology)은 진리와 현실을 경직된 논리로 설명하려는 방법론에서 탈피하여 새로운 틀이 필요했다. 20세기 중반부터 초기 목회신학의 선구자들의 이목을 집중시킨 신학방법론은 화이트헤드(A. N. Whitehead)의 과정철학에 근거한 신학방법론이었다. 영국 성공회의 고위 성직자의 아들로 태어난 화이트헤드는 런던대학교에서 수학과 교수로 정년퇴직을 하고, 63세의 나이에 미국 하버드대학교의 철학교수로 취임하였다. 자신의 형이상학을 "유기체의 철학(philosophy of organism)"으로 불렀던 화이트헤드는 서양철학의 전통적인 대전제였던 실체(substance)의 개념을 부정하고, 이에 대치되는 역동적이고 상호연관적인 관계 안에서 존립하는 유기체적인 "현실적 존재(actual entity)" 개념을 소개하였다. 기존의 실체의 개념은 한 사물을 다른 사물 즉 그 환경과의 관계와 연관에서 보지 않고, 고립적으로 그 환경에서 떼어 봄으로써 결국 그 사물의 본질을 파괴하게 된다고 보았다. 그에 비하여 현실적 존재란 늘 과정(process)이고, 흐름이며 언제나 새롭고 창조적이다(Whitehead, 1953, p. 81). 그렇다면, 신과 인간의 관계에는 어떻게 적용될 수 있을까?

중세의 신학자 Augustine의 고뇌에 찬 기도는 늘 두 가지 질문으로 요약되었다고 한다. "하나님, 당신은 누구입니까? 그리고 나는 누구입니까?" 이 질문들은 실은 동일한 질문인지도 모른다. 나와 당신(I and Thou)의 관계는 뗄 수 없기 때문이다. 화이트헤드는 신에 대한 단일방향적인 인과론을 부정한다. 신은 세계에 대한 "구체화의 원리(principle of concretion)"이다(p. 216). 인간이 신 존재를 논리적으로 증명하고, 신에 의한 창조의 원인을 묻는 질문에는 어떠한 대답도 불가능하다. 신은 '왜?' 라는 근거를 밝힐 수 없는 전제로서 "궁극적 비합리성(the ultimate irrationality)"이라는 것이다(pp. 221-223). 그는 결론적으로 존재(being)보다는 과정(becoming)이 더 실재에 보다 더 근본적이고, 신적인 절대성의 독립보다는 관계성(relatedness)이 더욱 실제적이라고 주장한다. 절대적인 독립성을 지닌 신적 존재의 주체(subject) 앞에 선 유한성의 인간 대상(object)을 상정하는 신학적 구도는 더 이상 실제적이지 않다. 실제적인 경험의 세계에서는 주체(subject)와 대상(object)의 신인관계(神人關係) 이분법은 실천적인 의미를 발휘하지 못한다.

화이트헤드의 철학에 영향을 받은 과정신학자들은 신의 제한성과 상대성이 오히려 신적인 절대성보다 더욱 가치 있고 실제적이라고 주장한다(Hartshone, 1948). 추상적 개념으로서의 무한자 하나님은 현실성을 놓치기 쉽기 때문이다. 새로운 과정 철학적 신개념은 Paul Tillich의 변증적 신학과 함께 인간의 삶에 대한 유물론적인 기계론과 과학적 합리주의에 대한 새로운 대안을 제시하는 철학적 신학으로 미국 신학계에 큰 반향을 일으켰다. 또한 목회상담을 실천하고 연구해 온 초기 목회(실천)신학자들에게는 상담과 돌봄을 위한 보다 실제적인 신론(神論)을 제공하기에 충분했다.

화이트헤드(1978)가 주장하였던 동반자적인 신 개념, "신은 모든 실재들을 이해해 주는 위대한 친구이며 고통을 함께 나누는 동반자"는 목회현장의 삶의 문제를 다루는 목회신학자들에게는 실로 반가운 신론이 되었다(Whitehead, 1978, p. 532). 신학이 차가운 신(神) 인식과 논증의 학문으로서의 철학적인 성격을 벗어나, 상담 현장에서 상처 입은 내담자의 실존적인 자기 인식 가운데 하나님의 목회적인 단면을 보여 주는 데 적절한 하나님 이해였기 때문이다.

목회신학의 태동기부터 진행되어 온 다양한 학제간 대화에 필수적으로 활용되어 왔던 정신분석학 연구 중 코헛이 제시한 내성-공감적 접근(introspective-empathetic approach)과 자기대상(selfobject)으로서의 하나님 이해는 이러한 목회신학의 동반자적 신 개념을 전개하는 데 가장 적절한 임상적 배경이 될 수 있다. 태초부터 신과 인간은 서로에게 자기대상(selfobject)으로 존재했고, 일생동안 자기(self)라는 "현실적 존재"(actual entity)를 구성하여 간다. 또한, 상담현장에서는 임상가의 상보적인 자기대상의 역할도 중요하다.

결론적으로 기독(목회)상담을 실천하는 임상가에게 "내성-공감적 접근" 이야말로 가장 근본적인 목회신학의 실천적인 토대가 될 수 있으리라 믿는다. 성육신의 하나님이야말로 이미 인간의 몸을 입고(introspection) 인간 개개인의 세밀한 감정까지 공감(empathy)하신 가장 완벽한 자기대상(perfect selfobject)이셨고, 지금도 인간의 욕구에 반응하시는 우리 모두의 영원한 자기대상으로 우리와 함께하신다. 이것이 기독(목회)상담학도들이 돌봄의 학문을 위하여 칸트의 합리적 통일성으로서의 내적 성찰(introspection)이 아니라, 인간 개개인의 심리적인 욕구를 자기(self)의 발달적인 정황 안으로부터 이해하고 공감하려는 내성(introspection)의 구체적인 방법을 지속적으로 모색하고 개발하여야 할 중요한 이유이다.

참고문헌

권수영 (2005). 기독(목회)상담에서의 공감: 성육신의 목회신학적 성찰. **한국기독교상담학회지, 10**, 107-140.

권수영 (2006a). 내 안에 문화 있다: 한국적 자기 이해를 위한 체계적 구성. **한국기독교신학논총, 3**, 295-323.

권수영 (2006b). **누구를 위한 종교인가: 종교와 심리학의 만남.** 서울: 책세상.

안인숙, 최민영, 김은미, 김용태 (2014). 자기심리학의 기독상담적 비평과 통합가능성 조망: 하나님 자기대상과 영적으로 변형된 자기구조. **한국기독교상담학회지, 25,** 139-162.

장정은 (2017). 정신분석적 네 심리학의 관점에서 바라본 종교와 정신건강. **한국기독교상담학회지, 28,** 159-182.

하재성 (2009). 자기심리학의 목회신학적 의미: 관계중심성과 일상성. **목회와 상담, 13,** 7-33.

황영훈 (2006). Heinz Kohut의 자기 심리학의 관점에서 본 종교체험과 퇴행. **한국기독교상담학회지, 12,** 180-198.

홍이화 (2010). 수치심에 대한 자기심리학적 이해와 목회적 돌봄. **목회와 상담, 15,** 41-71.

Atwood, G., & Stolorow, R. D. (1984). *Structures of subjectivity: Explorations in psychoanalytic phenomenology.* Hillsdale, NJ: Analytic Press.

Fitchett, G. (Ed.). (1982). Religion and the self psychology of Heinz Kohut: A memorial symposium. *Journal of Supervision and Training in Ministry, 5,* 89-206.

Freud, S. (1997). *Civilization in its discontents.* **문명 속의 불만** (김석희 역). 서울: 열린책들.

Gay, V. (1981). Kohut on narcissism: Psychoanalytic revolution from within. *Religious Studies Review, 7,* 199-203.

Goldberg, A. (1990). *The prisonhouse of psychoanalysis.* Hillsdale, NJ: The Analytic Press.

Greenlee, Jr., L. F. (1986). Kohut's self psychology and theory of narcissism: Some implication regarding the fall and restoration of humanity. *Journal of Psychology and Theology, 14,* 110-116.

Hartshone, C. (1948). *The divine relativity.* New Haven: Yale University Press.

Homan, P. (1981). Introducing the psychology of the self and narcissism into the study of religion. *Religious Studies Review, 7,* 193-199.

James, W. (1910). *Psychology: The briefer course.* New York: Henry Holt and Co.

Jones, J. W. (1991). The relational self: Contemporary psychoanalysis reconsiders religion. *Journal of the American Academy of Religion, LIX/1*, 119-135.

Kant, I. (1929). *Critique of pure reason.* (Trans. N. K. Smith) Houndmills: Macmillan.

Kohut, H. (1971). *The analysis of the self: A systematic approach to the psychoanalytic treatment of narcissistic personality disorders*. Madison, CT: International Universities Press.

Kohut, H. (1977). *The restoration of the self*. New York: International Universities Press.

Kohut, H. (1978). Introspection, empathy, and psychoanalysis: An examination of the relationship between mode of observation and theory. In P. H. Ornstein (Ed.), *The search for the self: Selected writings of Heinz Kohut: 1950-1978* (pp. 205-232). New York: International Universities Press. (Original work published 1959)

Kohut, H. (1984). *How does analysis cure?* A. Goldberg (Ed.) with the collaboration of P. E. Stepansky. Chicago: The University of Chicago Press.

Kwon, S.-Y. (2004a). Freud's Critique of religion revisited: An ethical hermeneutics of psychoanalysis. *Korea Journal of Christian Studies, 33*, 223-238.

Kwon, S.-Y. (2004b). Moral motivation and desire: Kant and Freud in dialogue. *Theological Forum, 36*, 207-222.

Kwon, S.-Y. (2012). How can we practice empathy in pastoral counseling?: Cultivating the clinical virtue of Christian incarnation. *Reflective Practice: Formation and Supervision in Ministry, 32*, 118-131.

Locke, J. (1694/1994). *An essay concerning human understanding.* Amherst, NY: Prometheus Books.

Mason, R. C. (1980). The psychology of the self: Religion and psychotherapy. In A. Goldberg (Ed.), *Advances in self psychology* (pp. 407-427). New York: International Universities Press.

Mitchell, S. A. (1988). *Relational concepts in psychoanalysis: An integration.* Cambridge, MA: Harvard University Press.

Modell, A. H. (1984). *Psychoanalysis in a new context.* New York: International Universities Press.

Modell, A. H. (1993). *The private self.* Cambridge, MA: Harvard University Press.

Randall, R. L. (1984). The legacy of Kohut for religion and psychology. *Journal of Religion and Health, 23*, 106-114.

Rorty, R. (1991). *Essays on Heidegger and others.* Cambridge: Cambridge University Press.

Scharfenberg, J. (1980). The psychology of the self and religion. In A. Goldberg (Ed.), *Advances in self psychology* (pp. 427-437). New York: International Universities Press.

Schlauch, C. (1993). The intersecting-overlapping self: Contemporary psychoanalysis reconsiders religion - again. *Pastoral Psychology, 42*, 21-43.

Simpson, J. A. (Ed.). (1989). *The Oxford English dictionary*, vol. 14. Oxford: Oxford University Press.

Son, A. (2006). Relationality in Kohut's psychology of the self. *Pastoral Psychology, 55*, 81-92.

St. Anselm of Canterbury. (2001). Cur deus homo. **인간이 되신 하나님** (이은재 역). 서울: 한들출판사.

Summers, F. L. (1999). *Transcending the self: An object relations model of psychoanalytic therapy.* Hillsdale, NJ: The Analytic Press.

Whitehead, A. N. (1953). *Science and the modern world.* New York: Macmillan Company.

Whitehead, A. N. (1978). *Process and reality.* D. R. Griffin & D. W. Sherburne (Eds.). New York: The Free Press.

Winnicott, D. W. (1958). *Collected papers: Through paediatrics to psycho-analysis.* London: Tavistock.

제 8 장

애착이론과 기독(목회)상담*

임경수
(계명대학교 인문국제대학 교수)

1. 들어가는 말

인간이 왜 세상에 태어났는지에 대한 답은 얻기 어렵다. 모든 것이 선천적으로 결정된 상황에서 인간은 이 세상에 던져진 존재일 수 있기에 결정주의적 관점에서 인생을 볼 수밖에 없다. 이 관점서 철학자 하이데거(M. Heidegger)는 인간을 우주에 던져진 존재라고 정의한다. 인간 자신이 출생과 삶에 대한 어떠한 선택도 없이 인간은 던져져서 살아가는 존재라는 의미다. 이렇게 이유 없이 던져진 인간에게는 왜 인생을 살아가야 하는지, 어떠한 근거에 의해 현재에 존재해야 하는지에 대한 모호성을 가질 수밖에 없다.

결정주의적 관점에서 인간을 볼 수밖에 없는 상황에서 인간을 더 불안하게

* 이 장은 2016년 12월 '인형치료학회'에 게재된 글을 일부 편집했다.

만드는 것은 출생의 불안이다. 오토 랭크(Otto Rank)는 출생의 과정에서 유아들이 탄생하면서 울부짖는 가장 큰 이유는 출생의 불안이라고 보고 있다. 이 시각에서 인간을 보면 인간은 출생 그 자체가 본격적인 생명의 시작이라고 볼 수 있지만, 아직은 알 수 없는 미지세계에 대한 공포, 그리고 태아가 오랫동안 익숙하게 머물렀던 자리(place)에 대한 박탈 내지는 버림에 대한 것을 경험하고, 출생과정에서 오는 낯선 환경에 관한 두려움과 불안을 경험하게 된다. 그래서 불안은 출생의 과정에서 인간이 경험하는 최초의 경험이다.

> 삶에 대한 두려움은 한 사람이 되어 가야 하는 앞으로 가는 불안이고, 죽음에 대한 불안은 개인을 상실하는 뒤로 가야 하는 불안이다. 인간이 이 두 가지 두려움의 가능성 사이에서 개인의 전 생애가 앞뒤로 꼬여 있다(임경수, 2014, p. 17 재인용).

더구나 출생의 불안만이 아니라 인간 자신이 되어 가야 하는 성장과 성숙의 불안, 그리고 그 모든 것을 뒤로하고 사라져 가야 하는 죽음불안은 언제든지 우리 주변에 있다. '불안'은 출생과정만이 아니라 인간이 살아가는 모든 과정과 죽음을 경험해야 하는 제한적인 인생의 공간과 시간에서 사람이 경험하는 최초이며 가장 민감한 트라우마이다. 이러한 관점에서 본 연구는 인간이 경험하는 이 불안의 트라우마를 애착이론 관점에서 어떻게 이해하고, 해결할 것인지를 살펴보고, 인간의 근원적인 불안이 어떻게 신학적 사고와 연관이 있는지를 기독(목회)상담적 관점에서 살펴보려고 한다.

2. 애착과 트라우마

1) 애착: 공간과 시간의 자리

세상과의 첫 만남의 두려움인 '불안'이 주제가 된 인간, 그리고 삶 자체에 스며 있는 불안기제는 불안을 완화시킬 돌봄과 외부환경에 의해서 그 불안이 완화되기도 된다. 이 불안기제를 중심으로 보면 심리학자 아들러(A. Adler)가 말하는 인간의 기본적 심리구조가 설득력이 있다. 그는 인간이 가진 기본적 심리는 '안전, 힘, 그리고 완전'으로 보았다(Feist, 1985, p. 68 재인용).

불안한 인간에게 안전을 제공할 수 있는 사람과 환경은 사람들에게 '돌봄'(caring)을 제공한다. 그리고 이러한 돌봄을 기초로 해서 불안에 놓인 사람들은 서서히 안정감을 확보하게 되고, 점차적으로 주변에 대하여 호기심을 가지고 탐색을 하게 된다. 이 돌봄을 통해 확보된 안전은 자기 내면세계에 대한 힘을 느끼게 되고, 그 힘을 바탕으로 완전을 추구한다. 물론 이 힘이나 완전의 개념은 '성공'에 대한 의미를 포함하고 있다. 이러한 건강한 돌봄을 통해 형성된 자신에 대한 힘과 완전을 추구하는 성공은 '이웃과 함께(with others)', '이웃을 위하여(for others)'라는 목표를 지향하게 된다.

> 사람은 자신이 속해 있는 공동체 안에서 위험을 발견하게 되면 근심하고, 공동체 안에서 희망을 찾지 못하면 좌절한다. 이 좌절 가운데 사람은 자신의 만족을 채우기 위해서 온전한 인간성을 기꺼이 부정한다. 이러한 상황에서 삶 자체의 민감성을 파괴하고, 온전한 인간성을 형상화하는 모든 것과 진실된 우리 자신으로부터 등을 돌리는 것은 쉽다(Williams, 1968, p. 153).

사회학적 관점에서도 불안을 느끼는 개인들에게 사회적 구조와 환경이 민감성(sensitivity)을 가지고 개인의 불안을 달래 줄 수 있는 심리적이거나 환경적인 요소를 제공해 주면, 혜택을 받은 개인은 사회를 향해서 자신들이 가진 창의성(creativity)을 환원해 준다. 사회로부터 돌봄을 제공받는 개인은 자신이 가진 잠재성이 예전에 생각했던 것보다 많은 것을 가지고 있다는 사실로 인해 자신이 활동할 수 있는 범위가 넓어진다는 것을 느낀다(임경수, 2013, p. 39).

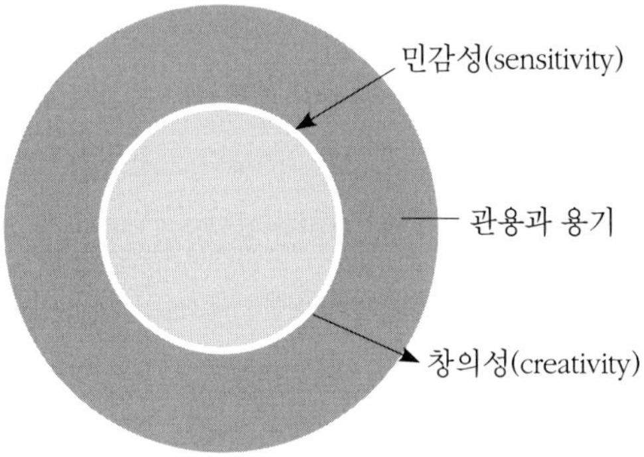

[그림 9-1] 사회구조의 민감성과 개인의 창의성

인간이 가진 태생적 불안이나 사회환경적 불안은 부모를 포함한 주된 양육자의 질적인 돌봄과 사회구조의 민감성에 의해서 감소가 되고, 이 감소에 따라 주변사람과 환경에 대한 호기심을 가지게 된다. 이러한 관점에서 보면 생명의 자율적 성장은 개인이 활보할 수 있는 '공간(space)'과 '시간'이 필요하다.

우주의 시작은 두 가지 요소인 공간과 시간이 있어야 하는 것과 같이, 한 생명의 시작은 공간과 시간이 있어야 한다. 그리고 이 한 생명의 시작에 필요한 공간과 시간은 곧 개인이 가지는 자리 · 장소(place)를 의미한다. 그래서 한 사람이 또는 한 건물이 어디에 '자리'하고 있다는 것은 개인을 포함한 타인 그리고 자연에 많은 영향을 미칠 수 있다. 어떻게 어느 장소에 자리하고 있는가에 의해 그 영향이 긍부정적으로 놓일 수 있으며, 인간은 이 자리 · 장소를 가질 때에 비로소 한 인격이 된다(Tournier, 2011, p. 121).

한 인간의 공간과 시간을 확보하는 것이 '애착'의 과정이며, 동시에 인간이 살아가는 운명이다. 자신의 공간을 가지기 위해 태생으로부터 시작하여 목숨을 떠나는 순간까지 인간은 사회적 공간과 지리적 공간에 대한 관심을 가지면서 살아간다. 그리고 나만의 시간 내지는 같은 시간의 공유를 통해서 우리의 정체성을 규명해 나가는 작업을 시작한다. 이 같은 장소의 확보(공간+시간)는 개인의 실존(Dasein)이며, 이것인 내가 '여기에 있다'는 것이며, 장소에 의존하는 인간이라는 것을 의미한다(Tournier, 2011, p. 108).

존 볼비(J. Bowlby)는 동물학적 입장에서 애착을 진화의 산물이라고 하였다. 인간이 생존하기 위해서 택한 생존의 방식이라는 것이다. 물론 이렇게 생존적으로 본다는 의미는 애착이 개인의 생명과 존속을 위해 절대적으로 필요하다는 것이 강조가 된다. 그와 함께 애착을 연구한 메리 에인스워스(M. Ainsworth)는 애착을 "한 사람이 다른 특정한 사람에 대하여 시간과 공간 속에서 이 양자를 애정적으로 묶는 것을 말한다."라고 정의한다(Steinberg & Beslky, 1991, p. 199 재인용).

부적응 아이들과 탈선한 아이들에 대해 관심이 많았던 볼비는 이스트 런던 아동병원에서 일을 하게 되었는데, 그는 이 곳에서 전쟁으로 인해 가족 혹은 친한 사람들을 잃은 아동에 대한 관심을 가지고 일을 하면서 신경증과 신경증적 성격발달에 초기 아동기 경험이 어떻게 영향을 주는가에 대한 관심을 가지고 관찰을 하여 논문을 발표하였는데 요지는 다음과 같다.

> 아동에게 신경증이 나타났다면, 이 아동의 어머니는 어린 시절 자기 부모에게 품었던 적대감을 부모가 된 지금 자녀에게 표출하고 자기 부모가 충족시켜 주지 않은 욕구를 채우기 위해 자녀에게 부적절하면서도 비정상적인 것을 요구한다는 사실을 발견했다. 이때부터 볼비는 가족 간 상호작용과 정신병리의 대물림 현상을 주목하기 시작했다(Marrone, 2000, p. 12).

애착의 과정에서 불안한 대상인 부모나 사회적 불안정은 한 연약한 아이에게 외부세계가 신뢰할 수 없다는 불안정을 느끼게 한다. 애착이론 관점에서 보면 이러한 불안을 주는 대상은 그 대상이 가진 해결되지 않은 불안으로 인해 투사가 된다.

> 어머니로서 자질이 부족한 사람들은 아기에게 전능감을 심어 주지 못한다. 이런 어머니는 계속해서 아기의 몸짓을 놓친다. 그 대신 어머니가 자신의 몸짓을 아기에게 사용하고 아기가 이에 반응한다. 이러한 순종은 아기에게 거짓된 자기가 만들어지는 첫 번째 단계이다. 아기의 욕구를 알아차리지 못하는 어머니의 무능력 때문에 아기의 거짓된 자기가 만들어지지 시작한다(Winnicott, 1975, p. 145).

자신의 해결되지 않은 과제를 안고 그 과제를 무의식적으로 자녀에게 투사하여, 해결되지 않은 신경증을 되풀이하는 부모를 통해서 아이는 자신의 공간이 철저히 자율화가 되지 못하고, 부모의 요구에 적응하며 살아가는 애착구조를 형성하게 된다. 그리고 이것은 자신의 공간이 사라지는 비극의 시작이지만, 정작 어린 시기에 이런 구조가 시작이 되면 부모 공간=자신의 공간이라는 생각에 사로잡히게 된다.

시간은 인간이 개인적으로 가져야만 하는 중요한 양식이다. 그리고 이 시간은 과거, 현재 그리고 미래라는 개념에서 정립이 되는 것이 건강한 자아를 형성하게 된다. 인간은 유한적이기 때문에 시간의 세 가지 개념을 가진다. 과거는 추억이고, 자신의 뿌리에 대한 향수이며, 자신의 근거를 견고하게 하는 정신의 향유지이다. 그리고 미래는 인간이 지향해 나가야 하고, 목적을 가져야 하는 미래다. 그리고 현재는 과거의 뿌리를 가지고 미래를 지향하면서 한 발씩 움직이는 '여기, 지금'이다.

> 애착에 문제를 가진 아이들은 사랑하거나 죄의식을 느끼지 않는다. 사람들과의 관계 속으로 들어갈 수 없고 혹은 교육조차 불가능하다. 시간에 대한 관념이 없어 과거의 경험을 회상하지 못하고 과거로부터 어떤 이익도 얻지 못하거나 미래의 목적에 의해 동기부여도 되지 않는다. 이러한 시간 개념에 대한 문제는 인격구조의 결함이 보이는 독특한 특징이다(Bowlby, 1961, p. 36).

감옥에서조차도 개인의 시간과 공간이 필요하다. 강제적인 환경에서도 개인을 돌아볼 수 있는 시간과 공간은 개인을 환경에 내몰리게 하는 수동적 인간으로 만들지 않고, 의미를 알 수 없는 인생살이에서도 자신이 의미를 만들어가는 과정(meaning-making process)을 가지게 한다. 이러한 관점에서 보면 인간에게 있는 시련이나 죽음 없이는 인간이 완성될 수 없다는 것과 같다(Frankle, 2015, p. 122). 즉, 개인이 부모와 사회환경과의 잘못된 관계로 함몰되지 않고, 자신의 시간과 공간을 확보할 수 있는 사람들은 시련이나 인간에게 가장 아픈 죽음불안으로부터 트라우마적인 성향을 가지기보다는 이것들을 인생의 동반자로 수용할 수 있는 용기를 가지게 된다는 점이다.

시간과 공간은 유한한 인간으로서 살아가고, 생존할 수 있는 자신의 '자리'를 이 광활한 우주 안에 자신을 존립하게 하는 양대 축이다. 그리고 이 시간과 공간은 우리의 자리(place)이다. 이 시간과 공간 속에 개인의 자율성을 가짐으로 자신의 공간과 시간을 가지고 살아갈 때 인간은 비로소 자신의 공간과 시간이 가진 한계성을 알아가게 된다. 이것이 바로 실존적인 신경증(existential neurosis)이다. 이 실존적인 것은 인간의 뿌리와 운명에서 나온 것이며, 인간이 어디로 향해야 하는 바른 목적론적인 방향성이 된다. 그러나 개인의 시간과 공간의 침해를 받고, 애착형성에 있어 트라우마를 가지게 된다면 사람은 인간의 모호성을 통한 균형을 보기보다는 자신의 시간과 공간의 확대만을 생각하게 되는 신경증적 불안의 구조에 놓이게 된다.

2) 상실과 박탈의 트라우마

성장과정에서 부모로부터 받아들인 돌봄은 성인이 된 이후에도 정신건강에 매우 중요한 요소라고 보고 있다. 그래서 볼비는 유아시절부터 성장과정을 거치면서 부모로부터 따뜻하고 친근한 관계가 필요하다고 보며, 만일 그것이 되지 않았을 때는 부모를 대체할 만한 것에 의해 돌봄이 제공되어야 한다고 보고 있다(Bowlby, 1961). 이러한 관점서 볼비는 일찍부터 심각한 심리적인 문제는 아동기 때 중요한 사람, 특별히 어머니와의 애착관계의 단절에서 오는 손상으로 인한 불안으로 보고 있다(Marrone, 2000, p. 8). 즉 돌봄이 제공되지 않았을 때 문제가 생기는데 이러한 관점서 박탈에 대한 것을 세 종류로 보고 있다.

첫째는 '모성박탈'(maternal deprivation)이다. 이것은 어머니가 집에 있지만 아이들에게 돌봄을 제공하지 않는 것이다(Bowlby, 1961). 흔히 이러한 일은 부모들이 가정에서 돌봄을 제공하는 데 소홀히 하기 쉬운 영역이다. 어떤 부모들은 휴일이면 하루 종일 가정에서 가족들과 함께 지냈다고 이야기하지만 정확한 내용을 물어보면 하루 종일 TV를 보고 아이들과는 소통한 내용들이 없는 것으로 드러난다. 가정에 어머니가 있지만 아이의 희로애락의 감정에 대한 반응이 없는 것이다.

둘째는 '부분적 박탈'(partial deprivation)이다. 이것은 말 그대로 아이들이 부모를 통해 박탈을 경험하는데 부분적으로 당하는 것이다. 물론 이 박탈에는 감정, 억양, 신체 등의 학대를 포함하고, 어머니(부모)가 부분적으로 아이의 시야에서 떠나감으로 발생하는 것이다. 아이가 부모와 환경의 도움을 통해서 연약한 자아상을 조금씩 확립해야 할 시기에 박탈로 인해 더 많은 집착을 가지게 된다. 그래서 이러한 부분적 박탈이라도 불안의 연속성을 가지고 있고, 사랑에 대한 과다한 요구를 한다. 복수의 감정이 많이 있으며, 동시에 죄의식과 우울감에 대한 감정을 가지고 있다(Bowlby, 1961).

셋째는 완전박탈(complete deprivation)이다. 완전박탈은 부모의 죽음과 같이 아이가 이 세상에 혼자 내버려지는 상황이다. 이 박탈이 사람들과의 관계를 통해서 회복되지 않으면 다른 사람들과 관계를 할 수 없게 된다. 볼비는 이 박탈의 원인이 무엇일까 조사를 해 본 결과, 가족의 구조, 특별히 아이와 부모의 관계를 보면 답이 나온다고 보았다. 즉, 정신병리의 원인이 무엇인지 불명확할 때는 그 환자가 성장과정에서 어머니와 아버지의 관계가 어떠했는지에 대하여 좀 더 주의 깊게 관찰하면 불명료했던 원인들이 밝혀진다(Bowbly, 1961).

이 세 가지의 박탈 정도는 아동시절에 어떤 시기에 발생하였는가도 중요한 변수가 된다. 그리고 이 박탈기간이 간헐적이었는지, 단기간에 끝이 난 것인지, 아니면 장기간 계속되었는지도 중요한 관찰요인이 된다.

아동기 때 경험하는 박탈은 어린아이가 바람직한 인간으로 성장하는 데 많은 걸림돌이 된다. 바람직한 환경이나 좋은 부모는 아이들에게 세상과 자신에 대한 희망을 심어 줄 수 있지만, 나쁜 부모는 아동에게 박탈을 경험케 하고 그리고 이것이 회복이 되지 않으면 어쩌면 평생 어둡고 침울한 세상에서 살아갈 확률이 있다. 내가 박탈에 대하여 저항할 수 있는 힘을 가질 수 있고, 세상을 객관적으로 볼 수 있는 힘이 있다면 아동들이 박탈을 경험하지 않을 수 있다. 그러나 약한 아이들이 이것을 경험할 수밖에 없다면 상담자들은 박탈에 대한 사회학적 이해가 분명히 있어야 한다. 여기서 사회학적 문제를 제기하는 것은 박탈과 같은 것에 대한 폭넓은 이해가 선행이 될 때 좀 더 바람직한 상담이 될 수 있기 때문이다.

심한 박탈을 습관적으로 경험한 아동들은 그 박탈경험이 자신을 형성하는 데 중요한 구조가 되기에 이것을 구조로 또 살아갈 수밖에 없는 상황이다. 지속적인 박탈을 경험한 아동들이 세상에 해를 끼치는 인생이 될 확률은 분명히 많다. 그리고 이 해를 끼치는 행위를 흔히 종교인들은 '죄'라는 표현을 한다. 그러나 엄밀한 의미에서 '죄'는 박탈, 소외, 분리라는 심리학적 의미가 현대인에게 적합한 표현이다(Tillich, 2004, p. 15).

> 1차적인 가정경험이 없다면 정신건강의 기초는 세워지지 않는다. 유아의 욕구에 본질적으로 관심을 갖는 사람이 없이 유아 혼자서는 외부 현실과 효과적인 관계를 맺지 못한다. 만족스러운 본능적 욕구충족을 주는 사람이 없다면 유아는 자신의 신체를 발견할 수 없고 통합된 인격을 발달시키지 못한다. 사랑하고 증오할 사람이 없다면 유아는 자신이 사랑하고 증오하는 사람이 같은 사람이라는 사실을 알지 못하며, 그 결과 죄책감을 발견하지 못하고 고치거나 회복할 욕망도 발견하지 못한다. 제한된 인간과 물리적 환경이 없다면 유아는 자신의 공격적인 생각이 실제로 파괴할 수 없는 한계를 알 수 없게 되어, 환상과 사실의 차이를 구별하지 못한다. 함께 살며 자신에 대해 공동의 책임을 갖는 아버지와 어머니가 없다면 유아는 그들을 떨어뜨려 놓으려는 자신의 충동을 발견하지도 표현하지도 못하고, 그렇게 하지 못했을 때 생기는 안도감을 경험하지도 못한다(Homles, 2005, p. 81 재인용).

3) 신경증적 불안과 트라우마

애착의 부적절성으로 인해 애정은 편견(prejudice)이나 오만(arrogance)이라는 주된 두 가지의 종류로 변질될 수 있다. 편견은 내가 상대에 대한 시각을 왜곡되게 하기에 내가 상대에게 다가갈 수 없는 것이며, 오만은 나에게 차 있는 과대한 자기해석으로 말미암아 상대가 나에게 접근하지 못하는 경우다. 그래서 이 두 가지의 경우 모두가 애착에 대한 부적절성으로 인한 과도한 자기애성장애를 가지고 있는 것이다.

볼비는 애착 부적절성으로 인해 보이는 형태 중의 하나로 어린 시절의 애착결핍에 대한 욕구를 만족시키기 위해서 과도한 요구를 한다는 점을 지적한다. 이들이 가진 중요한 특성들은 자신의 특권을 누리려는 것으로 과도한 음식, 물질에 대한 집착이다. "이러한 문제를 가진 사람은 과도하게 자신의 즐거움이나 행동을 보임으로써 자신의 현 문제를 부정한다. 이러한 행동은 자신이 확신하지 못하는 현 상태를 안심시키기 위해 자신의 현재는 모두가 좋고, 하나님은 자신과 함께 천국에 있다는 것을 자신에게 설득하려는 시도이다"(Bowlby, 1961, p. 64).

사람이 기본적으로 신체적이고 정신적인 돌봄을 받지 못했을 때 발생하는 증상은 폭식이다(Capps, 1983, pp. 44-45). 음식에 대한 지칠 줄 모르는 집착은 지금 당장이라는 '즉각적인 만족(immediate gratification)'을 따르고, 이 폭식의 배후에 숨겨진 정신은 삶과 미에 대한 무관심이다. 삶과 미에 대한 무관심은 삶을 파괴하고 수단과 방법을 가리지 않고 목적을 이루려는 자기중심적 성취 성향을 가지고 있고, 자신의 주변인물과 동료의식을 가지기보다는 자신의 목적을 방해하는 사람으로 여기기에 인간성을 파괴하려는 생각을 가지게 된다. 그래서 "폭식은 어떤 것에 대해서도 특별한 가치를 부여하지 않는다. 다만 먹고 소화시켜 버리는 것이다. 맛을 보지 않고 삼켜 버린다"(Capps, 1983, p. 25).

애착의 부적절성으로 인해 자기중심성의 과도한 집착으로 가지는 것이나, 음식에 대한 폭식은 근본적으로 부모나 주된 양육자를 통한 일관성이 있는 돌봄에 대한 실패이다. 그래서 미래의 시간을 기다리는 것에 대한 개념도 없고, 과거의 추억을 되새길 낭만적 시간이나 공간도 없기에 눈에 보이는 것, 만져지는 것, 느끼는 것을 지금 당장 확보해야 하는 충동을 보이는 것이고, 그것이 유일한 답인 것으로 여긴다. 자신의 불안을 해소할 수 있는 것은 현실에서 만져지고 느낄 수 있고 볼 수 있는 것들이지, 기다려야 하는 고통을 수반하는 미래나 아픈 과거기억의 숲이 아니다. 이것을 좀 더 광의적인 의미로 해석한다면, 애착의 부적절성은 유기와 상실에 대한 불안이며, 동시에 죽음에 대한 불안이며 거부이다.

실존주의 심리학을 집대성한 어빈 얄롬(Irvin Yalom)은 삶과 죽음은 상호보완적이고, 연속선상에 있는 것이 아니라 동시에 존재한다고 보았다. 죽음이 삶이 끝이 난 후에 있는 것이 아니라, 삶과 죽음은 출생에서 시작하여 죽음에 이르기까지 함께 있다는 것이다. 그런데 이렇게 삶에 죽음이 영향을 미치는데 이 죽음에 대한 불안이 바로 인간이 가지는 불안의 근원이고 정신병리의 주된 원천으로 보고 있다(Yalom, 2013, p. 46).

애착의 부적절성으로 인해 죽음을 삶의 부분에서 도려내려는 인간의 시도는 프로이트의 지적처럼 무의식적으로 죽음의 개념을 높은 선반 위에 올려놓고 보지 않으려는 의도를 가지고 있다. 삶과 죽음의 동시성을 부정해 버리고 어느 한쪽만을 택해 버리는 마음은 인간이 가진 양면성을 부정하는 것이고 균형을 상실케 하는 결과를 초래한다.

> 잊지 말아야 할 것은 인간의 기본적인 딜레마는 우리 각자가 천사도 되고 들짐승도 된다는 것이다. 인간은 죽어야 한다는 사실을 잘 알고 있기 때문에 죽음의 피조물이라고 할 수 있다. 어떤 형태의 죽음에 대한 부인도 인간의 기본적 기원을 부인하는 것이고, 인간의 자각과 경험을 매우 제한시키는 결과를 낳는다. 죽음에 대한 통합은 인간을 구원한다(Yalom, 2013, p. 50).

얄롬은 사람들이 이 죽음불안을 직면하지 않기 위해 찾아가는 것은 자신의 특별성(specialness)을 강조하는 것으로 보았다. 한마디로 죽음의 법칙에서 나는 예외적인 인간이라는 점을 보이는 것이다. 그리고 만일 이 방어가 무너지면 자신을 도와줄 수 있는 구조자(saver)를 찾아 자신의 의견에 동조해 주길 요청하는 것이다. 동시에 이 특별성을 가지게 되면서 인간이 추구하는 영역을 세 가지로 보고 있다. 첫째는 영웅주의, 둘째는 일중독, 셋째는 나르시시즘이다. 영웅주의나 일중독은 자신들이 자발적으로 이 일을 하는 것이 아니라, 일을 하지 않으면 안 되는 구조가 자신들을 영웅주의로 그리고 일에 몰두하도록 하는 것이다. 그러기에 이들에게는 성과는 있겠지만 즐거움의 동참은 없는 것이다. 반드시 해야 한다는 불안구조에 떠밀려서 하지 않으면 안 되기 때문에 신경불안증에 시달리는 것이다.

실존주의 신학자인 폴 틸리히(Paul Tillich)는 신경증을 "비존재(non-being)를 피하기 위해서 존재(being)를 피하는 방식"으로 정의했다(Tillich, 2004, p. 70). 여기서 비존재란 죽음을 의미하는데, 사람이 이 비존재를 부정하거나 도피하게 되면서 삶의 직면을 회피한다는 의미이다. 이런 상황에 놓이게 되면 사람은 신경증적 불안에 놓이게 되어, 사람이 일상생활에서 직면해야 할 실존적 불안을 느끼지 못하는 것이다. 그래서 삶의 균형을 상실한다는 것이다.

신경증적 불안을 느끼는 사람들은 어떤 사람들보다 예민하거나 창의적일 수 있기 때문에 그들을 통해서 나오는 결과들은 과히 영웅주의와 같은 맥락의 것들이다. 그리고 이러한 생산물과 결과를 우리가 사는 사회에서는 일종에 롤모델로 삼아 가는 악순환을 가지게 된다. 일중독도 같은 맥락에서 해석이 된다. 이 방향이 추구하는 것은 '완벽'이다. 완벽 또는 완전이라는 것이 좋은 것처럼 들릴 수 있지만 이것을 하는 일에 자신의 즐거움이 없다고 하면, 불안에 쫓겨 만들어 낸 것이다. 더구나 불안이 강한 사회일수록 완전에 대한 것이 강하다. '더 멀리, 더 높이, 더 빠르게'라는 슬로건은 결국 약물중독에 의존할 수밖에 없는 유혹을 낳기 때문이다.

> 자신의 불안을 용감하게 떠맡지 못하는 사람은 신경증(노이로제) 속으로 들어감으로써 절망의 극적인 상황을 피할 수 있다. 그도 여전히 자기 자신을 긍정하지만 매우 한정된 범위에서 그렇다. 노이로제는 존재를 회피함으로써 비존재를 피하는 방식이다. 신경과민 상태라고 해서 자기긍정이 없는 것은 아니다. 그것은 더욱 강해지고 강조될 수 있다. 그러나 여기에서 긍정되는 자아는 매우 위축된 자아이다(Tillich, 2006, p. 101).

자신의 불안을 떠맡지 못하는 신경증적 불안, 삶의 영역에서 죽음을 인생의 동반자로 수용치 못하는 불안은 인생불안의 최대 적이다. 살려고 하는 욕망을 제대로 보게 해 주는 죽음의 수용이 없이 인생은 균형을 상실한 기관차와 같이 폭주한다. 이 균형상실의 불안으로 인해 영웅주의, 일중독 혹은 자기애성에 집착하는 것이다. 그리고 보이는 것과 만져지는 것으로 모든 것을 평가하는 핵심적 기준이 된다.

3. 애착이론을 통해 본 기독(목회)상담적 통찰

1) 애착이론에 대한 심리적 통찰

> 우리는 요람에서 무덤까지 우리의 애착대상이 제공하는 안전기지로부터 출발해 길든 짧든 일련의 소풍으로 이루어진 삶을 살 때가 가장 행복하다고 느낀다(Bowlby, 1988).

불안이 인생의 중요 주제이기에 인간은 이 불안을 잠식시키기 위해 과거부터 현재 그리고 미래까지 여러 가지 내외적인 환경을 변형해 나갈 것이다. 그래서 루소의 말처럼 인간 모두는 미지의 운명인 살 곳을 찾기 위해 과거부터 현재까지 떠돌고 있다. 그리고 그 덕인지 한국사회의 내외적인 환경의 개선은 인간수명을 연장시켰고, 의식주의 점차적인 해결은 이제 생존을 떠나 낭만을 추구하는 시기로 변모하고 있다. 그러나 내외적인 환경이 호전되었음에도 불구하고 불안이라는 구조가 인간에게서 떠나지 않는 것은 불안은 인간 운명의 시작부터 끝까지 함께하기 때문이다. 이 불안의 감소는 부모나 주된 돌봄자가 돌봄과 성장경험을 제공해 주는 것을 통해서 환경에 대한 긍정적 적응으로부터 시작한다. 긍정적 애착은 어린 시절부터 사람들에게 자신만의 공간과 시간을 가질 수 있도록 해야 한다. 공간과 시간은 결국 한 개인에게 있어 자신의 자리(place)를 위치하도록 하는 것인데, 이 자리는 내가 여기에 있다는 정체성(identity)을 의미한다.

반면 강요되거나 억압되는 환경들은 인간을 성장 초기부터 그러한 환경에서 생존하도록 하는 애착구조를 형성하기에 거짓된 자기를 형성하게 된다. 이 거짓된 자기는 자율성이 없고 자신을 타인과 동일시하는 거짓 속에 살도록 한다. 애착과정에서 주된 돌봄자로부터 자신의 공간과 시간에 대한 박탈과 상실을 습관적으로 경험한 사람은 성장하면서 지리적 공간과 사회적 공간에 대한 집착과 탐욕에 놓이게 하고, 이것은 신경증적 불안에 사람을 놓이게 한다. 동시에 신경증적 불안은 자신에게 오는 시련이나 죽음에 대한 것을 수용할 수 없게 된다. 결국 이 불안을 해소키 위해 영웅주의, 일중독, 그리고 자기애성에 몰두함으로써 시련과 죽음을 잊어버리려는 신경증적 불안의 트라우마에 시달린다.

인간사회가 영웅주의에 빠지고, 일중독에 몰입되고, 자기애성이 갈수록 심화되는 것은 사회가 가진 불안의 강도가 심하다는 것을 의미한다. 인간은 시간과 공간 속에서 자신의 자리를 확보해야 하는 것은 당연하지만, 불안이 심한 사회구조 속의 개인들은 자리에 병적으로 집착할 수 있고, 그 자리가 자신을 대변하는 것으로 생각한다. 그래서 시간과 공간을 침해당하면서 확보하려는 자리는 또 다른 시간과 공간을 확보하는 모험을 낳는 것이 아니라, 오히려 자리에 집착하고, 자리가 곧 자신이라고 생각하는 결정을 낳기도 한다.

2) 인간소외와 죄: 가족과 사회의 구조적 악

볼비는 아동들에게 필요한 영적인 자양분(spiritual nourishments)을 즐거움과 사랑이라고 했다. 이 정의는 기독교 신앙을 가진 사람들이 정의하는 영성의 의미를 구체적인 의미로 전환하도록 돕는다. 기독교에서는 흔히 영성을 매우 형이상학적으로 해석한 반면 볼비는 이것을 일상생활에서 느끼는 즐거움과 사랑으로 정의한다. 동시에 애착이론이 기독(목회)상담자들에게 주는 중요한 내용 중의 하나는 소외라는 것이 악의 가능성을 가장 쉽게 노출하게 하는 근원적인 요소가 된다는 점이다.

악이라는 것이 우리가 생각하는 형이상적인 관념이나 악마라는 관념에서 벗어나, 가족과 사회구조에서 개인이 누릴 수 있는 공간과 시간을 뺏어 버리면, 인간은 공간과 시간에서 어떤 것을 집착하면서 살 수밖에 없는 환경에 노출되어 버린다. 아니면, 나는 나의 시간과 공간이 없는 철저한 이유 없는 불안의 미아(迷兒)가 된다. 이러한 관점에서 보면 악을 형성하는 근원적인 요인들은 취약한 부모성과 열악한 사회구조에 최초의 중요한 원인이 있음을 알 수 있다. 그렇다면 기독(목회)상담자들의 관심은 신학에서 주장하는 전형적인 악의 근원을 추상적 사고에서 벗어나서, 미숙한 부모의 환경과 사회구조에의 변형에 대한 관심과 구조의 변화를 추구하는 사회적 시각을 가질 필요가 있다.

다음으로 기독(목회)상담자들이 애착이론에서 관심을 가져야 할 부분은 안전애착을 통한 '온전성'에 대한 의미이다. 불안이 큰 개인과 사회에서는 상대적으로 완벽을 추구하는 경향이 많이 있다. 특별히 기독교인들은 신앙과의 관계에서 잘못하면 완벽을 추구하는 경향이 많을 수 있다. 그러나 인간으로서 우리에게 완벽만을 추구하는 것은 균형성을 상실하는 것이다. 볼비가 가장 바람직한 애착으로 본 안정애착의 정의는 완벽한 성향이 아니다. 이 안정애착은 오히려 성장과정에서 부모로부터 잘못된 취급도 받았지만, 그리고 과거의 아픈 상처를 가지고 있지만, 부모를 이해하고 용서하려는 사람이며 자신의 세계를 과거에 머물러 두지 않고 현재에 머무르려는 성향이다. 이러한 점에서 완벽성향을 추구하는 것 자체가 심리학적으로 무리인 것이며, 이 완벽을 추구하는 것이 개인의 심리적 결격이 있음을 증명하는 것이다. 안정애착은 희로애락을 받아들이는 대상이 있고, 자신의 감정을 부모에게 성장과정에서 말할 수 있는 사람이 성인이 된 이후에도 심리적으로 건강하게 생활할 수 있음을 말해 준다. 그래서 기독(목회)상담자들이 자신과 내담자들에게 적용해야 하는 것은 인간이 가진 이중성에 대한 수용이다. 위니컷의 지적처럼, 아동이 전능성의 환영에 빠져 자신에게 잘못하는 부모는 거짓부모라는 생각을 가지게 되고, 잘하는 부모만이 참부모라는 생각은 아동의 정신적 성숙을 멈추게 하는 것과 같은 논리이다. 이 아동의 성장은 부모가 가진 장단점을 동시에 볼 수 있고 이것을 수용했을 때다. 기독(목회)상담자는 완벽을 추구하는 것이 아니라, 땅에 살면서 오히려 하늘을 바라보는 인간의 멍에를 가지고 살아가는, 인간의 모호성에서 어느 한쪽만을 바라보게 하는 것이 아니라, 균형성을 가지고 살아가도록 하는 것이다.

3) 자기헌신과 자기실현의 복음

신앙의 공동체는 전통적으로 자기헌신을 많이 강조했다. 그래서 오늘 날 대부분의 교회에서 신앙이 좋다는 의미는 얼마나 많은 헌신을 하고 있는가로 척도할 수 있는 수단이 되었다. 그러나 이러한 관점은 가부장적 사회와 성공지향적인 문화에서는 용인되는 가치관이었지만, 오늘날에 신앙에 대한 척도와 건강성을 자기헌신에서만 본다면 문제가 많다.

애착이론 관점에서 한 사람이 성장하면서 트라우마를 갖는 가장 큰 이유는 자신이 부모의 틀에 맞추어 살아가면서 형성된 거짓자기의 문제이다. 그리고 이 거짓자기가 형성된 가장 큰 이유는 부모의 과대하게 투사된 힘으로 인해 연약한 아이가 '자기감정이나 생각'이 없이 살아가기 때문이다. 자신의 감정을 표현하고, 이 감정을 수용할 수 있는 성숙한 부모와 사회가 있다는 것은, 곧 개인의 자기실현에 대한 중요한 관점을 제공한다.

애착의 실패로 살아가는 사람들은 혹 내가 없이 나를 희생하거나, 타인을 사랑하게 된다. 내가 없이 희생하고 사랑하는 것은 맹목적적인 사랑과 희생이며, 결국은 서로에게 피해를 미치게 된다. 그러므로 건강한 자아를 가진 사람은 이 생존의 울타리에서 자신의 공간과 시간을 가지고 있는 사람이다. 그리고 이 공간과 시간을 가지면서 남들의 시간과 공간을 인정하는 사람이다.

긍정적인 애착은 자신의 정체성을 가지면서 동시에 인간이 가진 사회적 공간과 지리적 공간의 한계성을 수용하게 된다. 그리고 자신이 가진 시간의 유한성을 무한성과 비교할 수 있는 세계를 가지게 된다. 왜냐하면 인간은 이 이중적 구조를 배제할 수 없는 운명이기 때문이다. 이것이 곧 실존적인 신경증이다. 이 실존적 신경증은 애착으로 인한 인간 불안이 더 이상 트라우마가 아니고, 자신의 정체성을 규명하는 근거가 되고, 자신 삶의 파트너로 여기는 것이다. 그리고 이들에게는 투르니에의 아래의 말이 적합할 것이다.

> 우리는 자리를 포기하기 전에 차지해야 한다. 주기 전에 받아야 하며, 믿음으로 자신을 내려놓기 전에 자신으로서 존재해야 한다. 우리는 결국 떠나기 위해 자리를 얻고, 버리기 위해 보화를 받고, 드리기 위해 개인으로서 존재하는 것이다(Tournier, 2011, p. 208).

이들에게 인생은 집착의 대상이 아니라, 일련의 소풍기간이다. 거기에는 개인의 공간과 시간이 있고, 인간의 삶과 운명이 교차하기 때문이다. 인생이 일련의 소풍과 같은 기대와 낭만을 경험할 수 있도록 하는 것은, 그리고 시련과 죽음의 불안 속에서도 이 양자를 삶의 동반자로 수용케 할 수 있는 마음의 구조를 위해서는 1차적인 가정의 정신건강의 기초가 필요하고, 그리고 개인의 불안을 관용과 용기 가운데 수용해 줄 수 있는 사회구조가 필요하다. 이렇게 가족과 사회구조의 도움은 태어남의 불안이나, 살아가야 하는 불안, 그리고 사라져 가야 하는 불안이 더 이상 트라우마가 아니며 우리 인간 삶의 균형성을 가지게 할 수 있게 하는 근거가 된 것이다.

이 시대의 아픔은 자기실현, 곧 자기 자신에 대한 진정한 통찰과 사랑함 없이 자기헌신을 개인에게, 신앙이나 집단에서 하려는 사람들이 많다는 것이다. 그러기에 애착이론은 자기희생이 아니라, 그리고 이 희생이 진정한 원함에서 오는 것이 아니라, 내가 강요한 구조 속에서 희생에 익숙하게 성장을 했기 때문에 온 것이라는 점이다. 이제는 이 관점에서 벗어나 개인이 가진 자기실현이 얼마나 건강한 것인지를 통찰해야 하는 시기에 와 있다. 자기실현은 죄가 아니라, 자기헌신을 하기 전에 우리가 살펴봐야 할 애착이론이 주는 중요한 교훈이다.

참고문헌

임경수 (2013). 인간발달이해와 기독교상담. 서울: 학지사.

임경수 (2014). 애착이론과 역기능 발달상담. 서울: 학지사.

Bowlby, J. (1961). *Child care and the growth of love*. London: Penguin Books.

Bowlby, J. (1988). *A secure base: Clinical applications of attachment theory*. London: Routledge.

Capps, D. (1983). *Life cycle theory and pastoral care*. Philadelphia: Fortress Press.

Feist, J. (1985). *Theories of personality*. New York: Holt, Rinehart & Winston.

Frankle, V. (2015). 죽음의 수용소에서 (이시형 역). 서울: 청아출판사.

Holmes, J. (2005). *John Bowlby & attachment theory*. New York: Routledge.

Jung, C. (1981). *Collected works Vol. 11*. New Jersey: Princeton University Press.

Marrone, M. (2000). 애착이론과 심리치료 (이민희 역). 서울: 시그마프레스.

Steinberg, L., & Beslky, J. (1991). *Infancy childhood & adolescence: Development in context*. New York: McGraw-Hill.

Tillich, P. (2004). 존재의 용기 (차성구 역). 서울: 예영커뮤니케이션.

Tournier, P. (2011). 인간의 자리 (김석도 역). 서울: NUN.

Williams, D. (1968). *The spirit and the forms of love*. New York: Harper and Row.

Winnicott, D. (1975). *The maturational process and the facilitating environment*.

London: Penguin.

Yalom, I. (2013). 실존주의 심리치료 (임경수 역). 서울: 학지사.

제 9 장

정신분석적 치료개입과 기독(목회)상담*

장정은
(이화여자대학교 기독교학과 교수)

1. 서론: 직접적 상담과 간접적 상담

상담은 상담관계를 형성하는 상담자와 내담자 사이에 매개체를 사용하는지 그렇지 않은지의 여부에 의해 크게 두 가지로 분류할 수 있다. 하나는 매개체를 사용하지 않는 직접적 상담이고, 다른 하나는 상담자와 내담자 사이에 매개체를 두는 간접적 상담이라고 말할 수 있다. 직접적 상담은 상담자와 내담자 사이에 어떤 매개체 없이 자유롭게 자신의 이야기를 개진하고 표현하

---

* 이 장은 아래에 출판된 필자의 논문들을 통합 · 편집했다.
장정은 (2016). 아동상담에 나타난 과대자기감에 대한 정신분석적 이해와 기독교상담적 대안. **한국기독교상담학회지, 27**(1), 295-322; 장정은 (2016). 정신분석적 관점에서 본 문학치료의 효용. **문학치료연구, 40**, 9-37; 장정은 (2017). 목회상담자의 구원환상 역전이에 대한 상호주관적 이해. **목회와 상담, 29**, 237-268.

면서 이루어지는 상담이다. 물론, 상담자와 내담자는 언어라는 매개체를 사용해야 하는 것은 사실이지만, 상대적으로 언어는 심리 내적 상태와 경험을 자유롭게 표현할 수 있다는 장점을 갖게 된다. 반면 상담자와 내담자 사이에 언어가 아닌 특별한 매개체를 통해 상담이 이루어지는 경우가 있다. 그것이 고전의 이야기, 음악, 미술, 놀이, 영화와 같은 매개체의 성격에 따라 문학치료, 음악치료, 미술치료, 놀이치료, 그리고 영화치료로 분류된다.

직접적 상담에서의 언어는 특별한 제한이 없이 자신의 이야기를 할 수 있다는 점에서 큰 장점을 갖게 된다. 어떤 구체적인 성격을 가진 매개체의 제한이 없다 보니 자유롭게 삶의 문제와 심리적 상황을 표현하여 감정의 소산과 공감적 반응, 그리고 다양한 치료적 개입을 할 수 있다는 측면에서 상담은 일반적으로 직접적 상담의 형태를 취하게 된다. 반면 상담의 매개체를 사용하여 우회적인 방식을 취하는 간접적인 상담은 매개체의 성격에 따라 제한과 한계를 갖게 된다. 다시 말해, 간접적 상담은 그 매개체를 사용해야 한다는 점에서 자유롭게 자신의 심리적 상황을 표현하고 드러내는 데 한계를 갖게 된다.

물론 간접적 상담에서 사용하는 매개체의 성격은 다양하고 그 성격에 의해 다른 치료적 효과를 기대할 수 있다고 이야기할 수 있다. 놀이치료의 경우, 언어를 수단으로 하는 대화가 어려운 아동과 성인을 대상으로 언어적 대화를 놀이가 대체하는 경우이기 때문에 직접적 상담의 성격이 강하다(Holder, 2005). 놀이를 통해 내담아동은 자신의 내적 세계를 표현하게 되고 상담자 또한 놀이를 통해 치료를 중재하게 된다. 놀이에는 언어적 대화 관계에 나타나는 전이와 역전이 그리고 투사적 동일시와 같은 정신분석적 개념을 관찰할 수 있다. 음악과 미술, 그리고 영화와 같은 치료 매개체를 사용하는 경우에 내담자는 그 제한된 매개체 안에서 자신의 심리경험을 경험하고 표현하게 된다.

이런 직접적 상담과 간접적 상담이라는 구분을 정신분석적 치료목표 측면에서 살펴보면 이 두 상담의 종류가 동일한 상담적 개입의 목표를 두고 있음을 알 수 있다. 치료적 목표와 결과를 어디에 두느냐에 따라 치료적 변화의 원인에 대해 다른 논의를 할 수 있겠지만, 정신분석은 프로이트가 그것을 처음 제안한 이래로 일관된 치료와 상담의 목표를 제시해 왔다. 그것은 무의식의 의식화이다. 물론, 정신분석은 다양한 갈래와 흐름으로 발전해 온 것이 사실이고, 이 치료적 목표가 갖고 있는 의미는 정신분석이 발전하면서 각기 다르게 해석된 것 또한 사실이다. 하지만 모든 정신분석 학파들이 일관되게 치료에 이르는 길로 인간 정신의 무의식 차원을 의식화하는 것으로 제시한다. 그것은 또한 인간의 숨겨진 심리 내적 세계가 외재화되는 과정이라고도 말할 수 있다.

무의식을 의식화시키는 작업은 인간의 정신활동에는 인식되지 않지만 병리적으로 영향을 끼치는 무의식의 차원이 존재한다는 것을 가정한다. 그렇기에 프로이트와 고전정신분석학자들에게 중요한 치료적 개입은 상담자의 해석이었다. 상담자가 내담자의 무의식을 정확하게 해석하기 위해 필요한 자료가 있다면 그것은 내담자의 꿈과 정신적 환상, 혹은 실수행위에 대한 보고이다. 하지만 내담자는 자신의 은밀한 내적 상황에 대해 감추기를 원하기에 상담자에게 있는 그대로 자신의 이야기를 하지 않게 되는데, 이것을 프로이트는 저항이라고 불렀다. 그렇기에 프로이트는 내담자의 이야기에 전적으로 신뢰하기보다, 내담자의 이야기 외적인 측면에 주목하기 시작했고 이를 전이라는 개념으로 표현했다. 다시 말해, 언어 외적인 측면에서 내담자가 상담자를 대하는 방식이 과거의 중요한 대상과의 관계 양상을 반복한다는 것을 프로이트는 알았고 이것이 내담자의 무의식과 깊이 연결되어 있다는 것을 깨닫게 된 것이다. 그는 자신의 정신분석을 이 전이의 토대 위에 세우게 되었고 이 전이해석이야 말로 중요한 치료적 개입이자 무의식을 의식화시키는 중요한 도구로 보았다(Harris, 2005).

직접적 상담과 간접적 상담은 인간의 무의식 세계를 외재화하여 의식화시키려 한다는 점에서 동일하게 정신분석적 목표를 갖고 있다. 직접적 상담에서는 대화를 통한 상담과정에서 내담자는 자신이 의식하지 못하고 있었지만 자신의 삶에 영향을 주고 있는 심리적 세계의 부분을 발견하게 된다. 뿐만 아니라, 저항이나 전이의 과정을 통해 상담관계 자체는 내담자에게 자신의 무의식을 노출하고 드러내는 수단이 되기도 한다. 정신분석적 상담은 이렇게 대화를 통한 방법과 내담자와의 상담관계 자체를 무의식을 찾아가는 중요한 수단으로 여기게 된다. 간접적 상담에서 상담자와 내담자 사이의 매개체는 일종의 내담자가 자신의 무의식을 드러내는 수단이 된다. 내담자는 매개체를 통해 자신의 심리내적 세계를 외재화시키는 도구를 발견하게 된다. 그 매개체의 성격과 특징을 잘 알고 있는 상담자는 매개체를 통해 외재화된 내담자의 무의식 세계를 해석할 수 있게 된다.

때로 간접적 상담에서 사용하게 되는 매개체는 내담자의 저항을 극복할 수 있는 좋은 수단이 되기도 한다. 언어를 통해 자신의 이야기를 할 때, 내담자는 상담자를 어린 시절 부모로 여기는 전이 관계 속에서 때로는 위축될 수 있고 자신의 비밀스러운 부분에 대해서는 숨기려고 할 수 있다. 반면, 문학작품, 그림, 음악, 그리고 영화와 같은 매개체를 통해서는 자신도 모르게 자신의 속사정과 비밀스러운 자신의 내면의 일부를 자연스럽게 드러낼 수 있다는 장점이 있다. 오랜 대화를 통해서도 접근하기 어려웠던 무의식의 세계를 매개체를 통해 어렵지 않게 도달할 수 있다. 이렇게 무의식을 의식화시키는 결과로 내담자는 감정의 소산, 곧 카타르시스를 경험하게 된다. 묵혀 있었고 의식화시키지 못해 무의식에 존재하는 억압된 표상을 의식화시키며 내담자는 새로운 깨달음과 자신에 대한 이해를 심화시키게 될 뿐만 아니라, 표상에 깊이 연관된 감정의 언어화를 통해 카타르시스를 경험하게 된다.

물론, 정신분석역사에서 카타르시스와 인지적 통찰이 치료적 변화에 원인이라는 생각에 지속적인 반론이 제기되어 온 것이 사실이다. 특별히 정신분석에서 대상관계이론과 자기심리학이 발전하면서, 상담자와 내담자 사이에 형성되는 상담관계에 나타나는 정서적 유대관계와 새로운 대상관계의 경험이 치료적 변화를 일으킨다는 의견이 계속 제기되었다. 이런 변화에 중심 역할을 한 사람이 자기심리학을 창시한 코헛(H. Kohut)이었다. 자기와 자기감의 발달이란 주제로 정신분석의 이론을 새롭게 정의한 코헛에게 있어 치료는 결핍된 자기감에 상담자가 공감적 반응으로 생명력을 불어넣는 데 있다고 이야기했다(Kohut, 1977). 이를 위해 그는 프로이트와 다른 전이개념을 제시했다. 그것은 거울 전이와 이상화 전이, 그리고 쌍둥이 전이였다(Kohut, 1971, 1977, 1984). 자기감의 결핍을 가진 내담자는 상담자에게 자기감을 채워 줄 어떤 무의식적 기대를 갖고 역할을 부여하게 되는데, 그것이 바로 이런 전이 속에서 나타나게 된다. 상담자가 내담자의 이런 기대를 상담관계에서 공감적 반응으로 채워 주는 과정을 통해 내담자의 자기 구조가 견고해진다.

자기심리학에서 고전정신분석의 해석은 공감의 다른 이름일 뿐이다. 내담자에 대한 정확한 해석은 내담자를 깊이 있게 공감했다는 것을 의미한다. 해석을 통한 의식적 통찰이 치료를 일으키는 것이 아니라, 그 해석을 통한 공감적 반응이 치료적 변화를 일으키는 역할을 한 것이다. 하지만 코헛의 자기심리학에서도 전이는 중요한 치료적 개입의 수단이 된다. 상담자를 경험하는 방식에 대한 이해와 통찰이 치료에 있어 중심 수단이 된다. 상담자 자신이 여전히 상담의 중심 도구가 된다. 상담자는 내담자의 기대에 따라 부여되는 내담자의 내적 세계에서 비롯된 역할에 민감하게 반응하고 맞춰 주는 공감을 통해 치료적 변화는 일어나게 된다(Kohut, 1984).

공감이 치료의 핵심적인 수단이 된다고 주장하는 정신분석의 다른 흐름들의 입장에서 보면 상담자의 공감이 중요한 것을 알 수 있다. 하지만, 정신분석적 공감은 내담자의 전이를 이해하고 그 전이에 적절하게 반응하는 의미로서의 공감을 의미하는 것이지, 일반적으로 이해하는 내담자를 알아주고 수용해 주는 반응 자체를 의미하는 개념이 아니다. 이런 공감적 반응의 관점에서 보면, 간접적 상담은 우회적 매개체를 통해 상담적인 개입을 하기 때문에 상담자가 전이를 끌어내고 관찰하며 전이된 관계 속에 역할에 부응하는 것과 같은 치료적 개입을 어렵게 할 수 있다. 결국 우회적 매개체는 정신분석에서 이야기하는 공감적 반응을 상담관계에 형성시키는 데 어려움을 가져다줄 수 있다.

상담자는 상담관계에서 구조화되는 전이와 역전이 관계에서 자신 스스로가 치료적인 환경의 일부분이 될 필요가 있음을 현대정신분석은 주장하고 있다. 상담자는 내담자가 상담관계 속에 옮겨 놓게 되는 전이 관계 속에서 내담자가 요구하는 필요와 역할을 어느 정도 수행하고 만족함을 제공해야 하는 한편, 내담자가 새로운 관계 경험을 할 수 있도록 도움을 주어야 한다. 이런 관점에서 보면 정신분석적 치료목표인 무의식의 의식화는 초기의 무의식의 표상이 의식화되는 것과는 다른 의미를 갖게 된다. 그것은 무의식적 관계 양상이 외재화되어 새롭게 조명되는 것을 의미하며, 새로운 관계 경험을 통해 부정적인 측면이 상쇄되는 것을 의미한다. 이런 최근 정신분석적 치료개입의 관점이 기독(목회)상담에 주는 함축과 통찰이 있다면 그것은 무엇인가?

2. 프로이트와 코헛의 전이 이해

정신분석이 다른 심리치료와 다른 점이 있다면 의식적 차원보다는 무의식적 차원을 강조한다는 데 있다. 정신분석에서 정신병리를 이해할 때 무의식의 차원과 그 역동을 강조하게 된다. 의식적 행동과 사고 이면에는 무의식적 동기가 있고 이를 이해하는 것이 중요하다고 생각한다. 이런 무의식적 동기와 역동은 정신분석의 치료적 개입에 있어서도 대단히 중요한 위치를 차지하게 된다. 정신분석 치료는 환자의 심리내적인 무의식의 역동 구조에 변화가 있어야 심리의 문제를 일으키는 증상의 치료가 가능한 것으로 보고, 단지 의식적 차원의 결단이나 변화 혹은 일시적 위로가 아닌 무의식적 동기와 역동의 변화에 초점을 맞추게 된다. 이런 정신분석의 치료적 성격을 잘 설명하는 것이 바로 전이해석이다.

프로이트가 분석관계에서 발견한 것 가운데 이후 정신분석학자들이 높이 평가하는 개념이 바로 전이이다. 프로이트는 분석관계에서 환자가 그의 심리내적 갈등을 재연한다는 것을 알게 되었다. 그는 내면화된 어린 시절 중요한 대상과의 관계가 분석관계에서 다시금 나타난다는 것을 발견했다. 물론, 프로이트는 환자가 변화에 저항하기 위해서 이 전이라는 수단을 선택하는 것으로 이해하면서도, 역설적이게도 이 전이야말로 정신성장과 변화를 위해 사용될 수 있다고 믿었다. 프로이트는 이 전이관계에 숨겨진 위험과 매력을 알게 되었지만 동시에, 이것 외에 달리 무의식적 역동을 변화시킬 수 있는 치료적 수단이 없다는 것을 알게 되었다. 그렇기에 그는 정신분석의 치료적 기법을 불안정하고 수수께끼 같은 이 전이라는 위험한 분석적 상황에 근거를 두었다(Harris, 2005).

> 환자는 (어린 시절) 자신이 부모에게 반항했고 그들을 비난했다고 말하지 않는다. 대신에 그는 의사에게 그렇게 행동한다. 환자는 그의 유아시절 자신의 성적 탐구에서 어떻게 무기력하고 절망적이었는지를 기억하지 않는다. 그러나 그는 혼란스러운 무수한 꿈과 연상들을 보여 주고, 어떤 일에도 성공적이지 못한다고 불평하고, 그가 시도하는 것은 결코 성취될 수 없다고 주장한다. 그는 어떤 성적 활동을 대단히 수치스럽게 여겼고 그것들이 발견될까 봐 두려웠다고 기억하며 말하지 않는다. 그러나 그는 자신이 받기 시작한 치료를 얼마나 부끄러워하는지를 보여 주며 이를 모든 이들에게 비밀로 하려고 노력한다(Freud, 1914, p. 378).

위의 인용에서 살펴볼 수 있듯이 전이는 환자의 무의식 구조의 내용을 탐색하는 중요한 치료적 통로와 수단이 된다. 더불어 프로이트는 환자가 보이는 분석가에 대한 사랑과 애정이 전이 행위 속에 있는 다른 누군가에 대한 것임을 강조하며 분석가의 자기애 환상을 깨트렸다. 그는 이렇게 말했다. "환자가 분석가를 향해 사랑에 빠지는 것은 분석 상황에 의해 유도된 것이지 분석가의 매력 탓으로 볼 수 없다(Freud, 1912, p. 150)."

반면에, 프로이트는 환자의 전이에 의해 유발된 분석가의 역전이에 대해서는 부정적인 태도를 취했다. 분석가의 역전이는 분석가의 해소되지 않은 심리내적 갈등의 결과물이기에 분석가는 더 깊은 분석을 통해 이 문제를 해소하고 해결할 필요가 있다고 보았다. 정신분석의 치료적 개입은 이렇게 분석관계에 재연된 환자의 심리내적 상황을 이해하도록 돕는 전이해석이 중요한 위치를 차지하게 된다. 역전이에 대한 부정적 태도는 정신분석적 상담자를 중립적인 빈 스크린으로 이해하도록 만들었다. 정신분석적 상담자는 내담자의 투사에 반응하거나, 내담자의 무의식적이고 의식적인 투사를 유도하는 어떤 역할을 해서는 안 된다. 그/그녀는 내담자의 투사를 그대로 반영하여 비춰 주는 스크린의 역할을 해야 한다(Grant & Crawley, 2002).

하지만, 오늘날 정신분석의 흐름은 이런 전이와 역전이의 개념을 새롭게 해석하고, 이에 따라 그 치료적 개입도 조금씩 다른 형태를 취하게 되었다. 먼저, 새로운 전이에 대한 발견을 했던 코헛을 언급할 필요가 있다. 코헛은 1950, 1960년대 화두가 된 경계선 장애와 자기애성 장애 환자들을 치료하면서, 그들과의 분석관계에 독특한 전이가 나타난다는 것을 발견했다. 이것이 바로 거울 전이(mirror transference)와 이상화 전이(idealizing transference)였다(Kohut, 1971). 이후에 코헛은 여기에 쌍둥이 전이(twinship transference)를 추가했다(Kohut, 1984). 이것은 환자가 분석가에 대하여 갖게 되는 일종의 환자 자신의 내적인 기대 내지는 소원으로 볼 수 있다. 환자는 이 분석가를 자기감의 결핍을 채워 줄 어떤 누군가, 다시 말해, Kohut의 용어를 빌려 설명하면, 자기대상(selfobject)으로 보고 그 분석가와의 관계를 그의 내적인 기대와 소원을 따라 채색시킨다(1971). 이런 전이의 발견은 코헛으로 하여금 자기감

(sense of self)과 자기의 발달을 중심으로 정신분석 이론을 정립하도록 이끌었다.

프로이트의 전이해석 입장에서라면, 이런 전이가 더욱 활짝 꽃피울 수 있도록 분석가가 인내하였다가, 환자 자신이 이런 전이에 대해 어느 정도의 이해를 갖게 될 무렵, 해석을 통해 그의 심리내적 상황을 깨닫도록 도움을 주게 된다. 그러나 코헛은 이와 다른 입장을 갖고 있었다. 환자의 소원과 기대를 따라 분석관계에 나타나게 되는 환자의 심리내적 드라마에 분석가는 중요한 역할을 담당해야 한다. 그 심리내적 드라마는 결핍되고 부재된 자기의 발달적 과정을 분석관계에서 재연한 것을 의미하며, 다시금 환자에게 발달 노선을 따라 성장할 수 있는 기회가 분석관계를 통해 주어지게 된 것이다(Kohut, 1977). 이때 분석가는 그 재연된 드라마에서 내담자가 기대하는 역할을 적절하게 수행하며 만족감을 제공해야 한다. 그렇기에, 코헛은 거울 자기대상, 이상화 자기대상, 그리고 쌍둥이 자기대상 경험이 환자에게 허용되어야 하고, 분석가는 이를 분석관계에서 만족시켜 정체된 자기의 발달을 성취할 수 있도록 도움을 주어야 한다. 코헛의 이런 입장은 정신분석의 치료적 개입의 전환을 가져왔다. 그것은 해석에서 경험으로의 전환이라고 묘사할 수 있을 것이다. 전이에 의해 분석관계에 펼쳐지는 환자의 심리내적 세계에 분석가는 자신을 일정 부분 맞출 수 있어야 치료적 변화는 일어난다.

하지만, 코헛의 자기심리학은 프로이트의 고전 정신분석과 마찬가지로 분석가의 역전이가 갖고 있는 치료적 성격이나 의미에 대해서는 관심을 갖지 않는다. 코헛의 자기심리학이 환자가 보이는 전이에 대한 다른 이해를 전개했고 이를 통해 분석가가 자기대상으로 기능해야 한다는 것을 보여줬다는 점에서 높이 평가받고 있지만, 그의 관점에서는 여전히 분석가의 역전이에 대해 논의할 여지를 제공해 주지 못한다. 이후에 정신분석 흐름에서 발전한 상호주관성 이론(intersubjective theory)은 분석가의 역전이가 갖는 치료적 함축을 설명함으로써 치료적 사례들을 새롭게 조명할 수 있는 이론적 틀을 제시했다.

3. 상호주관적 현상으로서의 역전이

프로이트 이후에 많은 학자들에 의해 프로이트의 역전이 이해에 의문이 제기되었다. 그 의문 가운데 대표적인 것이 과연 분석가의 역전이를 제거할 수 있느냐에 대한 것이었다. 분석관계에서 분석가의 무의식적 역전이는 불가피하게 나타날 수밖에 없는 것으로 이해되기 시작했다. 다시 말해, 역전이는 분석가와 환자의 독특한 관계에서 발생하는 감정과 생각으로 이해되기 시작했다. 미국 정신분석가들에게 중요한 영향을 끼친 Loewald는 이렇게 이야기했다. "내가 생각하기에 전이와 역전이를 분리시켜 이해하는 것은 잘못되었고 불가능하다. 그것들은 동일한 역동성의 두 다른 국면으로, 다른 이들과 분리할 수 없는 결합에 근거를 두고 있다. 개인의 삶은 그 결합 안에서 전 생애에 걸쳐 셀 수 없이 나타나는 사고의 정교화, 파생물, 그리고 변형물에 기원한다. 그 변형물 가운데 하나가 분석적 상황의 조우에서 모습을 드러낸다(Loewald, 1986, p. 276)." 역전이는 환자의 전이와 불가피하게 얽혀 있을 수밖에 없음을 이해하기 시작하면서 정신분석의 치료적 관계의 이해와 그 치료적 개입은 더욱 복잡해질 수밖에 없게 되었다.

이후 정신분석역사에서 중요한 전환이 있다면, 분석가의 역전이가 치료적 개입에 중요한 수단이 되기 시작한 것에 있다. 분석가의 역전이는 환자의 심리세계를 이해하는 중요한 심리적 자료가 되기 시작했을 뿐만 아니라, 전이와 역전이가 일어나 복잡하게 얽히는 분석관계에서 필수적인 치료적 개입의 수단이 되기 시작했다. 이것은 현대 클라인 그리고 비온 학파에서 치료적 개입으로 사용하는 투사적 동일시 개념에 잘 나타난다. 분석관계에서 환자는 자기 혹은 대상의 심리내적표상을 분석가에게 위치시킬 뿐만 아니라, 실제로 분석가를 그 투사된 내적표상의 특성과 성격을 갖도록 만든다(Gabbard, 1999, 2004). 조셉은 이 과정을 날카로운 것으로 찌르는 것으로 묘사했다. 심리내적 소용돌이, 불안과 갈등, 취약한 자기애 상태 등으로 환자는 분석가의 마음을 강하게 찌르게 된다. 이 단계에서 분석가는 자신의 익숙하고 연속적인 자기에 대한 느낌이 일시적으로 깨어지는 것을 경험하게 된다. 환자의 사고와 느낌이 분석가의 사고와 느낌이 된다. 하지만 분석관계에서 분석가의 역할은 투사된 내적대상표상을 담아 주고 언어화하여 이를 독이 빠지고 약화된 형태로 다시금 환자에게 돌려주는 것이다. 이런 재내사의 과정을 통해 환자의 내적대상세계에 변화가 일어난다.

여기서 볼 수 있듯이, 분석가의 역전이는 치료에 핵심적인 수단이 된다. 역전이를 통해 분석가는 환자를 공감하게 될 뿐만 아니라, 직접 환자의 사고와 느낌을 갖고 나아가 그것을 분석가 자신의 사고와 느낌으로 소화시키게 된다. 그렇기에, 분석적 공감, 분석가의 감정적 투자, 감정의 극단을 인내하는 분석가의 능력은 정신분석적 치료 잠재력의 중심 요소들이라고 볼 수 있다.

최근 미국의 정신분석 흐름은 분석적 관계나 치료적 과정을 환자의 전이와 분석가의 역전이에 의해 함께 창조되고 함께 구조화되는 것으로 묘사한다. 최근 정신분석은 환자의 전이와 분석가의 역전이에 의해 함께 창조되는 무의식적 혹은 의식적 상호작용의 영역과 공간을 강조한다. 이 무의식적 혹은 의식적 상호작용의 영역을 어떻게 묘사하고 또한 어떻게 치료적으로 개입할 것인지에 따라 조금씩 다른 이론을 전개하게 된다(Mitchell & Aron, 1999).

이런 논의의 중심 역할을 했던 논문이 제이콥(T. Jacobs)의 1986년 논문인 "역전이 재연(Countertransference Enactments)"이다. 그는 처음 재연(enactment)라는 개념을 도입하여 환자와 분석가가 함께 상호작용하는 분석적 관계를 묘사했다. 그는 분석관계를 전이와 역전이의 그물망에서 의도하지 않은 상호작용에 의해 발생하는 공간으로 보았고, 그 가운데 환자의 중심 갈등과 대상관계는 분석가의 그것과 짝을 이루어 구조화된다고 생각했다(Jacobs, 1991). 정신분석과정은 바로 이러한 재연된 측면에 주의를 기울여야 한다고 그는 주장했다.

이후에 정신분석의 각기 다른 학파에서 이런 상호작용에 대해 서로 다른 묘사를 하기 시작했다. 스톨로우(R. Stolorow), 스턴(D. Stern), 벤자민(J. Benjamin), 그리고 옥덴(T. Ogden) 등의 학자는 상호주관성(Intersubjectivity)이라는 단어를 사용하여 상호주관적 관계성에 대해 묘사했다(Frie and Reis, 2005). 스턴이나 벤자민은 상호주관성을 다른 사람을 개별적 주체로 인식하는 발달론적 능력으로 정의 내렸다(Stern, 1994; Benjamin, 1988). 그들은 이를 상호적 인식(mutual recognition)이라고 불렀고 이 개념을 통해 상호주관성을 묘사했다. 반면, Ogden은 상호주관성을 환자와 분석가에 의해 공유된 경험(shared experience)의 영역으로 정의 내렸는데, 이는 대부분 육체적이고 무의식적 과정에 의해 형성되는 환자와 분석가의 상호작용의 영역이다(Ogden, 1999). 이를 옥덴은 분석적 제 삼(analytic third)이라고 불렀다. 환자 전이의 제 일차원과 분석가 역전이의 제 이차원이 만나 형성되는 영역이다. 반면, 코헛의 자기심리학에서 상호주관성을 발전시킨 Stolorow는 상호주관성을 지나치게 협소하게 정의 내리는 이들을 비판하고 의식과 무의식의 차원 모두에서 일어나는 상호적인 영향과 규정(regulation)을 가리키는 말로 상호주관성이라는 말을 사용했다(Stolorow, 1994). 박사 후 과정으로 정신분석 훈련을 제공하는 현 뉴욕대학교 정신분석대학원의 관계이론 선두주자 중 한 사람인 Aron은 분석가와 환자의 상호작용은 마치 엄마와 아이의 상호작용처럼 끊임없는 상호적 규정을 수반한다고 보았다(Aron, 1991, 1992). 그러나 그는 그 상호작용이 반드시 상호적 인식을 동반하는 것은 아니라고 이야기하면서 이런 차이를 중재하려 했다(Katz, 2014).

이렇듯 상호주관성의 개념은 서로 다른 변이를 갖고 있는 것이 사실이지만, 분석가와 환자가 함께 만들어 가는 분석적 관계를 강조한다는 점에서는 동일하다. 더불어 중요한 것은 정신분석적 치료 수단을 이렇게 분석적 관계에서 환자와 분석가의 심리내적세계가 전이와 역전이의 과정을 통해 구현되는 독특한 치료적 드라마에서 찾는다는 사실이다. 어떤 의식적 치료개입자체가 중요하기보다는, 그것이 전이와 역전이 관계에서 어떤 역동성을 지니며, 더불어 그것이 환자의 무의식적 동기와 역동성의 변화에 어떤 영향을 끼치는지를 중요하게 여기기 시작한 것이다.

정신분석적 상담의 중심적인 치료적 개입은 전이해석이었다. 정신분석적 상담은 치료적 변화를 중립적이고 절제하는 분석가의 전이해석에 기인하는 것으로 여겨 왔다. 그러나 분석가와 환자의 주관적 경험세계에 의해 형성되는 상호주관적 영역을 탐색하는 것이 심리치료의 핵심으로 여기는 상호주관성 이론은 여전히 정신분석적 상담의 중심 치료적 개입인 전이해석을 중요하게 여기면서도 이를 다른 관점에서 이해한다. 상호주관성 이론은 해석이 치료적 효과를 갖게 되는 것은 그것이 환자의 정서적 상태와 발달적 갈망에 어느 정도로 일치하고 맞춰져 있는지에 달려 있다고 이해한다. 다시 말해, 해석이 환자의 심리상태와 발달적 필요에 대한 분석가의 공감적 반응으로 이해될 때 비로소 치료적 효과를 갖게 된다.

의식적이든 무의식적이든 불가피하게 분석가의 내적인 심리세계는 분석관계에 영향을 끼칠 수밖에 없고, 그것을 제거하기도 어렵다. 분석가의 인상과 말투, 그리고 그/그녀의 내적경험세계는 환자에게 독특한 전이를 유발하면서 분석관계를 형성하는 데 기여하게 된다. 이렇게 분석관계는 분석가와 환자의 서로 다른 경험세계에 의해 창조되는 상호주관적 관계이다. 그렇기에 분석가가 전이해석을 수행하기 위해서는 이런 상호주관적 관점에서 접근해야 한다. 환자에게 특정한 전이를 일으키는 분석가의 특징이나 활동, 분석관계에서 생성되는 전이의 개별적 의미, 그것이 분석적 유대와 환자의 자기경험에 끼치는 영향, 분석관계가 재연하는 발달적 상처, 분석가가 어떻게 반응할 것인지에 대한 환자의 기대 혹은 두려움 등을 분석가는 탐색해야 한다(Mitchell, 1988, 1991, 1994). 이런 분석가의 탐색적인 해석 활동은 치료적 활동의 중심 자원이 되며, 동시에 환자에게 공감적 반응으로 경험되어 치료적 변화를 수반하는 것이다.

이것은 환자가 분석가의 분석관계에 대한 해석을 일종의 공감적 반응으로 이해하는 한에서 치료는 효과를 갖게 된다는 것을 보여 준다. 환자와 분석가가 창조하는 전이와 역전이의 상호관계에서 일어나는 분석관계에 대한 해석이 환자의 심리적 기대와 발달적 갈망을 만족시킬 때 비로소 해석은 치료적 개입으로 작용한다. 환자는 전이와 역전이의 상호관계를 새로운 관계의 경험으로 받아들이며, 이것은 연기되었던 발달적 성취를 가능하게 해 준다. 이런 관점에서 분석가의 역전이는 제거의 대상이 아니다. 분석가의 역전이는 환자의 전이와 함께 상호주관적 영역을 형성하게 된다. 이런 전이와 역전이의 상호주관적 영역을 분석가가 의식하고 이를 치료적으로 사용할 수 있을 때 정신분석적 상담의 치료적 효과는 발생한다. 이와 같이 상호주관성 이론에서 분석가의 역전이는 환자의 전이를 이해하고 치료적인 개입을 하는 데 중심 도구가 된다.

4. 역전이와 기독(목회)상담

그동안 기독(목회)상담은 정신분석의 전이와 역전이 개념을 그 훈련과 이론적 설명에 차용하여 사용해 왔다. 하지만, 기독(목회)상담학은 몇몇 학자들의 언급을 제외하고는 이 개념을 기독(목회)상담적인 관점에서 이해하거나 설명하려는 시도를 하지 않았다. 역전이 개념이 정신분석에서 고전적 해석을 거쳐 상호주관성 이론에 이르기까지 발전을 거듭했지만, 기독(목회)상담학은 역전이 개념을 사용함에 있어 그 발전을 고려하지 못해 왔다. 기독(목회)상담학이 정신분석의 역전이 개념을 충분히 검토할 때 갖게 되는 몇 가지 유익들이 있다. 그것은 먼저, 종교적으로 헌신하고 영성적, 윤리적 관점을 가진 기독(목회)상담자들의 역전이로 인해 다른 일반 상담자와는 다른 치료적 기여를 상호주관적 영역에 할 수 있다는 것이다. 역전이가 제거되어야 할 무것이 아니라 치료적 개입에 중요한 것임을 알게 된다면, 구원환상이라 불리는 기독(목회)상담자의 역전이의 성격을 충분히 이해하고 연구하는 일은 기독(목회)상담을 이해하고 그 정체성을 확립하도록 도울 수 있다. 두 번째, 성서적이고 신학적인 배경을 가진 기독(목회)상담자의 역전이는 신학적 개념과 성서의 이야기를 진단적으로 사용할 수 있는 길을 열어 줄 수 있다. 기독(목회)상담자가 특정한 내담자와의 관계에서 갖게 되는 신학적 개념과 성서의 이야기는 기독(목회)상담자의 역전이를 구성하게 되고, 이는 내담자의 심리내적 상황을 이해하고 진단할 수 있도록 도울 수 있다.

역전이에 대한 이런 측면에서의 연구가 그동안 기독(목회)상담학에서 간헐적으로 이루어져 왔다. 역전이에 대해 직접적인 언급을 한 사람은 정신분석과 신학의 통합적 작업을 했던 메닝거(K. Menninger)였다. 그는 신학과 영적인 쟁점을 정신분석적 패러다임과 대화하고 연결시키려 했다. 그의 역전이에 대한 이해는 기본적으로 고전정신분석의 관점과 맥락을 같이한다. 즉, 역전이는 객관성을 떨어트리는 분석관계의 방해물로, 분석가의 해결되지 못한 신경증에 기인한다고 그는 보았다(Menninger, 1995). 이런 그의 관점은 보다 구체적으로 역전이가 치료관계에 방해가 되는 21가지의 특정한 방식을 설명하는 것으로 이어졌다. 하지만, 그는 동시에 분석가와 치료자, 두 당사자의 상호적인(two party transactional) 관계가 만들어 내는 치료관계의 성격을 강조했다. 이런 그의 연구는 종교적으로 헌신되어 있고, 구원환상을 갖게 되는 기독(목회)상담자에 의해 일어나게 되는 치료적 방해물 혹은 치료적 이점들에 대해 연구할 수 있는 관점을 제시한다. 실제로 Pattison은 메닝거의 가능한 역전이 목록들을 목회적 상황에 적용시켰다(Pattison, 1965).

이후의 역전이에 대한 기독(목회)상담학자들의 연구는 대개 역전이에 대한 고전정신분석의 정의에 초점이 맞춰졌다. 즉, 그것은 목회자와 기독(목회)상담자 자신의 해결되지 못한 갈등의 신호이며, 그렇기에 일종의 방해물이 된다고 본 것이다. 그렇기에 기독(목회)상담자의 정신건강과 정서적 안정이 상담에 있어 중요하다는 의견들이 지배적이었다(Oates, 1959). 하지만 기독(목회)상담자의 역전이에 대한 다른 이해가 점차적으로 나타나기 시작했다. Johnson은 목회자 자신의 권위가 성장하는 사람에게로 전이되는 것에 대해 이야기면서, 실제로 역전이 개념을 언급하지 않았지만 기독(목회)상담자의 역전이가 치료적인 이점을 갖게 될 수 있음을 암시적으로 보여 주었다(Johnson, 1967). Browning은 비록 역전이에 대해 언급하지 않았지만, 목회적 돌봄과 상담이 윤리적 탐구와 탐색에 기초하고 있음을 이야기했다(Browning, 1983). 이것은 기독(목회)상담의 윤리적 맥락에 대해 이야기하는 동시에 기독(목회)상담자의 윤리적 탐구가 상호주관적 영역에 기여하게 됨을 보여 준다. Gerkin이 제시하는 해석학적 목회상담 모델은 상호적으로 영향 끼치는 치료관계에 대해 묘사함으로써 보다 관계적인 관점을 제시했다고 평가할 수 있고, 이는 기독(목회)상담자의 역전이를 치료적으로 사용할 수 있다는 입장을 지지해 준다(Gerkin, 1991).

기독(목회)상담자의 역전이가 치료관계에 끼치는 위험과 반대로 그것이 갖는 치료적 함의에 대해 연구한 몇 편의 연구결과들이 있다. Wise는 역전이 주제에 대해 자세하게 다루었다. 그는 역전이를 고전정신분석의 관점에서 이해하면서도, 그것이 전이와 역전이 역동성 관점에서 이해되어야 한다고 주장한다. 곧, 전이와 역전이의 상호적 치료관계에서 발생하는 왜곡을 인지하고 기독(목회)상담자의 무의식적 감정과 소망이 행동화하는 것을 피해야 한다(Wise, 1983). Collins는 특정한 환자의 속성에 의해 치료자에게 일어나는 특정한 감정적 반응은 환자의 심리내적 과정을 이해하는 중요한 수단이 된다고 주장하면서 치료적 전략으로 역전이에 관심을 가졌다(Collins, 1982). 비교적 최근에 기독(목회)상담자의 역전이를 적극적인 치료적 개입으로 개념화시킨 학자는 파멜라 쿠퍼-화이트(P. Cooper-White)이다. 그녀는 사회적으로 구성된 실재라는 상호주관적 측면에서 기독(목회)상담 과정에서 역전이는 필수적인 부분이며, 그것이 목회적 평가와 신학적 성찰을 위해 사용될 수 있음을 보여줬다. 기독(목회)상담의 치료관계에서 상담자에게 나타나는 감정과 사고, 그리고 신학적 개념과 성서적 주제들은 결국 내담자를 이해하고 치료적인 변화를 일으키는 데 필수적이라고 그녀는 주장했다(Cooper-White, 2006).

하지만 지금까지의 논의는 간헐적으로 이루어진 데다, 이후에 이를 구체적으로 개념화시키고 기독(목회)상담의 정체성을 확립하는 데까지 역전이를 분석하지 못했다는 점에서는 한계가 있어 왔다. 하지만, 역전이의 치료적 함축과 그 사용에 대한 개념화를 위한 초석을 놓은 점에서 가치가 있다고 평가할 수 있다. 한편, 구체적으로 역전이에 대해 논하지는 않았지만, 기독(목회)상담자의 이미지에 대한 논의에서, 기독(목회)상담자가 어떤 역전이를 갖게 되는지를 이끌어 낼 수 있을 것이다.

가령 예를 들어, Hiltner는 목회적 돌봄의 이미지로 세심하게 배려하는 목자(shepherd)를 제시하고 있고 목회신학에서 목자의 관점을 가져야 한다고 이야기한다(Hiltner, 1959). Clinebell은 로저스의 내담자 중심상담을 목회적 돌봄과 상담과 접목하면서, 로저스가 제시한 일치성, 무조건적 긍정적 존중, 공감적 이해라는 상담자의 치료적 자질 이외에도 온정에 대한 확고한 의식, 낮아지는 자기의식, 그리고 인격의 생동감을 제시했다(Clinebell, 1984). Nouwen은 상처받은 치료자를 목회적 돌봄의 이미지로 제안하면서, 목회적 돌봄을 단지 고통을 제거하거나 문제를 고치는 것이 아닌 고통을 통한 성장을 목표로 하는 것으로 이해한다. Capps는 기독(목회)상담자가 희망의 대리인의 역할을 해야 하며, 이는 목회의 중심적 관점과 목표가 사람들을 희망의 사람들이 되게 하도록 돕기 위한 것이라 이야기한다(Capps, 1995). Kornfeld는 기독(목회)상담자가 경험 많은 성장 촉진자가 되어야 한다고 주장했다. 곧 마치 정원사(gardner)처럼 사람들이 어떻게 자라나고 꽃피우고 변화하는지에 대해 잘 알고 있어서 그들을 도울 수 있는 사람이 기독(목회)상담자라고 그는 이야기했다(Kornfeld, 1998).

이런 기독(목회)상담자에 대한 이미지 속에는 분석적 중립성이나 절제와 같이 고전정신분석에서 요구하는 상담자의 덕목들이 전면에 나타나지 않는다. 다시 말해, 기독(목회)상담자는 중립적인 태도로 내담자를 만나지 않는다. 기독(목회)상담자는 성장의 촉진자가 되기를 요구받는다. 한 사람이 심리적으로 그리고 영적으로 자라나고 변화되며 그 잠재가능성을 활짝 꽃피울 수 있도록 돕는 역할을 맡게 된다. 증상을 제거하거나 문제를 해결하는 데 초점을 두는 것이 아니라, 내담자가 온전성을 회복하고 성장할 수 있도록 돕는 것에 기본적인 목표를 둔다. 그렇기에 기독(목회)상담자에게는 따뜻한 온정, 돕고자 하는 열망, 사람에 대한 긍정적 열정과 변화에 대한 희망과 같은 상담자의 자질과 태도를 요구한다.

이것은 기독교적 신앙을 가지고 있고 그 신앙에 헌신하는 기독(목회)상담자가 내담자와 만나 형성하게 되는 상호주관적 영역에 기여하는 역전이를 구성하게 된다. 이것은 때로 구원환상이라고 정신분석이 부르고 있는 도움과 성장에 대한 무의식적 열정, 어려움에서 건져내려는 강한 기대를 형성케 할 수 있다. 그러나 이것은 기독(목회)상담자의 정체성을 형성하는 것으로 반드시 평가절하할 수 있는 것은 아니다. 그것은 종교적으로 헌신된 기독(목회)상담자가 자연스럽게 지니게 되는 상담자의 태도와 자질이다. 이것을 분석을 통해 제거하게 된다면 기독(목회)상담자로서의 정체성은 무너지게 된다. 기독(목회)상담자는 도움에 대한 희생과 성장에 대한 열정을 갖고 내담자를 만나게 되며, 이것이 상호주관적 영역을 이루는 한 구성요소가 된다.

그렇기에 중요한 것은, 이런 기독(목회)상담자의 역전이를 구성하는 요소들이 상호주관적 관계 속에서 치료적인 방해물로 작용하게 되는지, 아니면 효과적인 치료적 개입으로 사용될 수 있는지를 사례들을 통해 연구하는 일이다. 종교적으로 헌신하고 자신을 낮추고 희생시키면서, 도움에 대한 강한 열망과 기대를 가진 기독(목회)상담자가 불가피하게 보이게 되는 구원환상 역전이가 어떻게 상담관계를 붕괴시킬 수 있는지, 아니면 오히려 내담자와의 치료적 동맹을 강화하고 신뢰관계를 돈독하게 할 수 있는지를 상호주관성 이론의 관점에서 연구하는 일은 필요하다. 가령 예를 들어 기독(목회)상담자의 지나친 구원환상이, 상담자가 재정적 지원을 한다든지, 상담 시간 외에 관계를 갖는다든지, 구체적인 지시와 명령을 하는 데까지 이르게 된다면 치료적 방해요소가 될 가능성이 높다. 기독(목회)상담자는 자신의 구원환상이 상담관계에 어떻게 영향을 끼치는지 인식하고 이를 언어화할 수 있는 능력을 갖고 있어야 한다. 이를 통해 목회상담자가 구성하는 상호주관적 영역에 대한 이해가 넓어져 기독(목회)상담자의 치료적 변화를 촉진할 수 있을 뿐만 아니라, 기독(목회)상담을 일반상담과 구분 짓게 하는 그 독특성을 발견할 수 있을 것이다. 기독(목회)상담자가 구성하는 상호주관적 영역에 대한 깊은 이해와 연구는 기독(목회)상담의 정체성을 확립하는 방법론으로 기여할 수 있다.

5. 설득하시는 하나님: 기독(목회)상담적 모델

기독(목회)상담자는 마음에 어려움을 갖고 찾아오는 내담자와 함께 상호주관적 영역을 구성해 간다. 그 상호주관적 영역에서 기독(목회)상담자의 정체성은 어떻게 묘사될 수 있는가? 치료적 변화를 촉진시키는 기독(목회) 상담자의 이미지는 무엇인가? 전이와 역전이 관계 속에서 구조화되는 상담관계에 대한 이해를 기독(목회)상담이 고려한다면, 기독(목회)상담자는 내담자에 의해 채색되는 상담관계에 참여해야 하기도 하지만, 그 상담관계 속에 상담자 자신의 독특함을 통해 치료적 기여를 해야 한다. 이런 전이와 역전이 과정에 참여하는 기독(목회)상담자를 어떻게 묘사할 수 있는가? 과정신학의 설득하시는 하나님 개념은 이런 기독(목회)상담자의 역할을 적절하게 포착해 준다.

과정신학자인 Epperly(2006)는 "과정-관계적 신학은 실재와 인간 삶, 그리고 의학에 대한 틀을 확장시킨다."고 이야기했다(p. 94). 특별히, 과정신학에서 하나님이 인간과 관계를 형성해 가는 방식의 묘사는 상담관계를 이해하고 치유촉진적 통합 관계 모델을 이해하는 데 우리의 관점을 넓혀 준다. 다시 말해, 과정신학에서 묘사하는 하나님과 실재의 기본 단위인 현실적 계기(actual occasion) 사이의 관계는 인간 성장과 발달의 촉진적인 상담관계를 조명하는 존재론적 토대를 제공한다.

과정신학 이론은 Whitehead(1967, 1978)에 근거해 있다. 전통적인 형이상학이 실체와 본질이라는 개념으로 실재를 파악하는 정적인 관점이었다면, 그의 과정적 사고는 실재를 과정으로 봄으로써 보다 역동적인 관점을 제시했다. 실재를 구성하는 기본 단위를 화이트헤드는 “현실적 존재들(actual entities)” 혹은 “현실적 계기들(actual occasions)”이라 명명했다. 이 개념들은 상호작용하는 관계성 속에 있고, 변화하고 생성하는(becoming) 일련의 사건(event) 속에 있는 현실 이해의 기본구조이다. 상호관계 속에 있는 이들 현실적 존재들은 서로에게 영향을 끼치는 동시에, 일정한 정도의 기본적 자유를 갖고 있다. Whitehead(1967)는 신적 존재 또한 일종의 현실적 존재(actual entity)로 이해했다. 하지만 과정적 사고 안에서 신은 유한성을 특징으로 하는 다른 계기들과 달리 영원한 존재하며, 그 현실적 존재에게 지속적인 영향을 끼치며 일종의 영원한 질서와 방향을 제시하는 역할을 하게 된다. 결과적으로 각각의 현실적 존재들에게 영향을 주는 두 가지 근원은 이전의 현실적 존재들이며 신이다.

실재에 대한 화이트헤드의 이런 과정적 관점에서 보았을 때, 현실적 계기로서의 신은 다른 현실적 계기들과의 관계에서 그 전지전능을 양보해야 하는 측면을 갖게 된다. 신은 더 이상 강압적인 방식으로 현실적 계기들과 관계할 수 없다. 영원히 존재하며 현실적 존재들에게 방향과 질서를 부여하는 위치에 있지만, 신은 동시에 현실적 존재로 이해된다. 이것이 함축하는 바는 신 또한 과정에 근거한 규칙을 따라야 한다는 사실이다. 신이 다른 계기들에게 영향을 줄 수 있는 것처럼, 신 또한 그들로부터 영향을 받아야 한다. 과정사고에서 신은 세상으로부터 영향을 받고 변화하는 존재로 이해된다.

현실적 계기가 자신에게 주어지는 자료들을 어떤 특정한 방식으로 구체화시켜 가는 한 과정을 합생(concrescence)이라고 부를 수 있다. 이 합생의 과정은 처음부터 주체적 지향(subjective aim)에 의해 인도되는데, 새로운 현실적 계기의 탄생에서 주체적 지향은 순응적 느낌에서 유래한다. 이는 그 탄생에 신이 개입하게 됨을 의미한다. 다시 말해, 현실적 계기의 자기 원인적 활동인 합생은 최초의 목적을 신적 존재로부터 부여받음으로 시작된다(Whitehead, 1967). Whitehead(1967)는 합생의 초기 단계가 "주체가 신의 본성에서 개념적으로 실현된 불가피한 사물들의 질서로부터 물려받은 것"에서 시작된다고 보았다(p. 244). 그에게, "신은 각각의 일시적인 현실적 존재의 창조자로 불릴 수 있다(p. 225)." 그러므로 새로운 현실적 계기는 하나님으로부터 유래된 질서를 받아들이고 재연함으로 창조된다. 이는 신의 원초적 본성(the primordial nature of God)이 현실적 계기의 합생의 핵심원리로 작용한다는 것을 보여 준다. 그러므로 새로운 계기의 새로움과 창조성은 그 계기 나름의 개별적 자유에 근거해 있다고는 아직 말할 수 없다. 그것은 단지 신에게서 비롯된 새로운 주체적 지향의 출현 때문에 생겨난다. 이 창조성과 새로움은 신적 결정과 욕망의 산물에 불과하다.

하지만, Whitehead(1967)는 그 현실적 계기 자체가 새로움을 창조한다. 그에게 자유란 자기원인자(causa sui)로서의 현실적 계기에 근거해 있으며, 자기 주도적인 결정에 의해 구체화된다. 현실적 계기의 자유가 보장받기 위해서는 그것이 합생 초기에 신으로부터 부여받은 주체적 지향을 수정할 수 있어야 한다. 화이트헤드는 과정과 실재에서 주체적 지향이 합생의 초기 단계에서 신의 원초적 본성에 근거해 있지만, 그 끝은 자기 주도적인 선택과 결정에 달려 있음을 이야기함으로써, 신으로부터 부여받은 주체적 지향의 변경가능성에 대해 암시했다. 결과적으로 새로움의 출현은 합생의 초기에 새로운 계기가 신에게서 부여된 초기 목적에 순응하는 것에서 생겨난다면, 최종적으로 그것은 주체적인 자기 조절적 결정에 달려 있다.

현실적 계기에 자유가 주어지게 됨으로 그 합생의 최종적 결과는 복합적인 다양성을 띠게 된다. 이렇게 합생이 완료되면 그것은 다시금 새로운 현실적 계기의 합생 과정의 재료가 된다. 현실적 존재로서의 신 또한 합생 과정이 가진 다양한 결과와 복합성에 의해 영향받지 않을 수 없으며 그 다양하고 복합적인 결과물들을 현실적 계기로서의 신의 자기실현 과정에 수렴하지 않을 수 없게 된다. 이렇게 현실적 계기의 자유의 가능성으로 인해 발생하는 복합적인 다양성을 수렴하여 자기실현에 조화시키는 것을 신의 결과적 본성(the consequent nature of God)이라고 화이트헤드는 개념화시켰다(Whitehead, 1967). 영속적인 현실적 존재로 작용하는 신은 다시금 현실적 계기들의 새로운 합생의 핵심원리로 작용한다.

과정신학자인 Cobb과 Griffin(1976)은 이런 과정사고의 신과 현실적 계기들의 상호작용과 관계적 측면을 기독교 하나님의 속성을 조명하기 위해 도입했고, 이를 "설득하시는 하나님"으로 개념화시켰다(p. 53). 전통적 관점에서 하나님은 통제하는 힘의 근원이었으며, 세상과는 완전히 독립된 존재이다. 그러나 과정신학에서 하나님은 강압적인 존재가 아니라, 설득하는 존재이다. 하나님은 각각의 현실적 계기에 가장 좋은 가능성으로의 초기 목적을 제공하지만, 그것은 주체적 지향을 위한 다른 새로운 가능성을 선택할 수 있다. 이것은 하나님이 미래 사건의 모든 구체적인 측면까지 통제하지 않는다는 것을 의미한다. 하나님은 예상치 못한 측면의 출현을 허용한다. 이런 허용의 차원을 넘어서, 하나님은 현실적 계기가 그 자신의 자유를 실현할 수 있도록 격려한다(Cobb & Griffin, 1976).

과정신학에서 제시하는 "설득하시는 하나님" 개념은 정신분석 상담관계에 나타나는 옛 대상과 새로운 대상의 대상관계의 특성을 통합하는 기독(목회)상담적 모델을 제공한다. 현실적 계기가 갖고 있는 자기주도적 결정과 선택으로 인해 생겨나는 다양하고 복잡한 결과를 수렴하는 신의 결과적 본성은 상담관계에서 옛 대상으로 기능하는 상담자의 측면을 보여 준다. 과대자기감을 드러내는 내담자의 내적세계에 상담자는 자신을 맞춤으로 옛 대상으로 기능하듯이, 신의 결과적 본성에서 신은 현실적 계기들의 주체적 선택과 결정으로 생겨난 다양한 가능성에 자신을 변화시켜 가게 된다. 이것은 상담관계에서 내담자의 정신세계에서 비롯되는 그 혹은 그녀의 요구와 기대에 주목하고 이를 상담관계에서 허용해 줄 필요가 있다는 것을 의미한다. 그런 관계 방식이 현실에서는 내담자의 삶을 제한시키고 다른 사람과의 관계를 방해하는 요소임을 상담자는 지극히 잘 알고 있지만, 자신의 내적세계로 초청하는 내담자에게 상담자는 반드시 중립적일 필요가 없다. 상담자는 내담자의 초청에 공감적으로 응답하고 반응함으로 상담관계에 옛 대상과의 대상관계를 내담자가 경험할 수 있도록 도움을 줄 수 있다.

반면, 개별적인 현실적 계기에 일종의 방향과 질서를 제공하여 합생 초기 과정에서 새로운 가능성을 제시하는 역할을 의미하는 신의 원초적 본성은 상담관계에서 새로움을 출현시키는 새로운 대상으로서의 상담자의 측면을 보여 준다. 상담은 내담자의 요구와 기대를 만족시키는 것이 전부가 되어서는 안 된다. 내담자가 상담관계에서 새로움을 경험할 수 있도록 상담자는 해석과 노출, 적극적 참여와 같은 개입방법을 사용해야 할 것이다. 그러나 이러한 개입의 초점은 내담자가 새로운 대상을 경험하는 데 맞춰져 있다. 해석에서 해석의 내용 또한 중요하지만, 해석의 기능을 통해 드러나는 상담관계의 새로움이 중요한 해석행위의 목적이다. 설득하시는 하나님은 각 개인에게 가장 좋은 가능성이 무엇인지 알고 있고 이를 제시하지만, 이를 강압적인 방식으로 주입하지 않는다. 오히려 강압적인 관계방식은 새로움을 상담관계에 드러나게 하기보다, 오히려 이전 옛 대상과의 비대칭적 불균형한 관계를 생산하게 된다. 과대자기감에 휩싸여 자신을 과도하게 존경해 줄 대상을 찾아야 하는 내담자가 왜 이런 관계방식을 고수하는지, 그것에 담긴 의미는 무엇인지 상담자는 질문을 던져야 한다. 그리고 그것이 얼마나 내담자의 삶을 제한시키는지, 다른 좋은 대안이 있을 수 있음을 알려 줄 수 있어야 한다. 하지만 이런 해석과 노출, 그리고 적극적 참여에 도덕적 어조가 개입되어서는 안 된다. 그것은 상담자가 자신의 세계에 내담자를 초청한다는 데 의미를 두게 된다.

이 모델에 기반하여 기독(목회) 상담자는 과도한 자기감에 사로잡힌 내담자의 기대와 요구에 참여할 수 있고 이를 공감적으로 반영해 줄 수 있다. 상담자는 내담자가 상담관계에 가져오는 내적 드라마에 등장인물이 될 수 있어야 한다. 하지만, "설득하시는 하나님" 모델에 기반한 기독(목회)상담자는 내담자의 그 내적 드라마에 나타난 지배와 피지배의 극단적 관계방식에 새로운 가능성을 제공할 수 있다. 상담관계에 드러난 내담자의 관계방식을 인식시켜 주고, 기독(목회)상담자의 주체성을 드러냄으로 상담관계에 새로움을 나타나게 할 수 있다. 그러나 그런 새로운 가능성의 제공이 불균형한 힘의 우위관계로 연결되지 않는다. 해석과 직면은 반드시 따라야 하고 받아들여야 하는 무엇으로 이해되는 것이 아니라, 기독(목회)상담자의 세계 속으로 내담자를 초청한다는 데 의미가 있다. "설득하는" 기독(목회)상담자는 상호신뢰와 협력의 새로운 관계 경험을 상담관계에 가져오게 되고 내담자는 이를 자신의 정신세계 속에 내면화시켜 지배와 피지배의 내적 경험을 완화시키고 느슨하게 할 수 있다. 설득하는 기독(목회)상담자가 형성하는 상담관계의 상호작용은 이렇듯, 내담자의 내적세계의 반영과 수용, 그리고 그것이 가진 현실적 제한과 고통에 대한 성찰과 직면이라는 두 대조되는 치료적 개입을 조심스럽게 조정하고 통합해 가는 것이 된다.

참고문헌

Aron, L. (1991). The patient's experience of the analyst's subjectivity. *Psychoanalytic Dialogue, 1*, 29-51.

Aron, L. (1992). Interpretation as expression of the analyst's subjectivity. *Psychoanalytic Dialogue, 2*, 475-507.

Benjamin, J. (1988). *The bonds of love*. New York: Pantheon Books.

Browning, D. S. (1983). *The moral context of pastoral care*. Philadelphia: Westminster Press.

Capps, D. (1995). *Agents of hope: A pastoral psychology*. Minneapolis: Fortress Press.

Clinebell, H. (1984). *Basic types of pastoral care and counseling*. Nashville: Abingdon Press.

Collins, W. (1982). The pastoral counselor's countertransference as a therapeutic tool. *Journal of Pastoral Care, 36* (2), 125-135.

Cobb, J. B., Jr., & Griffin, D. R. (1976). *Process theology: An introductory exposition*. Philadelphia: The Westminster Press.

Cooper-White, P. (2006). Shared wisdom: Use of the self in pastoral counseling. *Pastoral Psychology, 55*(2), 233-241.

Dykstra, R. C. (2005). *Images of pastoral care: Classic readings*. St. Louis: Chalice Press.

Epperly, B. G. (2006). Process theology and the healing adventure: Reflections on spirituality and medicine. In J. McDaniel & D. Bowman (Eds.), *Handbook of process theology* (pp. 91-102). St. Louis: Snow Lion Publication.

Freud, S. (1912). The dynamics of transference. In J. Strachey (Tr. & Ed.), *The standard edition of the complete psychological works of Sigmund Freud*. (Vol. 12) (pp. 99-108). London: Hogarth Press, 1958.

Freud, S. (1914). Remembering, repeating and working-through. In J. Strachey (Tr. & Ed.), *The standard edition of the complete psychological works of Sigmund*

Freud (Vol. 12) (pp. 145-157). London: Hogarth Press, 1958.

Frie, R. & Reis, B. (2005). Intersubjectivity: From theory through practice. In J. Mills (Ed.), *Relational and intersubjective perspectives in psychoanalysis: A critique* (pp. 3-33). Oxford: Jason Aronson.

Gabbard, G. O. (1999). An overview of countertransference: Theory and technique. In G. O. Gabbard (Ed.), *Countertransference issues in psychiatric treatment* (pp. 1-26). Washington, DC: American Psychiatric Press.

Gabbard, G. O. (2004). *Long-term psychodynamic psychotherapy*. Arlington, VA: American Psychiatric Publishing.

Gerkin, C. (1991). *Prophetic pastoral practice: A Christian vision of life together*. Nashville: Abingdon.

Grant, J., & Crawley, J. (2002). *Transference and projection*. Maidenhead: Open University Press.

Harris, A. (2005). Transference, countertransference, and the real relationship. In E. Person, A. Cooper, & G. O. Gabbard (Eds.), *Textbook of psychoanalysis* (pp. 255-268). Washington, DC: American Psychiatric Publishing.

Hiltner, S. (1959). *The Christian shepherd: Some aspects of pastoral care*. Nashville: Abingdon.

Holder, A. (2005). *Anna Freud, Melanie Klein, and the psychoanalysis of children and adolescents*. New York: Karnac.

Jacobs, T. (1986). Countertransference enactments. *Journal of the American Psychoanalytic Association, 34*, 289-307.

Jacobs, T. (1991). The interplay of enactments: Their role in the analytic process. In *The use of the self: Countertransference and communication in the analytic situation* (pp. 31-49). Madison, CT: International Universities Press.

Johnson, P. E. (1967). *Person and counselor*. Nashville: Abingdon.

Katz, G. (2014). *The play within the play: The enacted dimension of psychoanalytic process*. New York: Routledge.

Kohut, H. (1966). Forms and transformations of narcissism. In P. H. Ornstein (Ed.),

The search for the self: selected writings of Heinz Kohut, 1950–1981 (Vol. 1) (pp. 427–460). Madison: International Universities Press.

Kohut, H. (1971). *The analysis of the self: A systematic approach to the psychoanalytic treatment of narcissistic personality disorders.* New York: International Universities Press.

Kohut, H. (1977). *The restoration of the self.* Chicago: University Of Chicago Press.

Kohut, H. (1984) *How does analysis cure?* P. E. Stepansky & A. Goldberg, A (Eds.). Chicago: University of Chicago Press.

Kornfeld, M. Z. (1998). *Cultivating wholeness: A guide to care and counseling in faith communities.* New York: Continuum.

Loewald, H. (1960). On the therapeutic action of psychoanalysis. *International Journal of Psychoanalysis, 41*, 16–33.

Loewald, H. (1986) Transference-countertransference. *Journal of the American Psychoanalytic Association, 34,* 275–288.

McGrath, A. E. (2011). *Christian theology: An introduction.* Chichester: Wiley-Blackwell.

Menninger, K. (1995). *Theory of psychoanalytic technique.* Northvale, NJ: Jason Aronson.

Mitchell, S. (1988). *Relational concepts in psychoanalysis: An integration.* Cambridge, MA: Harvard University Press.

Mitchell, S. (1991). Wishes, needs and interpersonal negotiations. *Psychoanalytic Inquiry, 11*, 147–170.

Mitchell, S. (1994). Something old, something new. Response to S. Stern's "Needed relationships and repeated relationships."*Psychoanalytic Dialogue, 4*, 363–370.

Mitchell, S., & Aron, L. (Eds.). (1999). *Relational psychoanalysis: The emergence of a tradition.* New York: Routledge.

Oates, W. E. (1959). *An introduction to pastoral counseling.* Nashville: Broadman Press.

Ogden, T. H. (1999). *Reverie and interpretation.* London: Karnac.

Pattison, E. M. (1965). Transference and countertransference in pastoral care. *Journal of Pastoral Care, 19,* 193-202.

Stern, S. (1994). Needed relationships and repeated relationships: An integrate relational perspective. *Psychoanalytic Dialogue, 4,* 317-346.

Stolorow, R. D. (1994). The nature and therapeutic action of psychoanalytic interpretation. In R. D. Stolorow, G. E. Atwood, & B. Brandchaft, B. (Eds.), *The intersubjective perspective.* Northvale, NJ: Jason Aronson.

Whitehead, A. N. (1967). *Science and the modern world.* New York: The Free Press.

Whitehead, A. N. (1978). *Process and reality: An essay in cosmology.* D. R. Griffin & D. W. Sherburne (Eds.). New York: The Free Press.

Wise, C. (1983). *Pastoral psychotherapy: Theory and practice.* New York: Jason Aronson.

제 10 장

사이코드라마의 잉여현실과 종교적 은유:
단 브라우닝의 수정된 상관관계론에 따른 심리치료와 종교의 대화*

황헌영
(서울신학대학교 상담대학원 교수)

이 장의 목적은 사이코드라마의 심리치료 기법인 잉여현실(surplus reality)이 암묵적으로 포함하고 있는 종교적 치유의 기능들을 살피어 실천신학자 단 브라우닝(Don Browning)이 시도한 '신학과 현대심리학의 대화' 가능성을 찾는 데 있다. 이를 위해 브라우닝의 "수정된 비판적 상관관계론(The revised critical correlation)"의 방법론을 적용하여 사이코드라마의 치유과정을 살피었으며 특별히 브라우닝이 신학과 현대심리학의 공통분모로 제안한 "궁극에의 은유(the metaphor of ultimacy)", 즉 자유와 초월, 상호관계성과 책임 그리고 자기의 회복과 같은 구성개념들이 잉여현실 기법에서 어떻게 나타나는지 밝히기 위하여 해당 개념들의 해석과 치료사례를 분석하였다. 연구결과 사이코

* 이 장은 '한국기독교상담학회지'에 게재된 다음의 논문을 수정 · 편집했다.
황헌영 (2017). 사이코드라마의 잉여현실과 종교적 은유: 단 브라우닝의 수정된 상관관계론에 따른 심리치료와 종교의 대화. **한국기독교상담학회지**, 28(2), 241-266.

드라마의 잉여현실 기법은 종교적 치유와 유사한 과정과 효과를 보이며 "궁극에의 은유"의 여러 구성요소들도 효과적으로 작용하고 있음을 보였다. 이 연구는 인간의 치유를 위해선 현대 심리치료기법들이 필연적으로 "궁극에의 은유"를 수용해야 한다는 브라우닝의 주장을 확인해 주며, 아울러 사이코드라마의 잉여현실 기법이야말로 지난 수천 년 동안 인간 치유를 담당해 온 종교의 지혜와 심리치료가 만나 상호보완의 길을 갖게 하는 유용한 도구가 될 수 있음을 주장한다.

1. 들어가는 말

몇 해 전 6·25 한국전쟁을 배경으로 상영한 영화 국제시장은 아주 인상적인 연출로 영화의 마지막을 장식했다. 주인공 덕수가 1.4후퇴 때 흥남부두의 미군 함선에 오르다 헤어진 아버지를 환상 가운데 불러 평생 하고픈 말을 하는 장면이다. "아버지예, 내 약속 다 지켰지예……. 내 진짜 힘들었지예." 약 60년 전 흥남부두에서 잃어버린 동생 막순이를 찾기 위해 배에서 내리는 아버지는 덕수에게 당부했다. "네가 가장이래이. 엄마와 가족을 돌보거래이." 이후 어머니를 봉양하며 가족을 지키기 위하여 생명까지도 마다 않고 평생 고생을 하며 살아온 덕수, 지금은 백발 노인이 되어 아버지를 부른다. 그에게 환상처럼 다가온 아버지는 그를 환한 웃음으로 만나고 덕수는 그제야 평생 하고 싶었던 말을 꺼낸다. "아버지예, 내 약속 다 지켰지예……. 하지만 정~말 내 진짜 힘들었지예." 현실에서 만날 수 없는 아버지를 불러 재회하며 눈물로 한을 푸는 장면이다. 주인공은 이 현실 너머의 현실 안으로 들어가 그동안 억눌려 온 마음의 부담과 감정의 얼타래를 풀고 자기의 책임을 다한 데서 오는 보람과 자유의 감격 그리고 인간 승리의 모습을 연출한다! 이는 마치 현대 심리치료 사이코드라마가 제공하는 '잉여현실'의 치료 현장을 영화로 옮겨 놓은 듯한 장면이었다.

잉여현실(surplus reality)이란 이처럼 내 속에 존재하지만 아직 살아보지 못한 삶을 지금 이 자리에서 경험하여 감정의 정화는 물론 삶이 새롭게 창조되는 또 하나의 현실을 맛보는 것을 말한다. 잉여현실 경험을 통해 집단 심리치료의 현장에 뛰어든 내담자(주인공)는 물론 관객들까지도 모두 내면의 갈등과 해결되지 못했던 과제를 풀며 삶을 직면할 새로운 용기를 안고 현실로 돌아온다(윤우상, 2015), 사이코드라마는 psyche(영혼)과 drama(행위)의 합성어로 흔히 '심리극'이라 번역하는데 원래 의미로 보면 행위로 옮겨진 영혼이란 말이 그 진가를 잘 반영해 준다 할 수 있다. 치료를 위해 모인 구성원들 가운데서 자발성이 올라온 주인공은 자기의 이야기를 무대 위로 올리기를 자원한다. 디렉터의 도움에 따라 천천히 자신의 삶의 역할들을 행위로 표출하다 보면 아쉬웠던 시간 속에 잠들어 있던 영혼을 찾는 일이 벌어진다. 이때 주인공은 "삶 속에서는 나타내지 못했던 정서와 사고, 동물적 추동, 꿈, 희망, 소망, 세계를 보는 신념체계의 모든 것들을 행동으로 표출"해 내는데 이를 통해 자기를 바라보는 새로운 시각이 열리며 현실을 넘어서서 새롭게 창조된 현실을 경험하는 초유의 사건이 일어난다(Dayton, 2014).

그런데 이 잉여현실은 심리치료실을 벗어나 실제로 우리 인간의 삶 가까이에도 존재한다. 우리가 향유하는 음악과 미술, 문학과 예술 그리고 스포츠와 레크레이션, TV와 영화, 심지어 오락실과 노래방에 이르기까지 우리 삶의 주변 도처에 잉여현실은 널려 있다. 바로 우리로 하여금 일상을 벗어나 뭔가 신비를 맛보게 하며 우리를 새롭게 갱신해 주는 경험들이 여기에 해당된다. 종교 행위와 신비적 경험 역시 잉여현실이라 할 수 있다. 사실, 종교는 사이코드라마의 여러 구성요소들을 총체적으로 포함하고 있는 가장 대표적인 잉여현실의 모형이라고 할 수 있다. 신자는 예배에 참여하는 순간 종합예술 세트를 맛보게 된다. 예배의 음악은 평소의 감미로움을 넘어서서 거룩의 시간으로 마음의 문을 열어 주며 예배당의 휘장과 장식(상징)은 일상을 넘어서는 신비로운 세계로 우리를 이어 준다. 기도와 성경낭독 그리고 설교로 전달되는 메시지 또한 우리로 하여금 예배의 대상인 절대자와의 대화로 초대하며 참여자들로 하여금 그의 뜻을 따라 새로운 삶을 결단하고 그의 임재를 확신하며 세상을 향해 나아가게 한다. 이렇게 한 시간 남짓한 예배에서 예배자는 초월자의 보이지 않는 세계를 경험하는, 현실을 넘어서서 연장된 잉여현실을 맛보는 것이다. 그래서인지, 사이코드라마의 창시자 야콥 모레노는 기독교의 예배야말로 가장 대표적인 심리치료라고 언급한 바 있다.

> "기독교는 지금까지 인간이 고안해 낸 최고의 심리요법을 지닌 종교라 할 수 있다. (정신)의학의 심리치료도 기독교의 치료적 우수성에 결코 비교가 될 수 없다. 기독교는 처음부터 인간 전체를 치유하고자 하는 목적으로 치료를 시작하였는데 이는 겨우 이 사람이나 저 사람 혹은 어느 특정 그룹만을 치료하기 위한 치료가 아닌 (아주 위대한) 치료이다(Moreno, 1953)."

모레노는 기독교인들이 종교행위에 참여함으로써 정서의 치유는 물론 사고의 전환, 더 나아가서는 새로운 삶으로의 거듭남을 경험하며 현실에서 이룰 수 없었던 변형된 삶을 살게 된다고 주장한 것이다. 한마디로, 종교와 심리치료적 잉여현실은 유사한 경험임을 주장한 것이다.

그렇다면 역으로 생각하여, 사이코드라마의 잉여현실과 종교의 세계가 함께 공유하는 요소들은 무엇일까? 사이코드라마는 어떻게 종교적인 모습과 기능들을 보여 주는가? 사실, 심리극에서 체현화(enactment)하여 경험하는 인간의 이야기는 삶의 위대한 전환과 엄청난 치유 경험을 가능케 하는데 이러한 경험이 종교가 말하는 구원의 은유와 흡사한 점이 많다. 앞서 언급한 〈국제극장〉을 다시 살펴보노라면 아버지와 헤어지는 순간 덕수가 받은 소명 네가 이제 가장이다~ 어머니와 동생들을 잘 돌보라는 마지막 당부, 그것은 마치 하늘 성부가 인류 구원을 위하여 이 세상으로 그리스도를 보내며 인류 구원의 대업을 위임하는 장면을 연상시킨다. 그리고 자신의 생명을 걸고 희생하는 덕수의 모습은 자신을 통해 인류를 구원하는 그리스도의 수난과 구속의 이야기, 그리고 마침내 다 이루었도다라고 승리를 선언하는 모습도 흡사하다. 이 영화는 이렇게 인간 구원을 위한 종교의 메시지를 드라마를 통해 은근히 전달하며 승화된 고통과 승리의 감격을 자아낸다. 이는 영화가 '보이지 않는' 궁극의 세계를 비추는 잉여현실의 '은유'적 역할을 보여 주는 좋은 예가 됨을 나타낸다.

우리는 여기서 '은유'라고 하는 매개체를 통해 현대심리학과 신학의 대화를 모색하며 상호비판적 상관관계를 제시한 단 브라우닝의 실천적 신학론(Practical Theology)을 주목하게 된다. 브라우닝은 종교세계와 마찬가지로 심리학 세계 역시 은유적 비전의 차원(a visional and metaphorical dimension)을 소유하고 있는데 이를 신중히 살펴보면 다분히 종교적 성향이 있다는 것이다. 그리고 또한 이를 비판적으로 검토해 나가다 보면 종교와 심리치료계가 상호성(mutuality)을 가지고 서로 보완적 대화를 나눌 수 있다고 한다(Browning, 1987). 브라우닝은 이와 같은 신념으로 프로이트, 융, 스키너, 에릭슨, 코헛에 이르기까지 대표적인 심리치료이론들을 검토한다.

필자는 브라우닝이 미처 포함하지 못한 여러 현대 심리치료 이론 가운데 사이코드라마의 잉여현실 경험을 그의 상호비판적 상관관계론으로 살피고자 한다. 그가 말하는 심리치료 세계의 종교적 은유의 차원인 궁극에의 은유(the metaphor of ultimacy)를 규명하고 그것이 사이코드라마에서는 어떻게 적용되고 있는지 살피어 심리극의 잉여현실에 담긴 영적인 자원을 밝히고자 한다.

2. 심리학과 종교의 연결 고리: 궁극에의 은유

단 브라우닝(D. S. Browning, 1987)은 그의 대표 저서 『Religious Thought

and the Modern Psychologies』에서 현대심리학과 신학 사이에 상호대화를 가능케 하는 도구로서 궁극에의 은유(the metaphor of ultimacy)를 제시한다. 이를 통해 두 영역은 학제적 대화를 나눌 수 있으며 상호보완적 역할을 하는 준거를 얻을 수 있다는 것이다. 그는 먼저 은유를 설명하기 전에 현대심리학의 심리치료이론들이 갖고 있는 도덕적 형이상학적 의미들을 찾아 신앙세계와의 상호연관성을 제시하기 위하여 다음 다섯 가지의 신학과 심리학 사이의 대화 차원들(dimension)을 제시한다 그것은 ① 은유적 비전: 해당 심리학이론이 제시하는 세계관과 궁극적인 것을 위한 설명, ② 의무적 요소: 삶의 행위들에 대한 의식적 무의식적 원칙들, ③ 욕구와 경향성: 인간 존재의 자연적 구성요소와 충족에 대한 심리학적 이해 그리고 이 세 가지 차원은 하위차원이라고 할 수 있는, ④ 인간의 상황 차원과, ⑤ 규칙: 역할 차원에 질적인 영향을 준다고 덧붙인다. 이 다섯 차원에서 단 브라우닝은 특별히 은유적 비전의 차원을 가장 높은 순위의 대화차원으로 여기며 신학이 심리학에서 얻을 수 있는 자원을 찾는 준거로 여긴다.

이 5가지 차원을 관통하는 개념으로 그는 '은유(metaphor)'라는 개념에 집중하는데 이는 무언가 친숙한 것과 친숙하지 않은 것들 간에 유비적 관계를 가능케 하는 것이라고 한다. 즉, 은유는 '알려진 것(the known)'과 '알려지지 않은 것(the unknown)' 사이에 놓여 있는 간극을 밀어내고 유사점을 부각시켜 둘 사이의 관계를 비유적으로 연결해 주는 것이다. 은유는 흔히 문학과 예술의 주요 표현기법으로 사용되며 종교에서도 궁극적인 존재를 설명할 때 필연적으로 사용하는 도구가 된다. 예를 들어, 유대-기독교의 성경이 담고 있는 신화적 이야기들과 설화 그리고 비유들은 모두 보이지 않는 창조주 하나님의 세계를 보여 주려는 은유라 할 수 있다. 성경에서 하나님에 관한 소개의 표현들(반석이신 하나님 혹은 독수리 날개 등)도 하나님의 '알려지지 않은' 속성을 우리의 '알려진' 경험을 통해 알리는 은유인 것이다. 그런데 브라우닝은 이렇게 종교의 세계에서 중요한 도구로 사용되는 은유가 현대 심리치료의 세계에도 나타나고 있다고 한다. 심지어는 심리치료계가 전통적으로 종교가 제공해 온 형이상학적이고 윤리적인 차원의 메시지들까지 전달하고 있다고 주장한다. 예를 들어, 프로이트의 정신분석학은 그 이론 초기에 인간을 무의식의 힘에 의하여 움직이는 '기제(mechanism)'로 소개하였는데 이는 프로이트가 인간 존재의 구조와 우주적인 이해를 설명하는 은유적 방법이었다고 말한다. 그리고 프로이트의 이론 후기에 나온 '삶에의 본능' 그리고 '죽음에의 본능' 역시 인간 존재의 결정론적 실상과 운명을 비추는 은유적 표현이었다고 본다. 융의 분석심리학도 '원형(archetype)'이라는 개념을 통해 인간 개성화의 목표와 방향을 제공하여 심리영적 존재를 이해하는 은유를 삼았고, 로저스의 인간중심 이론에서도 인간에 대한 깊은 배려와 타인과의 조화(harmony)를 통해 인간 삶(존재)의 진정성을 찾는 은유적 비전을 발견할 수 있다고 한다.

브라우닝은 주장하기를 현대 심리치료 이론들이 과학적인 방법으로 인간 이해를 추구하려 하지만 인간의 총체적 경험을 다루기 위해서는 결국 종교적인 기능을 따를 수밖에 없다고 한다. 왜냐하면 과학적인 방법론은 관찰된 정보들을 분석하여 인과관계를 발견하고 이를 통해 일반화할 법칙을 찾는 것에 그치기 쉽다. 이러한 방법론은 인간의 경험을 전체적으로 보기보다는 지극히 부분적이고 비연속적으로 보게 할 뿐, 치료를 위해 찾아오는 내담자들을 실제적으로 돕지 못한다고 한다. 왜냐하면 치유를 원하는 내담자들은 이미 형이상학적 차원(이 세상이 존재하는 방식)과 도덕적 차원(자기 현실의 좋고 나쁨)을 인식의 기본으로 삼고 치료자에게 질문을 하는데 이러한 범주의 이해를 떠난 치료이론은 결코 내담자의 삶을 회복시킬 동기를 얻지 못한다는 것이다.

하지만 종교는 과학이 가진 인간 한계의 한계와 비연속성을 넘어서는 시각으로 우리의 시각을 넓혀 준다. 종교는 인간 삶 가운데 얽힌 여러 얼타레 속에서 '의미'를 찾으려 한다. 그리고 그 의미 규정의 과정을 통해 우리 자신과 세상에 대한 새로운 인식을 얻게 한다. 이것은 결국 궁극적인 세계와 초월자를 향한 치유의 희구로 이어지는데 이로 인해 심리치료이론들 역시 내담자의 세계가 이와 같은 종교의 은유를 가지고 찾아오는 까닭에 이에 부응하기 위하여 마치 종교가 제시하는 것처럼 형이상학적이고 도덕적인 차원의 설명을 시도한다는 것이다. 그것도 가히 유사종교(quasi-religious) 혹은 대안종교(alternate faiths)로서 역할까지 하면서 말이다.

그렇다면 우리는 과연 심리치료이론이 보여 주는 은유(metaphor)들이 모두 종교적인 은유들과 정확히 같은 것이라고 말할 수 있을까? 만일 그렇다면 종교가 가진 은유를 심리학적 치료이론에 적용할 때에 어떠한 준거를 가지고 살펴야 하는가? 브라우닝은 이 질문들에 대답하기 위하여 종교의 궁극적 은유에 담긴 비전(metaphorical visions)들을 다음과 같이 밝힘으로써 종교와 심리학이 함께 누리고 공유할 자원으로 사용할 것을 제안한다.

1) 자유와 자기초월

브라우닝은 심리학에 나타나는 궁극의 은유를 비판적으로 살펴봄에 있어서 첫 번째로 그 심리치료의 은유가 자유와 자기초월(freedom and self-transcendence)의 가능성을 만족시키고 있는가를 물어야 한다고 한다. 브라우닝은 사실, 서구 기독교적 종교관에 입각하여 이런 준거를 세웠다. 기독교의 전통적 이해에 따르면 인간의 한계와 굴레는 오직 온전히 자유롭고 전능한 초월자 하나님의 은혜로만 그 구원(해결)이 가능하다고 본다. 즉, 하나님은 온 우주의 창조주, 만물의 통치자 그리고 모든 것을 회복시키는 구원자로서 그의 피조물 인간이 삶 속에서 부딪히는 경험들(예: 기쁨과 슬픔 등의 정서적 경험들)을 극복(자유)할 수 있는 힘을 주는데 이는 심리치료 세계의 '은유' 가운데서도 나타나야 한다는 것이다. 즉, 인간의 정서적 장애와 한계를 극복하려는 심리치료가 이러한 자유와 초월을 얼마나 가능하게 하는지 가늠하여 궁극적인 은유의 특성 여부를 인정할 수 있다고 본다.

이 기준에 비추어 볼 때, 브라우닝은 프로이트가 인간유기체를 기계적 원리로 이해한 메커니즘의 은유는 자유와 자기초월의 성격과는 거리가 먼 것이라고 한다. 정신분석에 의하면 치료란 내담자를 도와 생물학적으로 억눌렸던 에너지가 방출되도록 하여 신경증을 감소시키는 효과를 내는데 이런 감소에도 불구하고 인간내면의 성적추동(sexual drive)들이 지속되며 완전히 극복되어 인간이 누릴 수 있는 진정한 자유와 초월은 불가능해 보이기 때문이다. 스키너(B. F. Skinner)의 행동주의 이론 역시 인간의 자율성과 자기초월에 대한 부분이 결여되어 있다고 보았다. 왜냐하면 행동주의는 인간을 실험의 대상으로만 여기고 인간의 행동 역시 행동주의의 원칙(강화와 처벌 등)에 따라 조정할 수 있는 것으로 보는 까닭에 처음부터 자율성이나 초월의 자리는 허락되지 않기 때문이다. 그리고 인간중심치료 역시 종교적인 궁극의 은유를 갖는 데는 한계가 있다고 말한다. 왜냐하면 로저스가 주장하는 인간의 긍정적 자원과 잠재력은 인간관계와 자기 갈등을 해소하는 데 도움이 되기는 하지만 그 자원과 힘은 인간이 생물학적 존재로서 부여받은 (이미 결정된) 힘을 찾아 발휘하는 것에 불과하기에 존재의 근본적인 자유와 초월의 가능성을 말하는 것이 아니기 때문이라고 한다.

브라우닝은 종교의 위대한 기능을 현대심리학의 은유 속에서 모두 다 찾을 수 없다고 본다. 그럼에도 불구하고, 심리학이 이러한 종교성을 담은 은유들을 인간 이해의 폭 안으로 보완해 갈 때 윌리엄 제임스가 말하는 인간 생존기능의 하나로서의 종교가 주는 큰 영향력을 치료세계에 더욱 효과적으로 담을 수 있다고 한다.

2) 상호관계성(mutuality)과 책임

브라우닝은 더 나아가 자유와 자기초월 그리고 도덕의 원칙을 세우는 궁극의 은유가 신앙의 세계에서 어떻게 나타나며 현대심리학은 이를 어떻게 반영하고 있는지를 비판적으로 살핀다. 그에 의하면 상호관계성이야말로 도덕적 원칙으로 표면화되는 궁극에의 은유의 핵심적인 모습이다. 유대-기독교적인 전통은 죄와 악으로 만연한 세상에 묶여 있는 인간을 위하여 참 자아와 자율성을 부여하는 하나님을 이야기하는데 이 궁극적인 존재는 자신의 뜻을 실현하기 위하여 인간을 지배하거나 조정하는 존재가 아니다. 오히려 존중하고 배려하며 상호관계성을 이루려는 인격적인 그리고 상호관계를 중시하는 사회적 하나님으로 설명된다.

이런 점에서 브라우닝의 비판적인 시각에서 보면 프로이트의 고전적 정신분석학은 상호관계성이 결여된 치료법이다. 고전적 정신분석 치료에서 분석가는 치료의 전권을 가진 의사로서 환자인 내담자의 내면적 정신세계를 해석하고 처방하여 주는 일방향적 치료를 한다. 이는 상호관계성을 가지고 문제를 해결해 나가는 최근의 치료법들과는 분명히 다른 것이다. 오늘날의 입장에서 보면 이런 분석가는 오히려 일방적인 처방과 지시를 하며 환자를 조정하는 자로도 비칠 수 있다. 스키너의 행동주의 치료 역시 일방향적 치료 특색에 있어서 결코 다르지 않다. 행동주의의 초기 형태로 볼 때 내담자는 동물이 아닌 인간이지만 동물처럼 꼭 같이 실험대에 오르며 치료자의 처방에 따라 제시된 행동수정법을 따라야 한다. 내담자는 행동주의적 실험과 조작의 대상으로만 존재하며 치료자가 이끌어 주는 대로 새로운 학습을 통해 이상행동의 증상 감소 효과를 얻는 데 만족해야 한다. 내담자가 치료를 위하여 스스로 통제할 수 있는 것은 없으며 치료자의 지시를 기계적으로 따를 뿐이다.

브라우닝은 더 나아가 칼 로저스의 인간중심이론 역시 진정한 의미에서 상호존중의 은유가 담겨져 있다고 여기지 않는다. 인간중심이론은 내담자 중심의 입장에서 자기실현을 목표로 하며 이를 통해 인성의 변화가 생길 때에야 비로소 타인에 대한 배려로 효과를 나타낼 수 있다고 본다. 이는 상당히 윤리적인 입장을 취한 것 같지만 실제로는 겨우 윤리적 자아중심주의(ethical egoism)에 불과하다고 본다. 즉, 자기의 입장에서 자기의 목표를 달성한 후에야 이웃에게 이차적으로 선을 행하는 영향력을 줄 수 있다는 것이 인간중심 이론의 윤리적 특색인데 이는 지극히 '자기본위'의 윤리 차원에 머무르려는 것이라 한다.

이러한 윤리적 자아중심주의는 정확한 의미로 볼 때 실제로는 도덕적이지 않은(nonmoral) 성질의 것이라고까지 평가한다. 인간중심이론에서 타인을 배려하는 일이 좋다고 하는 것은 나에게 '나쁘지 않으니 좋은 것'이라는 지극히 자기중심적인 태도를 말한다. 이는 마치 식당에 가서 고기 맛이 좋은데 그 이유는 고기가 맛이 겨우 '나쁘지 않으니' 좋다라고 말하는 것과 같다고 한다. 따라서 인간중심 심리치료가 보여 주는 공감적 상호관계성은 자아중심의 자기실현이 일어난 이후에야 해당되는 부차적인 것이며 '상호적(mutual)'이라는 수식어가 어울리지 않는 은유라고 한다. 결국 심리치료의 이론에서 '상호관련성'은 종교의 은유가 가진 "남에게 대접을 받고자 하는 대로 너희도 남을 대접하라(눅 6:31)."고 하는 황금률을 더 깊이 있게 받아들일 때 가능한 것이 된다.

3) 아가페: '상호성'을 회복시키는 계기

브라우닝은 신학이 현대심리학과의 상호비판적 대화를 통해 완성해야 할 궁극에의 은유의 마지막 요소로서 '아가페 사랑'을 제시한다. 그런데, 앞서 말한 자유와 초월, 상호관계성과 같은 요소들이 현대 심리치료를 위한 궁극의 은유가 되기에는 아직 부족한 점이 있다고 본 반면, 아가페와 관련해서는 기독교가 오히려 현대심리학의 도움을 얻을 수 있다고 한다. 왜냐하면 현대심리학은 '자기의 상실'을 경계하고 오히려 '자기의 회복'을 주장하는데 이는 상호적 사랑을 이루어 나가는 데 있어서 진정으로 필요한 과정이기 때문이다.

사실, 브라우닝에 의하면 기독교 전통과 사상은 아가페의 본래 의미를 상실하였다. 특별히 '자기사랑'에 관하여 기독교는 '자기희생'을 너무 강조한 나머지 '자기상실'을 아가페의 전부인 양 혹은 아가페의 목표인 것처럼 이해해 왔다. 기독교는 아가페 사랑의 궁극적인 목표를 마치 자기희생(self-sacrifice)에 있는 것처럼 간주해 왔고 이로 인해 아가페의 무조건적인 사랑은 자기를 잃어버리는 것을 미덕으로 삼게 하였다. 이는 결국 자기상실(self-loss)이야말로 아가페가 완성된 상태처럼 오해하게 하는 결과를 낳게 한다. 브라우닝은 이러한 '자기상실'에 관련된 잘못된 아가페 인식을 바로잡으려고 한다. 아가페의 사랑이 담고 있는 궁극적인 은유는 결코 '자기가 없는' 사랑(selfless love)이 아니라고 한다. 아가페의 사랑은 오히려 자기사랑(selflove)의 진정성을 가지고 타인과의 사랑의 상호성(mutuality)을 회복할 때 가능한 것이라 본다. 그는 이것이 바로 유대-기독교 종교의 경전에서 본래부터 가르쳐 온 가르침이라고 주장한다.

더 나아가 브라우닝에 의하면 아가페 사랑은 회복된 자기를 가지고 타인에 대하여 무조건적인 수용을 이루는 사랑이다. 여기서 무조건적 수용과 용서는 자신에게 해를 끼친 자를 자기와 '동등한' 인격으로 여기는 것을 말한다. 즉, 아가페의 사랑이 원수를 사랑할 수 있는 사랑이 되는 것도 이와 같은 맥락에서이다. 무조건적 사랑이란 모든 방해가 되는 요소들이나 장애물들을 다 내려놓고 남을 나처럼 사랑(네 이웃을 네 몸과 같이 사랑하라, 마 22:39)하는 사랑이다.

자신과 타인(원수)을 동등한 인격으로 보고 수용하는 자세를 통해 아가페를 규명하는 이런 견해는 종전의 아가페 이해 즉 원수를 불쌍히 여기거나 긍휼이 여기는 태도와 다르다. 긍휼의 사랑은 위에서부터 아래 낮은 존재를 바라보는 자비의 사랑을 말하는 것인데 이는 오히려 사람들 간의 인격을 동등하게 보지 않고 위계질서로 보는 우를 범할 수 있다. 아가페의 사랑은 높은 자로서 낮은 자 혹은 먼저 깨달은 자로서 깨닫지 못한 인격을 위한 사랑이기보다는 타인의 마음을 헤아리고 그를 나와 동등한 인격으로 받아들이는 상호

역할을 교대하여 동등한 혹은 상대방의 입장에서(equal-or reversible-regard) 보는 시각에서 가능한 능력의 사랑을 말한다.

그리고 원수에 대한 아가페 사랑에 있어서 또 한 가지 중요한 과제는 원수를 '변혁'시키는 노력이다. 원수의 악함을 무조건적으로 받아들이는 것이 아니라 그를 변화시키어 선한 길로 이끌어 주며 결국엔 원수 역시 하나님의 자녀로서 동등한 인간이 되도록 받아들이는 것을 말한다. 원수로 하여금 악을 버리고 하나님의 나라의 법과 통치에 순종하도록 이끌어 줄 때에 이 과정 속에서 방해가 되는 나의 고집이나 자존감, 혹은 이익들까지 내려놓아야 한다. 그것이 진정으로 '무조건적'인 태도를 갖는 것이며, 진정한 의미에 있어서 비폭력적인 사랑이 된다고 본다. 또한, 브라우닝은 이러한 아가페 사랑이야말로 현대심리학의 한계인 '윤리적 자아중심주의(ethical egoism)' 즉 자기를 세우고 자기에게 좋은 것이 주어진 이후에 타인을 사랑함으로 선을 이룰 수 있다는 방식은 벗어나는 것이라 한다(Browning, 1987, p. 160). 아가페에 대한 이러한 새 인식은 바로 기독교가 근본적으로 가르쳐 온 도덕적 원칙(원수를 사랑하라, 네 이웃을 네 몸과 같이 사랑하라.)을 찾고 이해할 수 있는 지름길이 된다고 본다.

3. 사이코드라마의 은유: 잉여현실

그렇다면 이와 같은 궁극적 은유의 특징들(자유와 초월, 상호관계성과 책임, 그리고 동등한 인격적 수용의 아가페 사랑)은 사이코드라마의 잉여현실에서는 어떻게 적용되는가? 브라우닝이 제시하는 궁극에의 은유의 준거로서 이 세 가지 요소가 사이코드라마의 은유 잉여현실에 어떻게 부합되는지 살펴보자.

1) 자유와 초월: 정화(purge)와 해방(liberate)경험

한국의 대표적인 사이코드라마 학자 최헌진(2007)은 사이코드라마(심리극)가 제공하는 인간치료의 경험인 '잉여현실(surplus reality)'을 가리켜 일상 속에서 문명화된 나를 해체하고 '탈 나'를 체험하는 경험이라고 보았다. 이 말은 우리 인간이 사회 속의 제도와 삶의 방식에 맞추어 살다가 본래의 나에게 충실하지 못하고 있음을 전제한다. 그리고 우리가 이렇게 우리를 둘러싸고 있는 세상의 굴레를 벗어던질 때에 본래의 나를 해방시키는 참 자유의 경험이 잉여현실의 과정을 통해 가능해진다고 하는 것이다. 잉여현실은 바로 지금-여기에서 현실을 넘어서는 자유와 초월을 가능케 하여 자기를 '확장'시키는 경험을 말한다.

창시자 모레노는 말하기를 "사이코드라마에는 현실이라는 카테고리를 넘어서는 경험이 가능한데 그것은 더 새롭게 확장되어 경험되는 잉여현실의 실재를 주인공에게 제공하는 것"이라 했고, 그의 부인이요 역시 사이코드라마의 디렉터였던 젤카 모레노(Z. T. Moreno) 역시 이러한 잉여현실을 통해 사람들은 한계가 없는 세계 안으로 들어가 원했던 모든 만남을 경험하고 돌아온다고 말했다(Moreno, 2005). 그녀는 "사이코드라마는 참여자들로 하여금 개인을 그 제한된 세계로부터 걸어나오게 하고 그의 삶의 경계선들을 해체하여 확장된 현실 속에서의 새로운 삶을 맛보게 하는 특별한 경험"을 잉여현실이 제공한다고 주장한다.

그런데 잉여현실의 경험은 이른바 '초현실주의'와는 분명한 차이가 있다. 초현실주의처럼 잉여현실도 현실 너머에 있는 존재의 차원을 강조하는 것이 사실이다. 하지만 초현실주의에서처럼 어떠한 형태의 미의식이나 도덕적 몰입을 차단한 채 이성에 의한 통제를 거부하는 방식을 추구하지 않는다. 오히려 정반대라 할 수 있다. 사이코드라마의 잉여현실은 인간의 사고 기능을 반영하며 의식적인 통제 활동과 윤리적 · 도덕적 고려사항을 모두 버리지 않고 포함하며 경험하는 세계이다(Moreno, 1965). 야콥 모레노는 다음과 같이 말했다.

> "내가 잉여현실이라는 개념을 처음 생각하게 된 것은 칼 막스의 잉여가치 surplus value를 알게 된 이후이다. 잉여가치는 고용주나 사업주들이 자본주의 논리 아래 노동자들의 보수의 일부를 빼앗는 것을 말한다. 그런데 잉여현실은 이런 빼앗김을 말하는 것이 아니다. (심리극의 참여자들로 하여금) 더욱 깊고 의미 있는 생각을 가능하게 하여 더 풍성한 실재를 경험하게 하는 것이다(Moreno, 1965)."

이는 또한 '허구'(as-if)와도 차이가 있다. 물론, 허구의 세계처럼 잉여현실도 현실을 벗어나서 자신을 관망해 보는 기회를 갖는다. 하지만, 이는 단순히 허구의 세계에 머물러 있기 위함이 아니다. 잉여현실은 오히려 허구의 세계가 피하고 부딪히지 않으려는 고통스러운 세계를 직면하여 극복하며 이를 위한 역할을 직접 경험하게 함으로써 새로운 현실을 끌어당기고 실험하며 훈련한다. 이를 통해 실제적인 세계에서 현실을 직면하는 자아의 기능을 강화시킨다(최헌진, 2003). 다시 말해서 현실로 돌아오는 힘을 기르는 것이다.

어쨌든 사이코드라마의 잉여현실은 존재 너머의 존재를 경험하게 함으로써 현실을 '초월'하는 경험을 하는 것이라고 말할 수 있다. 존재한 바 없고 어쩌면 존재할 수도 없는 세계, 그러면서도 절대적으로 현실을 떠나지 않으며 실제적인 세계의 직면의 힘을 키우게 한다. 이러한 힘은 사이코드라마의 참여자들로 하여금 치유를 경험하며 마음의 모든 무거운 짐들을 내려놓고 현실로 돌아오게 하는 경험이 되게 한다.

잉여현실의 자유와 초월의 경험은 다음과 같은 과정을 통해 세워진다. 사이코드라마의 디렉터는 웜업(warm up)의 과정을 통하여 참여자들의 자발성을 끌어올리고 자기의 이야기를 드라마에 올릴 주인공을 초청(자원)한다. 이에 응하는 주인공은 자신의 이야기를 말뿐만이 아닌 행위로 시연(enactment)하여 평소에 가지고 있던 해결되지 못한 과제와 소망을 표출하고 감정의 정화를 맛본다. 자기해방의 기회로 초청받는 것이다.

때때로 주인공의 자발성이 부족하거나 인식의 한계가 있을 때에 사이코드라마의 디렉터는 거울기법을 사용한다. 주인공의 마음을 거울처럼 반영해 줄 수 있는 이중자아를 청중(집단) 가운데서 선택하여 무대로 오르게 한다. 이 때 이중자아는 주인공이 방금 행한 드라마의 장면을 재연하거나 주인공이 못다한 이야기들을 대신 표출함으로써 실제적인 내면세계가 쏟아져 나올 수 있도록 돕는다. 이때 주인공은 이중자아가 보여 주는 자기의 모습을 마치 거울을 보는 것처럼 경험한다. 바로 객관적으로 자신의 모습을 관찰할 수 있게 하는 것이다. 이때 주인공은 삶 속에서의 자기의 역할, 자기의 모습, 자기의 심정과 반응법을 깨달아 알게 된다. 주인공은 '나'를 벗어나 '나'를 경험하고 인식하는 자기의 초월을 시작하게 된다(윤일수, 2007). 무대 위에 오른 주인공은 이러한 과정을 통해 자기 안의 고착된 시야를 벗어나서 잘못된 '역할'을 벗고 강한 자발성을 얻어 자기가 변화되기 원하는 모습으로 새롭게 창조됨을 경험한다(최헌진, 2003).

이러한 시연은 주인공으로 하여금 현실로 돌아가 실제 삶에서 부딪힐 상황을 직면하고 극복할 수 있는 역할 연습으로 이어진다. 즉, 현실에 대하여 회피하거나 수동적인 자세를 취하고 또는 비난하고 공격적이었던 마음의 상태를 극복하고 삶 속에서 맡겨지는 역할들을 자신감 있게 그리고 동시에 책임감을 가지고 감당하는 현실극복의 능력을 얻게 된다. 실제로 사이코드라마가 진행될 때에 주인공은 물론 이를 지켜보는 관객들도 삶의 역할들에 대하여 새로운 인식을 한다. 그래서 현실에서 못다했던 역할들을 시연함으로써 역할에 대한 재인식을 하며 그 역할의 연습에 자발적으로 참여하며 창의적으로 역할을 성취해 간다. 이를 통해 평소에는 자기로 받아들여질 수 없었던 부분을 받아들이기도 하며 혹은 자기 역할 범주의 한 부분으로 유용성을 인정하고 수용하는 자신 있고 책임성 있는 인간(responsible man)으로 거듭나게 된다.

2) 상호관계성과 책임: 역할 바꾸기

사이코드라마의 잉여현실은 단순히 주인공 하나의 독백만으로 이루어지지 않는다. 드라마의 무대에 선 주인공은 자신의 삶을 시연하는 과정 가운데 보조자아(auxiliary egos)를 무대에서 만난다. 보조자아는 주인공이 다루고자 하는 삶 가운데 주인공과 상호관계의 연결망 가운데 있는 중요한 타자들이다. 가족 구성원들이 될 수도 있고 직장과 관련된 일상의 인물들일 수도 있다. 혹은 자신의 꿈 속에 등장한 인물들이 되기도 한다.

이렇게 보조자아들을 무대에 올리면 상호성에 바탕을 둔 인간관계 이야기들이 쏟아지기 시작한다. 주인공은 이러한 삶에 관련된 이야기들을 시연함으로써 아쉬웠던 지난 과거 혹은 상호간에 잘 나누지 못했던 이야기들을 지금-여기의 관점에서 쏟아 붓는다. 또한 이들과의 관계의 현실에서 쉽게 드러내지 못하고 억눌렸던 감정들을 표현하며 평소 잘하지 못했던 어려운 역할들을 직접 행하여 봄으로써 감정의 정화와 사회적 상호인간관계의 확장을 경험한다.

잉여현실은 주인공이 일상의 현실에서는 미처 알 수 없었던 인간관계 속 이면세계를 경험하게 하는 또 하나의 방법을 제공하는데 그것은 '역할 바꾸기(role reversal)' 기법이다. 주인공으로 하여금 보조자아와 역할을 교대하여 상대방의 입장에서 자신을 바라보며 말하고 행동함으로써 상호적 관점에서 자기의 시각을 확장할 수 있는 경험을 얻게 하는 것이다. 이렇게 함으로써 주인공은 주관적인 세계를 넘어서서 자기를 객관화하여 볼 수 있는 기회를 얻게 된다. 뿐만 아니라 이 역할 바꾸기는 타인의 입장을 공감하며 인간관계의 상호성(reciprocity)을 깨닫게 도와준다.

이와 같은 사이코드라마의 상호연결기법들은 주로 개인적 차원에서 인간의 치유를 시도하는 현대의 심리치료계에 상호성에 바탕을 둔 접근이 얼마나 힘이 있고 효과적인지를 알려 준다. 헝가리 출신 정신분석가 휴고 시로키(Hugo Siroky)는 사이코드라마의 이러한 상호관계성에 기초한 치료 기법이야말로 사람들로 하여금 다른 사람들과 참 만남을 가능하게 하는데 이는 현대 세계에 사회문화적 에토스 social ethos 를 새롭게 세워 나가기에 충분한 것이라고 본다(Siroky, 1967). 즉, 잉여현실은 상호관계성에 근거한 도덕적 영향력을 가지고 핵가족 시대에 속한 현대인들로 하여금 자기중심적 세계관의 한계를 벗어나서 서로의 입장을 헤아리며 상호관계의 선상에서 더욱 유익한 세상을 가져오게 한다는 것이다. 이 점은 사이코드라마야말로 브라우닝이 말한 종교의 궁극적 은유에 있어 인간 상호성의 가치를 충분히 보여 주는 심리치료법임을 확신하게 한다.

3) 확대되는 자기의 힘과 무조건적 사랑

사이코드라마의 가장 의미 있는 작업 중의 하나가 바로 주인공이 자기 자신을 찾는 것이다. 그런데 그 효과는 놀랍다. 자신을 찾는 과정은 자신의 인생을 확장시키는 경험이 될 뿐 아니라 타인을 있는 그대로 수용하는 용기를 얻게 한다는 사실이다.

사이코드라마의 잉여현실이 자기세계를 확장시키는 과정을 펼쳐 나갈 때 주인공이 얻는 것은 결코 다른 사람과 비교하여 자기를 높이는 우월감이나 타인을 지배하고 조정하는 힘이 아니다. 오히려 주인공은 자신과 다른 이들을 동등한 입장에서 바라보며 받아들이는 능력을 갖는다. 대체로 주인공이 타인들에 대하여 가졌던 비교의식, 열등감, 수치심, 적대감이나 분노가 해결되는데 이는 자신을 객관적으로 보고 자기를 개선하고자 하는 마음에서 찾아온다. 그리고 이때에 타인을 지배하고 조정하려고 했던 자기중심적이고 이

기적인 마음이 개선되고 자기와 타인을 수평적으로 보며 상호성을 인정하는 새로운 인간관계 안으로 뛰어들게 된다.

이것이야말로 브라우닝 교수가 제시한 궁극적 은유의 세 번째 특징인 '자기'를 잃지 않고 오히려 발견하되 더욱 건강하게 세워져서 타인을 수평선상에서 만나 '동격으로' 수용하는 아가페에 가까운 경험이다. 바로 잉여현실은 타인을 자기와 동등하게 받아들이게 하는 능력을 심어 주는 것이다.

아가페의 사랑은 동등한 인격의 사랑이다. 이는 사회 정치 경제 종교적으로 상위에 있는 자가 자기보다 못한 하위에 있는 자에게 베푸는 자비나 아량과 다른 것이다. 브라우닝이 말한 대로 하나님의 사랑을 아가페라고 하는 것은 위에 계신 하나님이 아래 있는 인간을 위하여 상하관계를 내려놓고 이 땅위로 '성육신'하여 인간과 동등 됨을 취한 사랑을 말한다. 인간과 '동등 됨'을 취한 메시아가 인류를 사랑하는 사랑이 바로 아가페이다. 사이코드라마가 제공하는 잉여현실은 바로 이것을 가능케 한다.

4. 사례로 비추어 본 잉여현실의 은유

다음은 사이코드라마 디렉터 김세준의 사례집에서 저자의 허락을 받은 사이코드라마의 한 예이다. 이 사례를 통하여 우리는 브라우닝이 말하는 궁극에의 은유가 한 인간을 위한 잉여현실 속에 어떻게 회복과 구원의 기능을 발휘하는지를 발견할 수 있다(김세준, 2008).

[이젠 모두를 구원할 수 있어!]

주인공을 자원한 A는 34세의 여인으로 대인관계의 문제를 호소하며 사이코드라마의 무대 위로 올라왔다. 그녀는 사람에 대한 친밀욕구를 느끼다가도 금방 적대감으로 바뀌는 정서적인 문제를 갖고 있었다. 특별히 교회와 신앙인들에게 받은 상처로 인하여 가장 큰 분노와 적대감을 느낀다고 하였다.

주인공은 디렉터와의 짧은 인터뷰를 통해 자기가 아동기 때 교회에서 성추행을 당한 적이 있음을 밝힌다. 그 이후 청소년기와 청년기에 성적인 행위의 나락으로 더 깊이 빠져 들었다고 한다. 자기에게 다가와 성행위를 요구하는 남자들을 다 받아 주었던 것이다. 그 시절 그녀는 이러한 행위들을 스스로 고칠 수 없었고 이렇게 고착된 삶 속에서 자기를 도울 수 있는 사람이 하나도 없었다고 한다. 심지어 하나님도 그녀의 문제에 전혀 개입하지 않거나 도와주지 않아 화가 난다고 말한다. 그래서 더더욱 교회와 신앙에 대하여 부정적인 견해와 거부감만 커지고 있다는 것이다.

1) 자유와 초월

디렉터는 이 여인 A가 고통을 당할 때 혼자였다는 사실을 주지하며 그녀를 지지하고 그녀를 대신하여 마음을 표출해 줄 이중자아(double)를 세워 준다. 자신의 마음을 거울처럼 보여 주는 이중자아를 통해 주인공은 점차 마음의 힘을 얻으며 집단 전체도 자신을 지지해 주고 있음을 발견한다. 그리고 주인공을 학대하고 억압하는 사람들을 만나는 장면으로 이어진다. 물론 이러한 어려운 경험들을 시연 속에서도 주인공의 이중자아는 역시 그녀 옆에 함께한다. 마침내 주인공의 자발성은 상승하고 내적인 힘이 높아지며 자기입장과 감정들을 표출하기 시작한다. 이제 디렉터는 주인공으로 하여금 새가 되어 청년시절로 날아가 자신이 성관계하던 장면을 보게 한다. 이를 지켜보는 것은 고통스럽고 힘겹다. 하지만 주인공은 울부짖고 흐느끼면서 점점 자신과 세상을 객관화시키는 새로운 인식을 얻으며 감정의 정화를 통해 자유함의 마음을 얻는다.

이는 사이코드라마에서 사용하는 거울기법의 대표적인 모습이라 할 수 있다. 주인공은 자기를 대신하여 서 있는 이중자아를 바라보면서 제 3자의 입장에서 자기 객관화를 경험하는 기회를 얻는다. 이 드라마의 경우 주인공은 고통받던 젊은 시절로 돌아가 삶 속에서 자신의 진정성을 찾지 못해 피해를 입으며 살던 자신을 발견하며 자기를 찾기 위하여 울부짖는다. 즉, 고통 속에 얽매여 있는 '나'를 바라보며 '탈 나'를 경험하여 새롭게 '나'를 찾는 잉여현실을 경험하게 된 것이다. 잉여현실의 체험은 이렇게 자신을 보는 시각을 확장시키고 더 나아가 자기의 초월과 자유를 경험하게 하여 자신의 인생을 책임질 수 있는 인간으로 거듭나게 한다.

2) 사회적 관계성의 회복

드라마 진행 중에 이렇게 고통받던 당시의 상황을 시연하던 A씨는 무기력함을 깊이 느끼는 상황이 생긴다. 이때에 디렉터는 주인공의 주변에 천사들을 배치시켜 주며 주인공에게 힘을 얻도록 돕는다. 날개를 가진 천사, 힘을 주는 천사, 언니 천사, 전도사 천사를 배치한다. 주인공은 이들과 함께 서서 어린 시절의 아픔을 직면한다. 이때에 주인공은 자신을 곁에서 도우려고 애쓰는 좋은 천사들이 있음을 확인하며 용기를 얻는다. 그리고 자신이 그 어린 시절 쏟아내지 못했던 감정과 하지 못했던 말들을 토해 낸다. 미해결된 과제들이 정리되기 시작한 것이다. 그러면서 점차로 삶에 대한 새로운 의욕을 갖게 된다. 그러고 나서 자기의 과거의 일로 인해 가슴 아파하다가 돌아가신 어머니를 만나기를 원한다. 주인공은 어머니를 만나서 당당하게 자신이 어릴 때 당한 일들을 이야기하며 어머니의 연약함을 위로하고 돌본다. 이제 주인공은 더욱 자신만만한 모습으로 사람을 만날 수 있으며 또 도울 수 있는 사람이 된 것이다.

보조자아들과 함께 자신의 어려웠던 시절을 함께 바라보면서 그들을 통해 힘을 얻음으로써 주인공은 자신의 감정을 표출하고 이루지 못했던 것들을 행동의 시연을 통해 해소한다. 결국 타인들에 대하여 신뢰할 수 있는 마음의 자세를 갖게 된 것이다. 그리고 이젠 타인들에 대한 공감성까지도 회복하여 연약한 사람을 도울 수 있는 강한 자신의 모습을 확인한 것이다. 이는 타인과의 상호적 인간관계의 정상화를 통해 더욱 강해지는 자기의 진정성을 보여준다.

3) 타자수용으로의 변화

주인공은 어린 시절 자기를 도와주지 못했던 교회와 하나님, 자신의 이야기를 들어 주지 않았던 어머니와 어른들, 그리고 자신을 고통스럽게 한 남자들에게 이제 힘있는 존재로 다가가서 자신을 구출해 내는 드라마를 시연한다. 이 드라마를 통해 주인공은 결국 자신의 힘과 참된 가치를 찾는다. 그런데 그 효과는 그녀 자신에게서만 멈추지 않는다. 그동안 그토록 증오하고 거부해 온 하나님을 다시 만나 감정풀이를 하는 장면으로 이어진다. 디렉터는 주인공과 하나님의 자리를 바꾸게 하여 주인공이 하나님이 되어 자기가 원하는 대로 피해를 준 남자들에게 저주하는 장면도 갖도록 이끌어 준다. 이렇게 감정풀이를 해 나가는데 아주 놀라운 일이 벌어진다. 장면이 끝나고 흐느끼는데 이제 그들에 대한 감정적인 어려움은 없다는 것이다. 감정이 중립된 것이다. 자신에게 고통을 주었던 사람들을 더 이상 증오하지 않으며 그들을 이 세상에 공존하는 인간들과 다름없이 바라볼 수 있다는 것이다. 그들을 이 세상의 여러 인간들 중의 한 사람으로 수용하게 된 것이다.

사이코드라마는 사람들로 하여금 자발성을 얻게 하여 자기를 찾게 해 주는 치료의 여행과도 같다. A씨는 어릴 적 성추행에서 비롯된 상처를 벗어나지 못하고 남자들과의 비정상적인 관계를 지속하여 몸과 마음(감정)이 분리된 삶을 살아왔다. 하지만 드라마를 통해 잃어버렸던 자신을 찾는다. 특별히 보조자아들과의 '역할 바꾸기'를 통하여 타인의 입장을 이해하는 사람으로 거듭난다. 하나님 입장이 되었을 때에는 자기에게 해를 끼친 사람들을 저주하기까지 한다. 그러나 점차 감정의 정화를 이루면서 오히려 그들을 자기와 같은 동등한 인간으로 받아들이는 입장이 된다. 이는 자기를 회복한 한 인간이 더 이상 상처에 연연해하지 않고 다른 인간을 허물없이(조건 없이) 수용할 수 있는 진정한 아가페적 견지에 이를 수 있음을 보여 주는 것이다. 타인에 대한 동등한 무조건적 수용력 바로 이것이 사이코드라마가 주는 아가페적 사랑의 모습이다.

이 사례는 사이코드라마가 종교 특별히 기독교적인 영성을 보여 주는 아주 중요한 예가 된다. 기독교의 중요한 메시지인 성육신의 가르침은 인간에 대한 하나님의 사랑이 지극하여 인간의 몸을 입은 사건을 말한다. 즉, 하나님의 사랑은 인간을 상하관계의 차원(윗사람이 아랫사람을 대하듯 하며) 불쌍히 여기는 그런 사랑(자비)이 아니라 인간의 육신을 입고 인간과 함께 삶과 죽음을 함께함으로 인간과 동등됨을 취하는, 조건(상하 수직관계) 없는 사랑의 실천을 의미하는 것이다. 사이코드라마의 잉여현실은 이렇게 동등한 인격을 수용하는 아가페적 사랑의 실현을 가능케 한다.

5. 나오는 말

지금까지 사이코드라마가 제공하는 잉여현실의 종교적인 요소들을 브라우닝이 말하는 '궁극적인 은유'의 관점에서 살펴보았다. 현대에 대두되고 있는 신학과 심리치료학계의 관계성을 규명하며 수정된 비판적 상관관계론(the revised critical correlation)을 제시한 단 브라우닝은 종교가 가진 궁극적인 은유를 심리치료 이론들도 갖고 있다고 주장한다. 하지만 브라우닝은 이를 위한 보완점을 찾는 것을 잊지 않는다. 종교의 궁극에의 은유가 포함하고 있는 자유와 초월, 상호관계성과 책임 그리고 자기의 회복과 동등한 인격으로서의 수용적 사랑 아가페의 요소들이 일반 심리치료 이론에도 나타나야 한다는 것이다.

브라우닝의 이런 주장은 여러 심리치료이론들에는 부분적으로 나타나지만 사이코드라마의 잉여현실에 있어서는 아주 근접하게 나타난다. 사이코드라마는 치료에 참여한 이들을 무대로 초청하여 즉흥적으로 자신의 삶과 이야기를 역할로 표현하게 하는데 참여자는 이를 통해 세상의 문화적 굴레를 벗어던지며 자신의 모습을 재인식하고 지금까지 살아 보지 못했던 삶을 살아봄으로써 자유와 초월의 세계를 경험하게 한다. 이때에 현실을 뛰어넘는 자기 확장이 이루어지며 새롭게 창조된 삶의 에너지를 얻게 된다. 그리고 현실로 돌아온다. 초현실주의처럼 이성을 잃어버린 허상 속에 남는 것이 아니라 현실을 직면할 힘을 가지고 돌아와 책임성 있는 인간으로 세상을 다시 살게 되는 것이다. 그리고 이 잉여현실은 결코 참여자 개인의 내적 정신역동 속에서만 이루어지는 것이 아니다. 삶 속에 관련된 인물들과의 상호관계에 얽힌 사슬들을 푸는 작업을 통해 참여자는 자기를 회복하고 타인들을 공감하며 동등한 인격으로 받아들이는 여유와 용기를 얻는다. 바로 상호관계성의 요소들과 효과가 사이코드라마의 잉여현실에서 나타나 현실에서 대인관계의 힘으로 영향을 미치게 한다. 그리고 기독교에서 말하는 아가페의 무조건적인 사랑도 잉여현실에서 경험할 수 있다. 그것은 사이코드라마의 참여자가 자기의 힘을 찾고서 남들을 보는 시각이 달라져 그들을 동등한 인격으로 수용하는 데서 관찰된다.

여기서 우리는 사이코드라마의 창시자 야콥 모레노가 잉여현실의 종교성을 예수의 기독교에서 이미 찾고 있었음을 기억하게 된다. 그는 말하기를 예수야말로 동시대의 어떤 사람보다도 훌륭한 치료자였고 기독교의 사역이야말로 세상에 찾아볼 수 없는 가장 위대한 심리치료의 현장이라고 언급하였다고 그의 부인 젤카 모레노는 증언한다(Moreno, 2005). 이는 그가 말하는 '잉여현실'의 치료와 구원의 가능성을 기독교라는 종교가 주는 은유에서 차용해

왔음을 시사한다. 실제로 모레노(Moreno, 1941)는 그의 심리치료 초기에 기독교를 많이 언급하였고『The Words of the Father(Das Testament das Vaters)』라는 책에서는 하나님의 음성이 우리 모두 안에 있다고 선언한 바 있으며, "나는 (치료의 현장에서) 그 목소리를 자신 안에서 듣고 들은 내용을 받아 적는다."라고 하였다. 잉여현실 개념 가운데 종교적인 요소가 다분히 포함되어 있으며 궁극에의 은유가 그의 이론과 실제적 치료에 지대한 공헌을 했음을 드러내는 말이다.

우리는 여기서 정신분석계가 안고 있었던 한계 즉, 내담자의 내면세계의 정신적 역동을 분석하고 그 증상에 대하여 처방하여 고치는 방식의 전통적 치료적 방법을 개선하고 새로운 시도를 하려 했던 모레노의 치료적 자세를 다시금 새길 필요가 있다. 그는 프로이트와 대화하며 다음과 같이 말한다.

> "프로이트 박사님, 나는 당신이 멈춘 곳에서 시작합니다. 당신은 사람들을 당신의 사무실의 인위적인 곳에서 만나지만 나는 그들을 거리에서 그들의 집에서 혹은 자연환경 가운데서 자연스럽게 만납니다. 당신은 사람들의 꿈을 분석하지만 나는 그들에게 꿈을 다시 꿀 수 있는 용기를 줍니다. 당신은 그들을 분석하여 분해내 놓지만 나는 그들로 하여금 그들의 갈등을 역할과 행위로 표출하도록 하며 그들을 도와 그 모든 것들을 다시 담을 수 있도록 도와줍니다(Moreno, 1985)."

분석이 아닌 통합, 그리고 치료실이 아닌 삶의 자리에서 인간을 다시 회복하고 다시 세워 주는 작업 그것은 바로 성전이 아닌 세상에서 인간을 만나 그들의 삶을 통합시켜 주고 새로운 삶을 살 수 있도록 이끌어 준 신약에서 예수의 모습이기도 하다. 그는 사람들이 억눌렸던 자기의 모습을 바로보게 하고 그들에게 일어날 수 있도록 소망을 불러 주어 자발적으로 자신을 새로운 창조물로 경험하는 은혜, 그리고 십자가를 무대로 하여 인간의 고통을 직면하고 싸워 부활의 승리로 본을 보인 위대한 드라마의 주인공이다. 이러한 처절한 갈등과 분투 그리고 극복과 승리의 삶의 이야기가 사이코드라마의 무대에서도 재연된다. 궁극적 치유와 회복 그리고 구원의 메시지가 어우러지는 체험을 우리는 사이코드라마의 잉여현실에서 볼 수 있다. 물론 사이코드라마의 잉여현실이 종교가 가진 '궁극에의 은유'를 완전히 표방한다고 할 수는 없다. 다른 심리치료 이론들이 그렇듯이 사이코드라마 역시 신앙의 행위를 목적으로 이론을 형성하였거나 심리치료를 행하고 있지 않기 때문이다. 그리고 또한 심리치료의 어느 한 이론으로 종교의 은유들을 모두 망라하는 특성을 찾는 것도 무리이다. 그런 이유에서인지 사이코드라마를 통해 신학과 심리학의 대화를 시도한 선행연구들을 찾아보기가 힘든 형편이다. 하지만 이 글에서와 같이 '궁극에의 은유'를 통해 신학과 심리학의 대화의 장을 열고자 하는 브라우닝의 논지를 적용한다면 사이코드라마의 잉여현실은 충분히 그 학제적 대화의 가능성을 확장시켜 줄 수 있으리라 본다. 아울러, 사이코드라마뿐 아니라 다른 여러 심리치료의 이론들도 '궁극에의 은유'를 찾아 상호연결점을 찾아 제시할 때에 인간 치유를 위한 신학과 심리학의 통합적 시각은 계속 확장되어 나아갈 수 있으리라 본다.

참고문헌

김세준 (2008). 우리들의 아픈 성-기독교와 사이코드라마? 서울: 비블리오드라마 출판사.

윤우상 (2015). 사이코드라마에서 욕의 의미와 역할, 한국사이코드라마학회지, 18(1), 1-14.

윤일수 (2007). 사이코드라마의 치유적 요소, 드라마 연구, 26, 249-271.

최헌진 (2003). 사이코드라마의 이론과 실제. 서울: 학지사.

최헌진 (2007). 뫔굿: 제의적 사이코드라마, 한국 사이코드라마 학회지, 10(1), 1-24.

Browning, D. S. (1987). *Religious thoughts and the modern psychologies: A critical conversation in the theology of culture*. Philadelphia: Fortress Press.

Dayton, T. (2014). *The drama within*. Retrieved from http://www.tiandayton.com/portfolio/the-drama-within

Moreno, J. L. (1941). *The words of the Father*. New York: Beacon House.

Moreno, J. L. (1953). *Who shall survive?: Foundations of sociometry, group psychotherapy, and sociodrama*. New York: Beacon House.

Moreno, J. L. (1965). Therapeutic vehicles and the concept of surplus reality. *Group Psychotherapy, 18,* 211-216.

Moreno, J. L. (1985). *The autobiography of J. L. Moreno, M.D. (Abridged), Moreno Archives.* Harvard University.

Moreno, Z. T. (2005). **사이코드라마와 잉여현실** (황헌영, 김세준 역). 서울: 학지사. (원저 2000년 출판).

Siroky, H. (1967). Psychodrama as a modern instrument of moral education. *Paedagogica Psychologica, 2,* 7-14.

제11장

앤 울라노프의 기독(목회)상담 방법론

오화철
(서울기독대학교 상담심리학과 교수)

1. 들어가는 말

기독(목회)상담의 발전에 있어서 융의 심리학이 준 영향은 실로 방대하다고 할 수 있다. 그런 면에서 융의 심리학을 기독(목회)상담과 연결시켜서 발전시킨 앤 울라노프의 공헌을 살펴보는 것은 중요하다. 본 글에서는 앤 울라노프의 종교와 융심리학에 대한 이해를 정리하고, 울라노프의 방법론에 관한 고찰 그리고 울라노프가 이해하는 정신과 영혼의 상관성을 살펴보며, 울라노프가 이해하는 다양한 정신현상 중에서 꿈, 불안에 대한 이해를 통해 심층심리학과 기독교와의 대화를 시도하고 고찰하고자 한다.

2. 앤 울라노프의 학문여정

앤 울라노프(Ann Ulanov)는 51년간 뉴욕 유니온신학대학원에서 정신의학과 종교(Psychiatry and Religion) 분야 교수로 활동하면서, 『종교와 건강(Journal of Religion and Health)』 학술지의 편집인으로 오랫동안 활동했으며, 뉴욕 융연구소에서 임상을 진행한 기독(목회)상담가이다. 일찍이 앤 울라노프는 하버드의 전신인 레드 클리프대학에서 심리학을 전공한 재원이었고, 유니온신학대학원에서 목회학석사(Master of Divinity)과정을 시작하기 전에 당시 유니온신학교에서 강의하던 폴 틸리히(Paul Tillich)로부터 3년간 조직신학 수업을 개인적으로 지도받은 경험이 있다. 그런 점에서 앤 울라노프의 방법론은 폴 틸리히의 상관관계 방법론에 많은 영향을 받은 것으로 볼 수 있다. 이후 뉴욕 유니온신학교에서 박사과정을 마친 후 바로 모교에서 교편을 잡은 앤 울라노프는 반세기 동안 모교에서 신학과 심리학의 상관관계를 통한 기독(목회)상담의 방향과 정체성에 대해 연구하게 된다. 후일 남편이 된 배리 울라노프(Barry Ulanov) 교수와 결혼하면서 그녀의 학문은 더욱 외연을 확장하게 된다. 남편 배리 울라노프는 유니온신학교 바로 옆에 있는 바너드 대학(Barnard College)의 영문과 교수였으며, 심리학, 철학, 음악, 예술 등 다방면에 재능을 지닌 학자였다. 일찍이 폴 틸리히가 독일에서 미국으로 와서 처음 교편을 잡은 뉴욕 맨해튼은 다양한 문화가 공존하는 도시였으며, 이런 지리적, 문화적 상황 속에서 폴틸리히가 기독교와 사회의 상관관계를 저절로 고민하게 된 것처럼, 앤 울라노프와 배리 울라노프 역시 기독(목회)상담의 방향을 사회와의 관계 속에서 연구하는 중요한 의미가 있으며, 그들의 만남은 심리학과 신학의 관계를 탐색하는 데 더욱 풍성한 열매를 가져오는 계기가 되었다. 결국 앤 울라노프는 20권이 넘은 저서를 통해서 미국의 권위 있는 상을 여러 번 수상하였고, 미국목회상담협회 등에서 탁월한 학자(distinguished scholar)로 인정받는 상을 수여받기도 했다. 1996년에는 미국정신분석학회(APA)에서 탁월한 상담학자에게 주는 오스카 피스터 상을 수상하기도 했다.

앤 울라노프의 저작 중『종교와 무의식』,『기도의 심리학』,『신데렐라와 그 자매들』,『치유의 상상력』등은 한국어로 번역되어서 소개되었다. 그녀는 수많은 학자들을 길러낸 것으로도 잘 알려져 있다. 프린스턴신학교의 밴두젠 헌싱어 교수, 클레어몬트신학교의 캐더린 그라이더교수, 뉴욕 포담대학교의 리사 카탈도 교수, 필라델피아 루터란신학교의 스톰 스웨인, 시카고 심리학대학원의 클로드 바브리 교수 등 수많은 후배 학자들을 배출했으며, 한국에는 평택대학교 목회상담학 교수를 했고, 현재 한신대학교 정신분석대학원 교수와 현대정신분석연구소 소장으로 있는 이재훈 교수와 서울기독대학교의 오화철 교수가 그 제자로 알려져 있다.

2014년 앤 울라노프 교수는 80세가 다 되어서 반세기 동안의 교수사역을 마치고 은퇴했지만, 여전히 동료 및 후배들과 교류하며 왕성한 저작활동을 펼치고 있다. 2017년에는『The Psychoid, Soul and Psyche: Piercing Space-Time Barriers』라는 저서를 출간해서 트라우마 치료에 관련된 분석심리학적인 새로운 접근을 보여 주고 있다.

3. 방법론: 폴 틸리히와 앤 울라노프

방법론은 마치 화가가 쥔 붓과도 같다. 화가가 붓을 어떻게 쥐고 그림을 그리느냐에 따라 그림의 분위기와 색조가 달라질 수 있다. 그런 점에서 상담학자의 방법론은 상담학자의 상담 방향과 정체성을 결정하는 핵심이라고 볼 수 있다. 앞서 밝힌 것처럼, 앤 울라노프가 신학공부를 시작하기 전에 독일의 철학자이자 신학자였던 폴 틸리히로부터 3년 동안 신학수업을 사사받은 것은 의미 있는 시간이었다. 그것은 단지 신학에 입문하기 전에 했던 오리엔테

이선 차원이 아니라, 폴 틸리히의 신학적인 방법론이 장차 울라노프가 하게 될 기독(목회)상담의 정체성과 향방을 가르는 중요한 모멘텀이 되었기 때문이다.

그래서 필자는 앤 울라노프의 방법론을 소개하면서 그전에 폴 틸리히의 상관관계 방법론을 간략히 소개하고자 한다. 독일 철학자 폴 틸리히는 상관관계 방법론(method of correlation)을 통해 두 대상의 상호관계성을 설명했다. 고전적인 방법이지만, 두 대상은 철학/종교와 사회의 관계에서 발생한다는 것을 전제로 하고 있다. 철학은 사회에 영향을 주어야 하며, 사회 역시 철학에 영향을 주는 관계에 있다는 것이다(Clayton, 1980). 이 방법론은 나중에 시카고대학에서 강의하는 데이비드 트레이시(David Tracy)를 통해 수정・발전되었지만, 기본적인 내용은 계속 양방향적인 영향이 발생할 때 양측에 각각 속한 주체의 역할이 더욱 명료해지고 발전할 수 있다는 가능성을 시사하고 있다. 이제는 고전이 된 방법론으로 알려져 있지만, 20세기 중반에 이 방법론이 소개될 때는 철학과 종교 분야에 큰 반향을 일으킨 방법론이었으며 종교와 사회가 서로 깊은 책임의식을 가지고 상호직면할 수 있는 소중한 관점이었다. 종교가 종교만으로 존재한다면, 철학이 철학 혼자만으로 살아있다면 큰 의미가 없을 수도 있다. 종교가 사회에 관심을 갖고 존재할 때, 철학이 사회를 향한 관계성을 갖고 지속될 때 그 가치가 살아나는 것이다.

20세기 중반에 이 방법론이 소개되면서 일으켰던 반향은 철학과 종교가 사회에 대한 책임의식을 가질 필요가 있다는 고귀한 통찰이었다. 철학이 철학으로만, 문학이 문학으로만 존재하는 것이 아니라, 사회를 향한 끊임없는 애정과 관심을 통해서 사회를 변화시키고 회복시키는 실천적인 사명을 인문학이 갖고 있음을 각인시켜 주는 중요한 방법론이다. 앞에서 비유한 대로, 분명히 방법론이라는 도구는 화가가 그림을 그릴 때 붓을 잡는 자세와 태도라고 볼 수 있다. 화가의 태도와 자세에 따라서 같은 사물을 그려도 그림에서 풍겨 나오는 분위기와 느낌은 사뭇 다를 수 있다. 글에서의 방법론이라면 글

전체의 어조를 결정할 것이고, 음악이라면 음악 전체의 감성을 좌우하는 일이 바로 방법론에 해당된다.

앞서 밝힌 것처럼, 앤 울라노프는 조직신학자이면서 문화신학자였던 독일의 폴 틸리히를 통해서 신학적 훈련을 기초로 기독(목회)상담에 입문한 융심리학자요, 영성가였다. 그녀의 책『종교와 무의식』에서는 신학과 심층심리학의 상관관계를 탐색하고 있다. 신학의 언어의 특성과 심층심리학의 언어의 특색이 각각 살아있으면서도 상호 간의 대화를 통한 창조적인 대화를 책에서 시도하고 있다. 어느 한쪽의 언어도 상대방의 언어에 환원되지 않고 독자적인 고유의 언어가 생생하게 살아있으면서 동시에 상대방의 언어를 존중하고 협업할 수 있는 가능성을 책에서 보여 준다. 앤 울라노프는 기독교신학과 심층심리학이라는 두 학문의 영역이 하나로 합해지지 않고, 오히려 상관관계를 통해서 상호 보완적인 결과를 가져올 수 있다고 설명한다. 우리가 아는 대로, 인간정신에 대한 프로이트의 접근은 지극히 인간 내적인 문제로 환원될 때가 많지만, 융은 이 부분에서 좀 더 종합적인 접근을 시도하고 있다. 앤 울라노프는 어떤 한 가지 입장을 고집해서 선택하지 말고, 모든 가능성을 포용하는 방향을 통해서 제3의 가능성을 보인다. 필자는 언젠가 박사과정 코스워크 중에 수많은 상담관련 이론을 배우다가 문득 울라노프 교수에게 이런 질문을 한 적이 있다. “내가 얼마나 더 많은 상담이론을 배워야 충분할까요?” 그러자 울라노프 교수의 답변은 “가능하면 eclectic한 상담가가 되라”고 한 말이 떠오른다. eclectic의 의미를 통해서 본다면 결국 다채로운 상담가로 살아가라는 뜻으로 이해할 수 있다. 다양한 상담이론을 최대한 배우고 익혀서 다채로운 상담을 할 수 있도록 노력하라는 울라노프 교수의 권면을 잊을 수 없다. 어떤 면에서 이러한 현대 정신분석학과 종교의 대화에서 포용적인 입장을 취하는 것은 비단 울라노프 개인의 접근뿐만 아니라 많은 융심리학에 관심 있는 학자들이 그런 대화와 포용의 자세로 심리학과 종교의 대화를 해온 것임을 알 수 있다.

4. 정신과 영혼의 상관관계

앤 울라노프는 정신과 영혼이 밀접한 관계에 있음을 전제하면서도 정신과 영혼을 하나의 대상으로만 귀결시키지 않는다. 대부분의 정신분석학이 영성적인 이해에 대해서 언급하지 않고 있으며 영혼의 존재를 인정하지 않는다고 할 때, 앤 울라노프는 인간존재에 있어서 영혼의 중요성을 강조한다. 성 어거스틴의 제언대로 "몸의 생명은 영혼이다. 그러나 영혼의 생명은 하나님이시다"라는 표현은 인간존재의 기반에 있어서 영혼의 중요성을 잘 보여 주고 있는 신념이다. 그런 점에서 울라노프는 영혼에 대한 입장을 다음과 같이 밝히고 있다. 그 내용은 "영혼은 정신과는 다르게, 비록 그것이 확실하게 몸 또는 정신의 질병에 의해 심각하게 영향 받는 것이 사실이지만, 그 어느 질병에 의해서도 패배 당하지 않는다. 신경증은 사실 죄가 아니며, 또 건강이 은혜의 상태인 것도 아니다. 영혼은 정확하게 자기와 타자가 만나는 지점이며, 그럼으로써 저 너머의 세계에 대한 암시자이다."(Ulanov & Ulanov, 1975)

그래서 울라노프는 질병을 심리적인 차원에서만 이해하는 것도 위험하며, 동시에 모든 질병을 영적인 문제로 보는 것도 옳지 않다고 보았다. 왜냐하면 이 두 개의 접근은 서로 다른 차원이기 때문이다. 물론 악한 영으로 인해서 심신의 문제가 생길 수도 있지만, 근본적으로 정신적 질병은 전적으로 정신의 문제이기도 하며, 전적으로 영적인 문제라고 볼 수 있다는 것이다. 정신과 영혼은 상호적이며, 서로 영향을 주고받으면서 근본적으로 하나님께 속해 있음을 울라노프는 강조한다. 어떤 점에서 영혼을 지닌 정신은 이미 초월성을 향해서 태동하는 존재임을 증명하고 있다.

5. 꿈에 대한 이해: 융과 앤 울라노프

어느 날 필자의 지도교수였던 앤 울라노프가 강의시간에 당신의 꿈얘기를 들려주었던 기억이 생생하다. 남편은 몇 년 전에 돌아가셨지만, 남편 배리 울라노프 교수가 한참 투병 중이던 어느 날 자신의 내담자가 울라노프 교수에게 이런 제안을 했다고 한다. 그 내담자는 중년의 백인 사업가였는데, 주말에 가까운 자신의 별장으로 여행을 가자는 제안이었다. 울라노프 교수는 순간 자신 안에 무언가가 흔들렸다는 느낌을 받았다고 한다. 하지만 그 제안을 완곡히 거절했다고 한다. 그날 밤 상담자였던 울라노프 교수가 꿈을 꾸었는데, 어디론가 운전을 해서 열심히 가고 있었다. 실제로 울라노프 교수는 운전을 하지 않지만, 꿈에서는 어디론가 운전을 해서 가고 있는데, 문득 누군가 옆에 있는 것 같아서 쳐다보니 호랑이 한 마리가 자신을 유심히 쳐다보고 있더라는 것이다. 그 순간 잠이 깼다고 한다. 그 꿈의 내용을 생각하면서 울라노프 교수는 자신이 내담자의 제안에 무의식적으로 상당히 흔들렸고 여행을 가고 싶은 잠재적 욕구가 있었음을 알게 되었다고 고백했다. 남편이 깊은 병으로 투병 중인 상황에서도 내담자의 유혹에 무의식적으로 흔들린 자신을 드러내는 꿈이었던 것이다. 수업시간에 본인의 꿈을 겸허하게 나눠준 사례였다. 이렇듯 꿈은 우리 모두의 무의식이 어떤 잠재력을 갖고 있는지를 보여 주는 중요한 단서를 갖고 있다.

앤 울라노프는 다양한 이론에 대한 연구와 함께 꿈, 환상, 불안 등 다채로운 인간의 정신현상에 대해서도 깊은 관심을 갖고 연구를 하였다. 무엇보다, 울라노프의 꿈에 대한 이해는 융심리학의 전통을 계승하면서도 울라노프의 꿈에 대한 해석을 잘 반영하고 있다.

융이 꿈을 창조적인 무의식의 표현으로 이해하면서 꿈을 통해서 인간은 정신적 평형, 심리적 평형과 회복을 추구하고 있다고 믿었으며 꿈의 기능 소원 충족 외에도 보상과 위로 기능이 있다고 평가했다. 프로이트는 정신장애의 원인 중 억압된 성의 문제를 주요 동인으로 보면서 꿈의 잠재된 내용이 억압과 왜곡으로 나타난다고 보았지만, 융은 무의식이 꿈으로 우리에게 말하고 있는 것은 전혀 위장한 것이 아니라 상징으로 나타나며 그 상징 안에 담겨 있는 내용이 각 사람에게 다양하게 나타날 뿐이라고 설명했다. 그런 점에서 현대인들이 꿈을 통해서 각자에게 나타나는 다양한 상징의 내용에 접촉하지 못할 때 병리가 나타날 수 있다고 보았으며, 다시금 현대인들이 꿈에 대한 접촉의 언어를 회복하는 것이 꿈분석의 시작이라고 이해했다(정석환, 2003).

울라노프 역시 꿈분석에서 상징의 역할을 중요시하는데, 상징의 신화적 동기로부터 보편적 상징을 발견하려는 시도를 하고 있다. 다시 말해, 상징에 대한 연상을 통해서 꿈의 깊은 내용에 접근하는 시도이다. 그런 점에서 울라노프 역시 융처럼 프로이트의 자유연상(free association)보다는 적극적 상상(active imagination)을 통해서 상징을 집단무의식의 원형으로 보고 꿈 자체의 구조에 접근해서 이미지에 집중하는 시도에 중점을 두고 있다.

어떤 면에서 융은 기독교 교리와 의식의 상징적 이해가 중요함을 강조하고 있으면서 현대 교회가 기독교 전통 안에 있는 풍부한 상징들이 지닌 의미를 제대로 설명하지 못했기 때문에 생명력을 잃고 있다는 견해를 보여 주고 있다. 역시 울라노프도 기독교 전통에 대한 상징적 접근이 갖는 필요성을 강조하면서 무의식의 삶을 우리에게 열어주는 상징이 있을 때, 그로 인해 인간 정신의 활력이 되살아나고, 경직된 교리들이 다시 영혼을 일깨우는 생생함을 발휘할 수 있다고 설명한다. 아울러, 상징적 접근을 포함해서 성례전적인 접근까지도 필요한데, 예를 들면, 예수 그리스도에 대한 상징적 이해는 예수 그리스도를 어떤 의미를 지닌 정신적 내용으로 환원시킬 수 있으므로, 예수 그리스도의 정체성과 방향성을 상실할 가능성도 있다고 본다. 그래서 상징적 이해는 계속적으로 예수 그리스도를 다른 이미지로 대체함으로써 그 의미를 찾도록 도와준다는 것이다. 이 부분에서 예전이 큰 역할을 할 수 있다고 본다. 그래서 필요한 예전 중에 하나가 성찬식이 될 수 있다. 빵은 그리스도의 몸이며, 포도즙은 그리스도의 피로 이해할 때, 성례전적인 이해는 자칫 종결점이 없는 상징적 이해에 새로운 마침표를 찍어주는 역할을 한다고 볼 수 있는 것이다. 그런 점에서 상징적 이해와 성례전적인 이해는 깊은 상관성을 갖고 있다.

융은 프로이트와 달리 무의식 세계를 긍정적으로 이해하고 잠재능력의 보고로 이해한다(Samuels, 1985). 그렇기 때문에 융은 내담자의 다양한 일련의 꿈을 확충해서 이해하며 연상과 확장을 통해서 꿈을 개인적, 사회문화적, 원형적 수준까지 점차 진행하면서 꿈치료를 한다. 그래서 융은 꿈을 통해서 정신적인 문제의 원인을 발견하기보다는 꿈 자체가 목표하는 온전한 인격발달의 가능성과 잠재력에 주목하고 있다. 아울러 융은 꿈치료는 누구나 가능하며 많은 노력과 시간을 투자함으로써 누구나 꿈해석의 전문가가 될 수 있다고 설명한다. 그런 면에서 프로이트가 원인론적 입장에서 꿈을 다룬 것과 달리, 융은 목적론적 입장에서 꿈을 이해한다. 꿈을 향한 융의 질문은 '이 꿈이 나를 어디로 인도할까'라는 방향성을 지닌 질문에 가깝다(김성민, 2001). 융의 입장과 연결해서 울라노프 역시 꿈은 인간을 자가치유하는 중요한 기능을 수행하는 정신적 활동으로 이해했다. 그래서 울라노프는 꿈을 이해할 때 정신상태의 자기표현과 보상의 원리로 설명한다. 곧 꿈이라는 정신활동을 통해서 인간을 스스로를 치료하고 삶의 방향을 정해가는 잠재력이 꿈 안에 내재되어 있다고 본 것이다.

융심리학에서는 인간의 정신이 본래부터 지닌 전체성을 가지고 이해한다(Hall, 1985). 프로이트가 마음의 구조를 초자아, 자아, 원본능으로 이해했다면, 융은 마음의 구조를 자기, 그림자, 아니마, 아니무스, 의식, 개인적 무의식, 집단적 무의식, 자기 등의 다채로운 개념으로 접근하고 있다. 융에게 있어서 자아는 프로이트처럼 ego로 나타나고 있는데, 자아의 둘레에 의식이 존재한다고 이해한다(Freud, 1975). 자아를 통해서 일어나는 정신적 작용이 의식이며 그 의식 가운데에 자아가 존재한다고 할 수 있다. 융은 현실세계와의 관계에 적응하면서 주어지는 역할을 페르소나라고 설명하면서, 일종의 외적 인격으로 간주했으며, 여성과 남성의 내적 인격의 특성에 따라 남자의 마음을 아니마(anima), 여자의 마음을 아니무스(animus)라고 명명했다. 페르소나가 외적 인격과 자아 사이의 연계를 돕는다면, 아니마와 아니무스 같은 내적 인격은 자아와 무의식의 관계를 중재하는 중요한 매개체 역할을 한다. 무의식에는 잊혀진 내용들이 머물러 있는 개인무의식과 인간이 미처 인식하지 못하는 보편적인 의식인 집단무의식이 있다고 융은 전제한다.

아울러 융은 꿈을 집단무의식을 통해서 이해하는 가운데 꿈의 기능이 고대로부터의 유산을 꿈꾼 이의 개인적인 삶으로 통합시키는 것이라고 이해했으며, 인간은 꿈을 통해서 개인적인 경험이 종의 영원한 경험에 흡수되는 의례라고 이해했다. 그래서 꿈을 통해서 인간은 진리를 발견할 수 있고, 인간의 정신 속에 내재한 다양한 이미지, 상징, 신화들과 성격에 존재하는 다양한 콤플렉스를 외부현실과의 연계 속에서 모색하는 가운데 인간이 개성화를 추구한다고 역설한다. 융은 우리가 꿈과 함께 일함으로써 영혼을 창조하고 전체 상황에 깨어 있을 수 있으며 의식적이 될 수 있다고 보았고 꿈을 통해서 전체성을 영위한다고 강조한다. 그래서 꿈이 주는 무의식의 언어는 원시적이거나 유아적이기보다는 그 자체로 가치 있는 목소리라고 이해한다. 융에게 있어서 인간의 꿈은 미래를 내다볼 수 있는 예시성이 있으며 결코 일정한 해석이나 직선적인 해석보다는 객관적 차원과 주관적 차원이 공존하는 통찰을 통해서 인간이 꿈을 통해 온전한 개성화 과정을 밟을 수 있다고 전제한다.

융이 다양한 이해를 통해서 인간의 마음을 이해하지만, 본 글이 꿈치료와 신앙의 관계를 조명하는 것인 만큼, 융이 말한 집단무의식이야말로 꿈과 종교의 상관성을 말할 수 있는 중요한 단초라고 할 수 있다. 울라노프는 융의 의견에 동의하면서, 한 개인의 경험에서 나온 무의식을 개인무의식이라고 한 반면에, 인류 전체의 경험에서 근원적으로 발생하는 무의식도 존재한다고 융의 입장을 같이 하면서 집단무의식의 존재를 가정한다. 울라노프는 마치 한 생명체가 수많은 개체발생을 통해서 발전해 오듯이, 인간의 정신도 개인의 경험과 함께 인류 전체의 집단경험과 상호작용하여 형성된다고 본다. 집단무의식은 개인무의식보다 더 깊고 풍부한 자원을 가지고 있으며, 인류의 문화와 종교 등 모든 속성들이 이 집단무의식을 통해서 전달되고 개인의 삶이 연계되어 있음을 설명한다. 한 개인이 절대자에 대해서 느끼는 감정은 단순히 개인적인 감정과 인식이 아니라 집단무의식을 통해서 개인에게 전달되어 온 무의식의 역사가 있다고 이해하는 것이다. 그것이 유전이고 전통이며 종교라는 이름으로 우리에게 인식되어 온 것일 수 있다.

그래서 울라노프는 집단무의식은 인류 전체에게 유전되어 온 무의식이라고 간주하며, 사람들을 같은 방식과 방향으로 움직이게 하는 정신적 요인을 원형(archetype)이라고 이해한다. 그야말로 인류가 축적해 온 경험들이 쌓여서 만들어진 경험의 본래적인 형태로서 존재하는 원형이 있다는 것이다. 융은 원형과 원형 이미지를 구분하고 있는데, 상대적으로 원형 이미지는 다양하고, 여러 특정 요소들과 기초적 의미들에 의해서 특징지어진다고 강조한다(Jung, 1970). 그런 점에서 원형은 논리적인 접근으로 파악할 수 없고, 신화, 예술, 꿈 등을 통해서 나타나는 원형 이미지를 가지고 알 수 있다. 원형 개인적인 정신과 달리 강한 힘을 지니고 있어서 우리의 정신을 움직이고 힘을 지니고 있으며 자율적인 존재이다.

앞에서 간략히 논의한 것처럼, 프로이트는 원인론적 입장에서 꿈을 이해하고 해석한 반면에 융은 목적론적인 입장에서 꿈을 이해하고 있다고 설명했다(Mitchell & Black, 2000). 울라노프 역시 인간정신의 회복탄력성 가능성을 전제하며 융과 유사한 입장을 갖고 있다. 어떤 면에서 프로이트는 모든 정신현상의 원인과 출발을 인간정신 안에서 찾으려고 했고, 융은 인간정신을 바라볼 때 정신 내적인 현상과 함께 인류의 역사와 문화를 함께 고려하며 바라보는 미래지향적인 시각이라고 구별할 수 있다. 프로이트와 융 모두 꿈의 기능을 설명하고 있는데, 프로이트는 꿈이 성적인 긴장과 배설의 균형을 추구하며 적절한 검열과 위장을 통해서 인간의 수면을 돕는 건강한 기능이 있는 것으로 이해하는 반면에, 융은 꿈이 인간정신의 전체적인 통합을 위해서 보상과 표현을 통해서 나타나고 있다고 이해한다.

특히 융에게 있어서 꿈은 상징이라는 시스템을 통해서 그 안에 담겨 있는 의미를 중요하게 여긴다. 프로이트가 꿈해석을 하면서 성적 해석을 강조했지만, 융은 상징은 위장과 변환 이상의 의미를 담고 있다고 생각한다. 그래서 융은 꿈에 나타난 다양한 대상들을 대치물로 보기보다는 사실에 입각해서 바라보면서 원형적이거나 신화적인 요소를 통해서 상징을 이해하고자 했다. 융에게 있어서 꿈은 인간의 조화와 통합을 시도하는 아니마/아니무스, 페르소나, 그림자 등의 다양한 원형들의 개성화 과정이라 보고 있다. 여기서 중요한 것이 바로 개인의 꿈내용과 함께 인류 전체의 원형적인 연상을 연결해서 이해하는 인류 연상이다. 그것이 융에게는 바로 '확충(amplification)'의 개념이다. 예를 들면, 개인이 꿈에서 어떤 이미지를 발견했을 때 그 이미지가 개인에게는 어떤 의미가 있는지 확인하면서 동시에 그 이미지가 집단적 무의식에서는 어떤 형태로 나타나는지를 알기 위해 민담, 신화, 종교현상 등을 연계해서 살펴보는 것이 바로 확충이다. 확충의 개념을 통해 인간은 상징이 가지고 있는 의미를 인식하면서, 동시에 상징 안에 담겨진 힘을 통합하게 된다.

그렇다면, 원인론적인 프로이트의 꿈치료와 달리 목적론적인 융의 꿈치료는 우리를 어떤 방향으로 인도할 것인가? 울라노프는 인간의 개성화와 초월로 나타난다고 보고 있다. 앞에서 언급한 것처럼, 인간의 미분화된 의식은 점차 자아, 페르소나, 아니마/아니무스, 그림자 등의 다양한 요소들에 의해 통합되면서 결국은 더 이상 분열되지 않는 독자적인 일체로 발전하는 일련의 과정을 융은 개성화(individuation)라고 말한다. 이런 개성화 과정을 통해서 인간은 온전한 자신을 발견하고 자기의식이 확대되며 인격체계를 이루게 된다. 어떤 면에서 융의 개성화는 무의식에서 의식으로 옮겨가는 잠재가능성을 통해서 발생하는 적극적인 자기실현의 과정이라고 볼 수 있다. 아울러, 초월 기능을 통해서 개인의 본래 인격이 온전한 개인화로 가는 신적인 속성의 출발을 가리킨다. 이 부분에서 울라노프는 인간이 이런 내적으로 이미 존재하는 신적인 속성을 통해서 온전한 자기를 이루어 가게 된다고 이해한다.

6. 불안에 대한 이해: 앤 울라노프와 다양한 불안 이론

앤 울라노프는 불안에 관한 전반적인 여러 이론들의 공통적인 입장을 다루면서 불안은 혁신적이고, 불안이 나만의 그 무엇으로 몰아가는 힘이 있다고 전제한다. 일찍이 도널드 위니컷이 영국 BBC 방송에서 갓 부모가 된 사람들에게 부모와 아기 사이에 그 어떤 것도 끼어들게 하지 말라고 강조한 것처럼, 이미 부모는 그 아이에게 있어서만큼은 전문가라고 믿을 수 있다면, 이런 통찰을 불안에도 적용해 볼 수 있을까? 이미 인간은 불안에 대한 전문성을 갖고 있다고 볼 수 있지 않을까? 그 이유는 불안이 이미 인간에게 필요한 삶의 요소임을 전제하는 의미라고 울라노프는 강조한다. 프로이트는 배설되지 못한 리비도가 불안의 기원이라고 생각했고, 자아가 불안의 자리(seat)라고 이해했다. 동시에 초기의 불안에 대한 내용은 위험에 대한 느낌이라고 설명한다. 어머니의 부재가 결핍의 시작이라고 보며, 불안은 죽음에 대한 공포라고 여긴다.

반면에, 멜라니 클라인에게 있어서 불안은 확연히 다른 의미를 보여 준다. 클라인은 여성이 많은 것을 할 수 있는 시대에 태어난 사람은 아니었고, 아주 젊은 시절에 결혼했지만, 불행한 결혼이었다고 알려져 있다. 세 아이가 있었지만, 결국 이혼했으며, 그녀는 임상적인 천재성을 가진 분석가였다. 아이들의 놀이가 성인의 자유연상과 유사하다는 생각을 했으며, 동료 존스(Jones)라는 사람이 클라인을 영국으로 데려와 어린이 분석을 시작하게 된다. 클라인은 본래 프로이트 그룹에 속한 사람이지만, 대상관계의 새로운 시작을 이끈 사람이라고 볼 수 있다. 클라인은 언제나 자신이 프로이트의 이론을 발전시키는 사람이라고 주장했으며, 그녀 자신의 이론과 임상에 대해서 교리적/독선적인 입장이 강한 편이었다. 클라인은 프로이트의 죽음 본능(death instinct)을 지지했다고 볼 수 있다.

울라노프가 이해할 때, 클라인에게 있어서 첫 불안은 무의식적으로 멸절에 대한 불안이라고 본다. 어떤 점에서 이미 프로이트에게 영향 받은 부분이 크지만, 그 안에서 멸절의 개념으로 다시 표현한다고 볼 수 있다. 클라인은 프로이트보다 빠른 초자아의 형성을 말하는데, 그것은 좋은 젖가슴(good breast)에 대한 내사(introjection)라고 보고 있으며 이는 생명본능(life instinct)을 가리킨다고 이해한다. 반면, 나쁜 젖가슴(bad breast)은 나를 제지하는 것으로서, 죽음본능과 연결된다고 이해했다. 정신역동 면에서 내사와 투사는 숨 쉬는 것이 인체에 주는 영향과 비슷하다고 이해한다. 내가 받아들이고 그것을 좋은 것으로 동일시한다고 보며, 그것으로 만족, 행복과 생명이라는 개념으로 세워나가는 것이 된다. 한편, 나쁜 것을 받아들여서(어머니의 부재를), 이 상황을 다루기 위해 나는 이 힘든 느낌을 밖으로 배출해야, 즉 투사해야 하고 외부세계에 나쁜 대상의 이미지를 세워나가는 것이다.

그런 점에서 울라노프는 내사와 투사는 언제나 우리에게 묘한 제안을 하는 것 같다고 설명한다. 누군가를 그 자체로 경험하는 것인지, 아니면 단지 내사 혹은 투사의 결과물로 경험하는 것인지, 왜 이렇게 복잡한 역동이 계속 지속되는가? 클라인에게 있어서, 죽음 본능은 여전히 중요하고, 절대 사라지지 않는 것이기 때문이다. 무력한 유아는 멸절에 대한 불안이 있고 그것을 투사한다. 생명본능도 마찬가지이고, 좋은 면과 나쁜 면이 공존한다. 여기서 멸절에 대한 불안이 존재하고, 좋은 것과 나쁜 것에 대한 분열이 일어난다고 볼 수 있다. 클라인에게 이것은 편집-분열적 자리에서 나타나는 첫 불안이라고 본다.

그러므로 울라노프는 시간이 지나면서 자아 강도가 높아지고, 인생의 변화가 생긴다는 가능성을 바라본다. 죄책감이 클라인의 우울적 자리에서 중요하다고 보는 것이다. 클라인의 두 번째 우울적 자리는 불안이 죄책감으로 변하는 자리이다. 온전한 순수함은 존재하지 않는다. 좋은 것과 나쁜 것의 혼재상태를 말한다. 유아는 이제 내가 엄마를 나쁘게 만들었다고 느낀다. 미안한 마음을 갖는다. 내가 어떤 형태로 엄마를 죽였다고 믿는다. 종교에서 본다면, 고백하고 회개하는 단계라고 볼 수 있다. 보상(reparation)을 생각하게 된다. 뭔가를 보상하고, 갈등과 싸움을 끝내고자 한다. 파괴하는 대신 뭔가를 만들어 보려고 한다. 그런 점에서 울라노프는, 클라인은 무언가를 창조하려면 죄책감이 필요하다는 점을 밝혀냈다고 주장한다. 그것이 바로 불안이라는 것이다. 그것은 죽음 본능으로 연결될 수 있다. 불안 → 죄책감 → 보상 → 창조의 과정을 보게 되면서 인간이 불안에서 창조에 이르는 과정을 울라노프는 클라인의 통찰에서 발견한다. 어떤 점에서 클라인의 언어는 부활적인 면이 있다고 울라노프는 이해한다. '어떻게 미안하다고 얘기할 수 있는가?'라는 주제도 떠오른다. 우울적 자리는 생명본능과 죽음본능을 인간화하고 있다. 그래서 영적인 목표를 갖는 것도 중요하지만, 동시에 분노와 미움도 포함시켜야 그 영적인 목표를 유지할 수 있다는 통찰을 우리에게 주고 있다고 울라노프는 밝힌다. 왜냐하면 억압된 것은 반드시 튀어나와 문제를 일으키기 때문이다. 알고 느끼고, 그러나 행동으로 옮기지 않는 방법을 생각하게 만든다. 클라인에게 있어서 모든 사람들은 생명과 죽음에서 피난자들이다. 이 두 가지 극을 어떻게 다루느냐가 관건이라고 울라노프는 이해한다.

클라인에 이어서 울라노프가 사랑하는 또 다른 정신분석가는 바로 위니컷이다. 위니컷은 모성의 신학을 구축한 분석가라고 울라노프는 이해한다. 폴 틸리히의 시각으로 본다면, Ground of Being, 즉 존재의 바탕 혹은 근원을 모성적인 면에서 설명하고 궁극적인 관심으로 이끌어낸 것이라고 볼 수 있다. 지나친 환경의 간섭도 아니고(저항하게 되고), 충분하지 않은 환경도 아닌

(그러면 집중 못 하고), 개인이 자신의 내용을 응결시켜서 그것을 지원받고/집중해서 해내는 것이 중요하다고 보는 것이다. 울라노프는 위니컷의 통찰을 통해서 불안은 정상적인 현상이라고 이해한다. 긍정적이기도 하고 부정적이기도 하다. 전능감(omnipotence)이 중요한데, 내가 모든 걸 조정한다고 믿었는데 그렇게 되지 않을 때, 결국 개인은 그것을 미움으로 이해하지 않고, 미움받는 것으로 받아들인다는 것이다. 동시에 개인의 미움을 통해서 대상에 대한 이상화를 깨는 것이 필요하다고 울라노프는 이해한다.

울라노프가 불안을 다루면서 언급하는 또 다른 정신분석가는 하인즈 코헛(Heinz Kohut)이다. 코헛은 프로이디안 사회에서 빅 치즈였으며 제삼의 분석가라고 볼 정도였다. 그는 나르시시즘을 자기를 지지하는 독립적인 에너지로 이해했다. 자기대상이라는 개념의 중요성과 개인을 비춰주는 어떤 것이라도 자기대상의 역할을 할 수 있다고 본 것이다. 울라노프는 그 자기대상의 관계를 통해서 가능하다고, 인정받았다고, 주목받았다고, 인지됐다고 느끼게 해 주는 것이 대상관계의 핵심이라고 보았다. 대상이 내 안의 무엇을 건드린다는 것이다. 코헛에게 있어서 어떤 대상도 실패가능성이 있다. 그래서 실패는 공감적인 지지와 해석이 필요하다고 이해했다. 실패를 잘 다룰 때, 그것이 자기구조를 세우고 강화하며 내면적 변형화를 이루게 만든다는 것이다.

울라노프는 코헛에게 있어서 두 가지 불안이 존재한다고 설명한다. 첫째 불안은 대상관계 매트릭스에서 충분한 공감이 존재하지 않을 때 일어난다. 둘째 불안은 건강한 자기가 붕괴/분열된 이후에 일어난다. 자기구조의 붕괴/분열에 대한 불안이 가장 깊은 불안인데, 그것은 심리적인 사망을 의미하며, 인간성의 상실도 함께 온다. 그 결과로 낮은 자존감, 중독 등이 나타난다는 것이다. 무엇보다 하인즈 코헛은 프로이트와 다른 방법론을 사용하고 있다. 나르시시즘 환자만이 갖고 있는 독특한 전이가 있다고 생각했고, 특히 나르시시즘 에너지의 발달 자체는 정상적이고 자연적이라고 여겼다. 동시에 나르시시즘 스스로의 발달선상이 존재한다고 주장한다. 울라노프는 코헛에게 있어서 여전히 인간의 불안은 중요한 문제라고 본다. 또한 불안을 다루는 데 적절한 자기대상(selfobject)의 중요성을 설명하면서 인간발달에 있어서 자신을 비춰주고 함께 해줄 자기대상은 분명히 불안을 다룰 수 있는 중요한 환경이라고 이해한다. 부모, 연인, 절대자 등이 모두 자기대상의 역할을 할 수 있다는 것이다. 한마디로 울라노프는 코헛의 임상이론을 통해서 불안의 중요한 원인을 인생에서 적절한 자기대상(selfobject) 경험의 부족에 있다고 진단한다. 자기대상 경험의 결핍이 중요한 원인이라는 것이다. 코헛에게 있어서, 공감적이지 못한 부모를 갖고 있다면 자기구조를 발달시키기 어렵다고 보고 있으며 동시에 자기 자신에 대한 적절감이 떨어진다고 이해한다.

울라노프는 코헛의 책을 읽으면서 처음 숨쉬기가 어려웠다고 고백하기도 했다. 그 이유는 코헛이 많은 저서를 남기지 않기도 했고, 동시에 글 표현이 쉽지 않아서 한 번에 저자의 의도를 알아차리기가 쉽지 않았다고 한다. 그래서 코헛의 책은 앞에서부터 읽지 않고 뒤에서부터 읽으면서 비로소 임상현장을 이해한 후에 코헛의 이론을 이해할 수 있었다고 고백하기도 한다.

그러면서 결국 울라노프가 이해하는 코헛의 자기심리학을 통해서 본다면, 코헛에게 인간은 누구나 적절한 자기구조를 만들 수 있는 기회가 있고, 부모로 인해 생겨난 자기구조의 결핍은 자기대상 경험을 통해서 극복될 수 있다고 시사한다. 어떤 면에서 병적인(pathological) 불안은 인생의 가장 근원적인 문제이고, 부모의 결핍과 연결되어 있다고 이해하는 것이다. 그런 점에서 울라노프가 이해하는 코헛의 핵심 방법론은 공감(empathy)이 환자를 향한 좋은 느낌과 격려만을 의미하지 않는다는 것이다. 코헛의 공감은 환자의 내면에 빛을 비추는 것과 같으며 좀 더 구체적으로 말하면, 내성적 방법(vicarious introspection)은 환자의 내면세계와 감정을 이해하는 것이라고 설명한다. 치료의 출발점은 환자의 내면에서 시작된다고 전제한다. 동시에 환자의 주관적 경험을 존중해야 한다. 그것은 다시 말하면, 상담가가 환자의 내면세계에 상담가 자신을 위치시키면서 동시에 상담가의 관점을 유지하는 긴장감이 있는 작업이 될 수 있다고 울라노프는 역설한다.

울라노프가 이해할 때 코헛에게 두 번째 불안은 자기구조의 붕괴/분해(disintegration) 이후에 파생되는(derivative) 태도나 행동양태이다. 이때 환자를 비춰주고 조명해 주는 자기대상이 절실히 필요하다는 것이다. 문제는 선행되는 조건이다. 충분한 심리적 산소(psychological oxygen)의 부재가 문제이다. 자기구조의 취약한 부분을 메꾸고 보충해야 해서 통합된 자기구조를 찾아간다고 보는 것이다.

울라노프가 볼 때 코헛에게 한 가지 새로운 점은 치료자의 불안이라고 파악한다. 치료자의 실수는 필연적으로 발생할 수밖에 없다고 볼 때, 치료자는 불안을 경험하게 된다는 것이다. 동시에 환자도 불안, 상처, 공격성을 경험하게 된다. 코헛은 이런 불안을 공감적으로 조사하고 관찰하려고 한다. 결국 치료자이든 환자이든 간에 발생하는 불안은 과거의 대상관계를 자극하고 떠올리게 하는 것이라고 이해한다. 그러나 중요한 것은, 치료자가 환자를 위한 치료적 공간을 만드는 것이다. 만약 치료자가 완벽하다면, 환자도 완벽할 수 있을 것이다. 그러나 치료자가 불완전하면 환자도 불완전함을 경험할 수 있다(변형적 내면화). 그렇다면, 코헛에게 있어서 최종적인 불안은 아무도 인정하고 인식해 주지 않는 것이라고 볼 수 있다. 비통합적인 불안이라면, 자기구조가 조각처럼 파편화되는 것이다.

울라노프가 불안을 다루면서 언급하는 다른 정신분석가는 대니얼 스턴(Daniel Stern)이다. 스턴은 모성과 유아를 중심으로 관계의 정신분석을 연구한 학자로서, 그가 말하고 있는 불안은 정돈되지 않은 경험(unformulated experience)에 기인한다. 즉, 모든 내적인 일들이 정돈되기 전까지 불안이 발생하는 경향이나 느낌은 자연스러운 현상이라고 본다. 불안은 경험이고, 주어지는 것이 아니다. 불안에 대한 실존적인 이해와 차이가 있다. 불안은 만들어진 것이다. 수준(level)에 따라서 경험이 구성된다고 이해한다. 울라노프가 이해할 때, 대니얼 스턴에게 정신분석적 치료란 인간 사이에서 일어나는 무엇을 가리키며, 그 사이라는 공간이 바로 우리가 임상현장에서 발견하는 가장 중요한 통찰이라고 보며, 그 사이라는 공간에서 역시 치료가 발생한다고 이해한다. 치료는 언제나 분석가와 환자 사이라는 공간을 전제로 한다. 치료적 통찰을 발견하고 만들어 나가는 것은 동시에 발생한다고 이해한다. 그런 점에서 치료는 아주 자연스러운 과정이라고 보는 것이다. 울라노프가 이해하는 대니얼 스턴을 통해서 우리는 불안이라는 혼돈을 받아들여야 한다고 볼 수도 있다. 대니얼 스턴의 이해에 따르다면, 정돈되지 않은 경험이 불안의 출발이고, 치료자와 환자 사이라는 공간이 곧 치료가 발생하는 공간이다. 그런 정돈되지 않고 아직 결정되지 않은 혼동의 공간을 창조적인 생각으로 승화할 수 있는가? 그런 자연적인 과정을 자신을 보호하면서 문제없이 어떻게 잘 사용할 수 있을까? 스턴은 혼돈에 집중하고 혼돈을 사용하며 다른 생각은 하지 말라고 권고한다. 혼돈이 의식의 세계에 들어오지 않도록, 그 혼돈을 생각하기보다는 받아들이는 방향으로 이해한다. 울라노프가 볼 때, 어떤 점에서 스턴에게 있어 정돈의 결핍은 하나의 방어이고 억압과는 다른 면이 있다고 본다. 억압은 내가 무언가에 대해서 알고 있는 상태이고, 정돈의 결핍은 내가 무언가를 가지고 있지 않고 깊은 생각을 하지 못하는 상태라고 보는 것이다.

울라노프는 그 외에도 몇 사람의 학자를 주목하면서 불안을 설명하고 있는데, 그중에 한 사람이 바로 랭이다. 랭(Laing)은 불안의 반복은 어떤 가치가 있을 수 있다고 본다. 이미 다룬 것처럼, 랭의 세 가지 불안은 '침몰(engulfment), 파열(implosion), 화석화(petrifactioin)'로 나누어진다. 이 세 가지 불안은 자기 성격묘사라는 관점에서 생각해 볼 수 있으며, 각각 다른 묘사는 마음, 몸 그리고 어떤 경향성이 자신을 알아가는 가운데 발생하는 분리라고 볼 수도 있다. 어찌 보면, 키르케고르의 닫힘(shut up-ness)은 말없음이며, 뭔가를 알려고 지나치게 의식에 의존하는 것을 의미한다. 그러나 종종 거짓의식으로 결말날 수도 있다.

울라노프가 볼 때, 랭은(Laing)은 정신적으로 살라고 우리에게 권면한다는 것이다. 아니면, 정황(context)에 갇히지 말 것을 말하기도 한다고 설명한다. 그러나 감각(sense)으로 살기보다는 생각 안에서 살 것을 조언한다. 랭에게 있어서 구체화된 자기(embodied self)는 몸 안에 존재하는 자기이며, 그것은 곧 세상과 관계 맺고 사는 자기를 의미한다. 위기의 순간에 몸을 벗어나고 싶을 수 있지만, 몸 안에 있을 때만이 시간, 공간 그리고 연속성에 존재함을 기억하라고 한다. 구체화되지 못한 자기(unembodied self)는 군중 속에 한 대상일 뿐이다. 울라노프는 몸 안에 존재하지 않는다면, 그것은 세상의 메시지를 전하지도 받지도 못한다고 생각할 수 있으면 그런 점에서 랭의 언급대로 몸을 벗어나면 그건 마치 구경꾼의 인생과 같다고 설명한다.

그런 점에서 랭은 일찍이 자신을 자기계시를 통해서 알기보다 자기반성과 통찰을 통해서 알아갈 것을 권한다. 종종 거짓자기(false self)가 몸 안에서만 있는 개인에게 있을 수 있다. 이 부분에서 울라노프는 기본적인 인간의 불안은 자기를 잃어버리게 할 수도 있다고 본다. 그 결과로 랭이 말하는 침몰(engulfment), 파열(implosion), 화석화(petrifactioin)가 일어난다고 보는 것이다.

7. 나오는 말

앤 울라노프는 심층심리학과 기독교 신앙의 대화를 통해서, 종교성과 무의식의 대화를 통해서 전통적 기독교교리와 오늘날 필요로 하는 새로운 종교의 방향을 제시하고 있다. 그 대화 속에서 기독상담의 정체성과 방향을 논의하고 있다. 본 글에서는 앤 울라노프의 방법론이 폴 틸리히의 영향을 받는 상관관계 방법론임을 생각해 보면서, 울라노프가 평생 정신과 영혼의 상관성을 통해 기독상담을 새롭게 조명하고 있음을 살펴보았다. 동시에, 인간정신의 다양한 현상인 꿈, 불안 등을 살펴보면서, 울라노프의 심층심리학과 종교의 대화 속에서 다양한 정신분석가들을 언급하며, 인간정신의 실재를 깊게 논의하고 있음을 살펴보았다. 울라노프의 통찰을 통해서 이 시대의 기독상담의 지평을 다시 한 번 돌아보고, 신앙인의 정신건강을 향한 방향성을 새롭게 정립하게 된다.

참고문헌

김성민 (2001). 분석심리학과 기독교. 서울: 학지사.

이부영 (1998). 분석심리학. 서울: 일조각.

정석환 (2003). 목회상담학연구. 서울: 한국학술정보.

C. S. Hall (1985). 프로이트 심리학 입문 (최현 역). 서울: 범우사.

Clayton. J. P. (1980). *The Concept of Correlation: Paul Tillich and the Possibility of a Mediating Theology*. New York : W. de Gruyter.

Jung, C. G. (1970) *The Structure and Dynamics of the Psyche*, CW 8, 414.

Mitchell, S., & Black. M. (2000). 프로이트 이후-현대정신분석학 (이재훈, 이해리 역). 서울: 한국심리치료연구소.

S. Freud (1975). 정신분석입문 (구인서 역). 서울: 동서문화사.

Samuels, A. (1985). *Jung and The Post-Jungians*. London and New York: Routledge.

Ulanov, A., & Ulanov, B. (1975). *Religion and the Unconscious*. Philadelphia: Westminster Press.

Ulanov. A. (1982). *Primary Speech*. Louisville, KY: JohnKnox Press.

Ulanov. A. (1991). *The Healing Imagination*. New York: Paulist Press.

Ulanov. A. (1996). *The Functioning Transcendent*. Wilmette, IL: Chiron Publications.

Ulanov. A. (2000). *The Wisdom of the Psyche*. Einsiedeln: Switzerland.

Ulanov. A. (2001). *Finding Space*. Louisville, KY: Westminster John Knox Press.

Ulanov. A. (2004). *Spiritual Aspects of Clinical Work*. Einsiedeln: Switzerland.

Ulanov. A. (2007). *The Unshuttered Heart*, Nashville: Abingdon Press.

찾아보기

인명

내용

저자 소개(가나다순)

권수영

연세대학교 신과대학/연합신학대학원 목회신학 교수

박노권

목원대학교 신학대학 목회와 상담 교수

오화철

서울기독대학교 상담심리학과 교수

이희철

서울신학대학교 교수

임경수

계명대학교 인문국제대학 교수

장정은

이화여자대학교 기독교학과 교수

정희성

이화여자대학교 기독교학과 교수

최정헌

KC대학교 상담심리학과 조교수/KCU 학생상담센터 센터장

황헌영

서울신학대학교 상담대학원 교수

기독(목회)상담총서 ⑤

기독(목회)상담 연구방법론

2018년 11월 15일 1판 1쇄 인쇄
2018년 11월 20일 1판 1쇄 발행

지은이 • 한국기독교상담심리학회

펴낸이 • 김진환

펴낸곳 • (주)학지사

04031 서울특별시 마포구 양화로 15길 20 마인드월드빌딩

대표전화 • 02-330-5114 팩스 • 02-324-2345

등록번호 • 제313-2006-000265호

홈페이지 • http://www.hakjisa.co.kr

페이스북 • https://www.facebook.com/hakjisabook

ISBN 978-89-997-1705-5 93180

정가 18,000원

이 도서의 국립중앙도서관 출판시도서목록(CIP)은 서지정보유통지원시스템 홈페이지(http://seoji.nl.go.kr)와 국가자료공동목록시스템(http://www.nl.go.kr/kolisnet)에서 이용하실 수 있습니다.
(CIP 제어번호: CIP2018035714)